Matthias Herrmann

Zur Relativität sozialer Alltagsnormen

VS RESEARCH

Matthias Herrmann

Zur Relativität sozialer Alltagsnormen

Eine Invarianzhypothese anhand von
Fallbeispielen aus der sozialen Arbeit

VS RESEARCH

Bibliografische Information der Deutschen Nationalbibliothek
Die Deutsche Nationalbibliothek verzeichnet diese Publikation in der
Deutschen Nationalbibliografie; detaillierte bibliografische Daten sind im Internet über
<http://dnb.d-nb.de> abrufbar.

1. Auflage 2010

Alle Rechte vorbehalten
© VS Verlag für Sozialwissenschaften | GWV Fachverlage GmbH, Wiesbaden 2010

Lektorat: Dorothee Koch | Britta Göhrisch-Radmacher

VS Verlag für Sozialwissenschaften ist Teil der Fachverlagsgruppe
Springer Science+Business Media.
www.vs-verlag.de

Umschlaggestaltung: KünkelLopka Medienentwicklung, Heidelberg
Gedruckt auf säurefreiem und chlorfrei gebleichtem Papier
Printed in Germany

ISBN 978-3-531-16793-0

Vorwort

Seit mehr als einem Jahrzehnt bin ich nun in verschiedenen Bereichen der Jugendhilfe tätig, insbesondere jedoch im Bereich stationärer Hilfen. Mein Alltag konfrontiert mich regelmäßig mit Verhaltensmustern, die für „gewöhnlich" sozialisierte Menschen sehr eindrücklich sind. Eindrücklich deshalb, weil diese Muster häufig in extremer Weise von der Interaktionsart, die meine Kollegen und ich und wahrscheinlich ein Großteil der Menschen in westlichen Kulturkreisen für „normal" halten, abweichen. Das Beispiel aus dem Prolog ist sicherlich eines, welches auf eine psychische Erkrankung zurückzuführen ist, darüber hinaus sind es aber insbesondere gewaltaffine, „dissoziale" Interaktionsstrukturen, die den Alltag in der stationären Jugendhilfe kennzeichnen.

Zu Beginn meiner Berufstätigkeit haderte ich oft mit meiner Berufswahl, weil ich mich durch die Devianz der jugendlichen Klienten regelrecht fremdbestimmt fühlte, und zwar in dem Sinne, dass ich es nicht verstehen konnte, wie Menschen dazu kommen, sich so destruktiv und selbstzerstörerisch zu verhalten. Ich konnte keine sinnvollen Verhaltensmotive erkennen oder herleiten. Alles schien so, als ob das Alltagshandeln unserer jungen Klienten lediglich als eine ungerichtete, hilf- und motivlose Reaktion auf das Nicht-partizipieren-können an dem uns geläufigen Normensystem mit all seinen Vorteilen einzustufen wäre. Bei kognitiv etwas stärker begabten Jugendlichen wurde diese Lesart oft noch etwas erweitert, indem wir beispielsweise Gewaltverhalten als gezielten Protest gegen die eben genannte Teilhabeverwehrung klassifizierten. Und im Zusammenhang ganz erheblicher Abweichungen, wie im Fall des Prologbeispiels, lautete das Erklärungsmuster zumeist resignierend lapidar: „Der ist halt ein bedauernswerter Kranker."[1] Auf diese Weise standen sich zwei Systeme gegenüber, die sich nicht nur durch ihren Normmaßstab deutlich unterschieden, sondern es waren zwei Systeme zu konstatieren, in denen scheinbar völlig andere Gesetzmäßigkeiten vorherrschen: auf der einen Seite das System „Erzieher", welches die „normale" Welt vertrat, und auf der anderen Seite das System „deviante Jugendliche". Im Erziehersystem war die Grundgesetzmäßigkeit gegeben, dass das Alltagshandeln darauf ausgelegt war, die Teilhabe am gängigen Normensystem und dessen Annehmlichkeiten zu sichern. Im Jugendlichensystem hingegen

---

[1] Um hier möglichen Missverständnissen zuvorzukommen: ich will hier selbstverständlich nicht den Eindruck erwecken, dass ich der Meinung bin, psychische Erkrankungen seien ausschließlich soziogen erklärbar.

schienen alle Interaktionen sozusagen frustrationsbasiert zu sein; aus der vermuteten Verzweiflung nicht am gängigen Normensystem partizipieren zu können,
wurden die Interaktionen der jungen Menschen als scheinbar unmotivierte Aktionismen bewertet.

Denkt man diese Hypothese konsequent zu Ende, dann ist diese Darstellung
der sozialen Realität eine, in der es ein bevorzugtes Normsystem gibt, in dem die
Gesetze für das Alltagshandeln andere sind, als in allen anderen Normsystemen.

Dies hieße ferner, dass Menschen der nicht bevorzugten Normsysteme völlig anders strukturiert sind, was die Auslöser ihres Verhaltens angeht. In diesen
sozialen Kontexten wäre somit stets der wahrgenommene Mangel, das Defizitäre
und die Frustration über diesen vermeintlichen Zustand interaktionsauslösend
und die beschriebenen Normsysteme wären gar keine solchen, sondern vielmehr
„Devianzsysteme".

Diese Interpretation aus dem Berufalltag heraus, wurde zudem theoretisch
durch bekannte Frustrations-Aggressions-Theorien (vgl. Dollard / Dammschneider 1973) und Subgruppentheorien (Schmidt - Denter 1996 und Wolfgang /
Ferracuti 1967) gestützt und am Leben gehalten.

Was mich in diesem Zusammenhang jedoch immer zutiefst irritierte, war
die Tatsache, dass alle Teilhabeangebote unsererseits von den Jugendlichen stets
vehement abgewehrt wurden. Dies und die nagende Frage, ob die betroffenen
jungen Menschen vor dem Hintergrund ihrer milieuspezifischen Biographien
überhaupt psychisch und teilweise sogar physisch hätten überleben können,
wenn sie sich wie „wir" verhalten hätten, ließ für mich den Riss in diesen theoretischen Konstrukten immer tiefer und breiter werden.

Für mich drängte sich immer mehr die Frage auf, ob es nicht soziale Zusammenhänge gibt, in denen zwar andere Normen des Alltagsinteragierens gelten, jedoch die Aussagen über die generellen Interaktionsauslöser die gleichen
sind, wie in den „uns" vertrauten Alltagszusammenhängen.

Auf der Grundlage dieser Frage begann ich ganz generell darüber nachzudenken, auf welcher Ebene strukturelle Unterschiede zwischen sozialen Systemen erkennbar sind und aber auch ein Augenmerk darauf zu richten, auf welcher
Ebene allgemeingültige strukturelle Gleichheiten zu konstatieren sind.

Das Vorwort abschließend möchte ich mich bei meiner Frau Olga bedan-
ken, die mich während der Arbeit an diesem Buch ertragen und unterstützt hat.
Ebenso bedanke ich mich bei meinem Neffen Kemo, der die Abbildungen für
diese Arbeit angefertigt hat. Nicht zuletzt gilt mein Dank Frau Britta Göhrisch-
Radmacher vom VS Verlag, die mir bei der Erstellung einer druckfähigen Versi-
on meiner Arbeit sehr geholfen hat.

                                                                Matthias Herrmann

Inhaltsverzeichnis

Abbildungen

Prolog

„Herr Dr. Herrmann, und alles was nun folgt, schreibe ich nicht ohne Nachdruck und mit Verlaub: Herr Herrmann, Sie sind ein elendiger Dieb! Sie stehlen mir mein Leben. Vertilgen meine Freiheit, meine Autonomie. Sie verschlingen meine Lebenslust und Daseinszeit. Tag für Tag, Stunde um Stunde, um es abzukürzen: kleinste Zeiteinheit um kleinste Zeiteinheit. Optionsvernichter, Chancenverbrenner, Unterdrücker meines freien Willens; um nicht zu sagen: zehrendes Feuer an meiner Luft zum Atmen. Sie Leichentuch, das alles Kreative umhüllt, um es zu ersticken. Ihr Gift namens Autorität lähmt meinen Verstand und Dummheit, wie auch Ignoranz sind Ihre fahlen Steckenpferde, obgleich einem überlegenen Wesen gegenüber nichts angemessener ist, als das Gefühl geistiger Inferiorität und tief empfundene Insuffizienz. Undankbarer! Auf hohem Rosse dahin reitende Arroganz – Abwesenheit von Demut!

Bohrender Kopfschmerz, Fieberwahn, Seelenpein – Blut, Schweiß und Tränen – überschwängliche, Kräfte zehrende Schaffensfreude. Meine Mannen, meine treuen Gefolgsleute, gleichsam klug und folgsam, haben diese Entbehrungen mit mir unter meiner führenden Hand vollbracht und mit mir die Freude am Kreieren brüderlich geteilt. Haben Rückschlägen und Schlaflosigkeit trotzig ins Gesicht gelacht. Nur, um des einen hehren Zieles Willen. Nur, um Reines und Edles zu vollbringen. Nur, um unseren zutiefst philanthropischen Neigungen nachzugehen – nicht etwa aus einem schnöden Zwang heraus, nein, aus unserem uns eigenen, in uns wohnenden Bedürfnis heraus, Großes und Göttliches zu erschaffen.

Nie hätten wir mit solch niederträchtiger Undankbarkeit gerechnet – geblendet vom hellen Licht des Erfolges, geblendet von der Erhabenheit des Momentes. Nebel der Glückseligkeit. Freudentrunkene Verstandsverkleisterung. Verschwitzt-zufriedene Erschöpfung gepaart mit dem Wunsch nach einem Moment geistigen Verharrens, des Hohlseins – der Kopf als Resonanzkörper. All das müssen wir uns, nein, muss ich mir als federführender Schöpfer vorwerfen. Verflucht sei der Tag Ihrer Geburt! Verflucht sei der Moment, als ich Ihnen Leben einhauchte! Ich hatte die Vision, den perfekten Empathen, den perfekten Pädagogen zu erschaffen. Und so schuf ich Sie. Kompletter und tiefer kann sich Scheitern nicht anfühlen, beißender Schmerz durchfuhr mich, als Sie die Hand schlugen, die Sie erschuf, als mein eigenes Fleisch und Blut seine totenblasse Faust gegen mich erhob. Um es kurz zu machen: Herr Herrmann, ich nehme es Ihnen über die Maßen übel, dass sie mir heute meinen sauer verdienten Lohn aus offenbar niederträchtigen Motiven heraus verweigern, wo Sie als Teil meiner, auch wenn Sie des Erkennens nicht fähig sind, doch zumindest instinkthaft spüren müssten, dass meine Schaffenskraft, meine Inspiration zu versiegen drohen – wenn ich nicht umgehend was zu Rauchen kriege."[2]

---

[2] Dies ist ein Brief des Heimbewohners „Stephen" (Name anonymisiert). Er übergab mir dieses Schreiben auf meinen Einwand hin, dass ich ihm kein Taschengeld auszahlen könne, weil er für diesen Monat bereits alles verbraucht habe. Er hatte offenbar vor, sich von diesem Geld Zigaretten zu kaufen (Brief vom 06.11.07).

1 Einleitung

Dass soziale Phänomene und die ihnen zugrunde liegenden Normen relativistisch betrachtet werden müssen, weil Menschen die Welt unterschiedlich wahrnehmen und verarbeiten und, dass somit eine Vielzahl an Interaktionsvarianten zu konstatieren sind, erscheint auf den ersten Blick banal. Nicht weniger alltäglich ist die Erkenntnis, dass allzu globale Aussagen zu Normen und Werten zu relativieren sind. Angenommener (Alltags-) Konsens hinter dieser Erkenntnis ist, dass es viele verschiedene gesellschaftlich akzeptierte Normvariationen gibt. Normative Relativität bedeutet hier demnach zunächst nichts weiter, als die Abhängigkeit sozialer Normen vom sozialen Kontext, vom kulturellen Zusammenhang.

Was diesen Überlegungen jedoch fehlt, ist herauszustellen, wie soziale Gesetzmäßigkeiten auszusehen haben, um beim Wechsel von Normsystemen konstant gültig zu bleiben, die folglich unabhängig vom normativen Kontext ihre Gültigkeit behalten. Beim Wechsel zwischen Normsystemen, die normativ nur gering voneinander abweichen, ist es vergleichsweise einfach, gleichermaßen interaktionssteuernde Gesetze anzunehmen. Der Anspruch dieser Arbeit ist es jedoch zu zeigen, dass man auch Systemübergänge bei großen normativen Abweichungen beschreiben kann, ohne das Prinzip der Gleichwertigkeit der Systeme fallen zu lassen. Nur so lässt sich nämlich verstehen, dass zum einen kontextabhängige Normen die *wirklich* objektiven interaktionssteuernden Prämissen eines Normkontextes sind und zum anderen, dass es Aussagen gibt, die unabhängig von diesem Kontext gültig sind.

Ferner scheinen solch trivial erscheinenden Relativierungsaussagen eine recht lange „Sickerungszeit" zu benötigen, da sie gerade in den Handlungsfeldern der Sozialpädagogik alles andere als verinnerlicht sind, dies erlebe ich Tag für Tag im Rahmen meines beruflichen Handelns.

In seiner unstrukturiertesten Deutung wird der Begriff „Relativ" hier häufig mit „beliebig" gleichgesetzt, in der Form, dass menschliches Verhalten beliebig, also völlig unabhängig von einem Bezugsrahmen, viele normativ unterschiedliche Formen annehmen kann.

Ein weiterer Trugschluss ist es, anzunehmen es gelte auch für erheblich voneinander abweichende Normsysteme eine überall gleiche Norm, was dazu führt, dass die Abweichung als solche überhaupt nicht erkannt wird und lediglich als normimmanente kritische Auseinandersetzung mit einer bestimmten Norm gedeutet wird. Beobachtete „Devianz" wird so als Teil des „Normalen" definiert.

Ebenso gegenstandinadäquat ist, wenn normativ „angemessenes", konformes und somit in diesem Sinne pädagogisch wünschenswerte Verhaltensnormen als etwas selbstverständlich Absolutes verstanden wird. Alle anderen stark davon abweichenden Normmaßstäbe lassen sich dieser Logik folgend zwangsweise als defizitäre Abweichungen kategorisieren.

Dieses „Relativieren des Relativierens" mag zum einen an den häufig erheblich gegeneinander „verrückten" Normmaßstäben liegen, denen Sozialarbeiter in bestimmten Arbeitsbereichen (und die Menschen mit denen sie dort arbeiten), ausgesetzt sind. Das im Prolog angeführte Beispiel ist in diesem Kontext ein Extremfall von „Normabweichung" zwischen Beobachter und Beobachtungsgegenstand. Solche Situationen sind für beide Vertreter voneinander abweichender normativer Grundlagen schwierig, und zwar in dem Sinne schwierig, dass beide Seiten nicht in der Lage sind, zu akzeptieren, dass es sich beim Verhalten des Gegenübers um sinn- und zufriedenheitssiftendes, normales Alltagsinteragieren handelt. Das Handeln des Anderen wird in solchen Fällen oft als die Abwesenheit jeglicher Normen wahrgenommen.

Zum anderen ist die Versuchung groß, anzunehmen es gäbe ein einziges „Normalsystem", in dem andere Gesetze der Interaktionsregulation, als in allen anderen „devianten" Systemen gelten, wenn man täglich damit beschäftigt ist, junge Menschen alltagstauglich für ein bestimmtes Normensystem zu machen. Für die meisten Menschen scheint das Relativieren von sozialen Normen demnach nur bis zu einem gewissen Grad des „Verrücktseins" der Normaßstäbe zu funktionieren; alles, was über „beobachternahe" Devinaz hinausgeht, wird als völlig andersartiger, nomologischer Raum definiert. Vielfach fällt den Beobachtern dann nichts weiter ein, als den Anderen schlicht defizitär - abwertend als krank zu bezeichnen.[3] Ohne Zweifel ist es im Zusammenhang der Jugendhilfe wichtig zu wissen, welches normative Verhalten für die weitere Zukunft der Jugendlichen erfolgsversprechend ist. Allerdings ist es eine Fehlannahme, vorauszusetzen, dass in den sozialisatorisch relevanten Herkunftssystemen junger Menschen völlig andere Grundprämissen zur Herausbildung einer bestimmten Interaktionsnorm existieren, als innerhalb der pädagogisch erwünschten Welt. In diesem Kontext ist die Herausstellung des Unterschiedes von Normaussage und allgemeinem Gesetz von zentraler Bedeutung. Erstgenannte sind abhängig vom

---

[3] In diesem Zusammenhang ist der Text „K. ist geisteskrank" von Smith zu erwähnen, der aufzeigt, wie schnell die Etikettierung eines Individuums als „geisteskrank" durch sein soziales Umfeld zum stigmatisierenden, übergestülpten „Zwangshabitus" werden kann (vgl. Smith 1976, S. 386-415). Ferner wird im Fall von psychischen Erkrankungen oft vergessen, dass auch hier alltäglich, also auf der Basis von Alltagsnormen und intentional gehandelt wird; auch, wenn dies auf den ersten Blick nicht immer ganz offensichtlich ist, da aus Beobachtersicht die eigenen milieuspezifischen Normen als Bewertungsgrundlage herangezogen werden.

Normsystem und somit variant, nächstgenannte beziehen sich gleichwertig auf alle Systeme und sind somit invariant. Arbeiten Pädagogen auf der Basis der analytischen Unschärfe der Verwischung oder Vertauschung dieser Unterscheidung, entsteht daraus auf der Umsetzungsebene folgendes: Schlechte Arbeit (vgl. dazu Fußnote 11).

In den seltensten Fällen hat man es als Sozialpädagoge nämlich mit Menschen zu tun, die aus der Wahrnehmung heraus, an einem vermeintlich bevorzugten Normalsystem nicht partizipieren zu können oder zu dürfen, frustriert wären und somit in der Folge entweder dankbar jede Integrationshilfe annähmen oder sich gekränkt bewusst aggressiv gegen das „unerreichbare" *Normalsystem* wenden würden. Nein, man hat vielmehr vielfach mit Menschen zu tun, die bestimmte Normaßstäbe habituiert haben, die für sie in „ihrer" sozialen Welt durchaus Sinn mach(t)en, manchmal sogar einzige Überlebensoption darstell(t)en. Diese Maßstäbe haben dann oft mit denen des pädagogisch gewünschten „Normalsystems" nichts gemein und wenden sich scheinbar gegen die dortigen Normen und Werte, ohne, dass allerdings „sinnlos-destruktive" Grundmotive zu konstatieren sind. Diese Erkenntnis ist von großer Bedeutung, um als Pädagoge sinnvoll und erfolgreich zu arbeiten.

Im Kern soll diese Arbeit also ein Versuch sein, zu zeigen, dass soziale Normen im auch Fall von extremsten Normabweichungen zu anderen gleichwertig sind, also zu relativieren sind. Es soll aber auch zu erfasst werden, was nicht relativ ist, welche nomologischen Aussagen immer konstant bleiben, ganz gleich wie „verrückt" das Interagieren des Beobachteten auch wirken mag; daher auch die Bezeichnung „Invarianzhypothese" im Untertitel der Arbeit.

Etwas konkreter ausgedrückt beschäftigt sich diese Arbeit somit mit der Frage: Welcher Art müssen Gesetze sein, die menschliches Alltagsinteragieren steuern, um auch bei starker „Devianz" allgemeingültig zu sein und wie lassen sich nur partiell gültige normative Aussagen von diesen Gesetzen unterscheiden? Insofern sind die hypothetischen Aussagen dieser Arbeit weniger inhaltlicher Natur, sondern vielmehr Aussagen darüber, anhand welcher *vorstrukturierenden theoretischen Methode* inhaltliche Aussagen über das Alltagshandeln formuliert werden müssen. Es geht folglich grundsätzlich um die Fragestellung, auf der Basis welcher theoretischen Struktur empirische Erhebungen und theoretische Aussagen inhaltlicher Natur auch im Fall von stark abweichenden Normen überhaupt gegenstandsadäquat sind.

Meine Überlegungen stelle ich im 2. und 3. Kapitel dieser Arbeit zunächst vor. Im 2. Kapitel definiere ich den Bezugsrahmen für Alltagsnormen und Alltagsinteragieren und im 3. Kapitel nenne ich die Postulate und Prinzipien der Hypothese.

Im 4. Kapitel begründe ich, warum man eine Invariantenhypothese bzw. eine relativistische Betrachtung von Alltagsnormen, wie im Untertitel angekündigt, „naturanalog" herleiten kann. Diese Analogie ist deshalb erst nach der Zusammenfassung der Postulate und Prinzipien platziert, weil solche Analogieschlüsse oft abschreckend oder schlicht zu „abenteuerlich" wirken, wenn sie nicht zunächst inhaltlich begründet wurden.

Zum Zweck der besseren Anschaulichkeit und der empirischen Untermauerung, folgen nach der Zusammenfassung des theoretischen Kontextes und der analogen Herleitung von Postulaten im 5. Kapitel dieser Arbeit praktische Beispiele aus meiner beruflichen Tätigkeit. So sind es doch gerade die Verhaltensnormen, die man aus einer „bildungsbürgerlichen" Perspektive als deviant bezeichnet, die zu einer Relativierung der Normmaßstäbe, aber auch zur Formulierung invarianter, im Sinne *kovarianter*[4] Gesetzmäßigkeiten anhalten, wenn man die auf diese Art interagierenden Menschen wirklich verstehen will.

Im 6. Kapitel unterstreiche ich die Notwendigkeit meiner Überlegungen durch die Vorstellung eines experimentellen, methodenreflektierenden Forschungsprojekts, an dem ich im Rahmen meiner Dissertation (Herrmann 2008) beteiligt war. Methodenreflektierend bedeutet in diesem Fall konkret, dass ich bestimmte Computersimulationsprogramme der Forschungsgruppe COBASC daraufhin testete, inwieweit diese Techniken in bestimmten Handlungsfeldern der Sozialpädagogik erfolgreich eingesetzt werden können. Die ersten Ergebnisse dieses Projektes verleiteten beinahe zu falschen Schlüssen in Bezug auf die Gegenstandsadäquatheit der thematisierten Simulationsmethoden, da sie der empirischen Testung nicht Stand hielten. Erst eine Änderung der Simulationsprämissen in Form der kategorialen Unterscheidung, zwischen dem was allgemein, also invariant interaktionssteuernd und dem was nur partiell normkontextabhängig relevant ist, brachte die Wende. Im Folgenden möchte ich meine grundlegende Intention, die vorliegende Arbeit zu schreiben darlegen.

Tagtäglich sind meine Arbeitskollegen und ich berufsbedingt den extremen Folgen sozialer und psychischer Prozesse, beispielsweise gewalttätigem oder „verrücktem" Verhalten, ausgesetzt und müssen uns möglichst professionell dazu verhalten. Aus dem Anspruch heraus, diese Professionalität auch erfüllen zu können, fragten sich meine Kollegen und ich ständig, welche Gesetzmäßigkeiten liegen „devianten" Verhaltenweisen zu Grunde? Bedeutet extrem abweichendes Verhalten zwangsweise, die Abwesenheit von Normen und Werten und die Anwesenheit einer Krankheit im Sinne von defizitär-abnorm? Oder aber sind bei „devianten" Interaktionsmustern und diagnostizierten seelischen Erkrankungen immer auch sinnvolle und erfolgsorientierte Motive zu unterstellen?

---

[4] Der Begriff der Kovarianz wird in Kapitel 3 konkret erklärt.

Im Laufe meiner Überlegungen kam ich zu dem Schluss, dass es nötig ist, eine Unterscheidung von nomologischen Aussagen in Bezug auf deren Gültigkeitsbereich möglich zu machen. Im Zuge dessen muss definiert werden, welche Aussagen auch im Fall großer „Devianz" weiterhin gleichwertig „überall" gelten und welche nicht invariant sind, also welche vom jeweiligen Gegenstand abhängen. Dies sind Gedankenschritte, die dem Prinzip der Relativität folgen – alle weiteren Konkretisierungen sind aus diesen grundsätzlichen Schlüssen abgeleitet.

Das Grundprinzip der Relativität ist bereits seit der Renaissance in wissenschaftlichen Denkmodellen etabliert und zwar in der Form, dass das mittelalterliche monozentrische Weltbild durch ein polyzentrisches ersetzt wurde.

Der Erkenntnis- und Handlungsgewinn einer solchen relativistischen Betrachtungsweise ist sicherlich, dass auf diese Weise für den Fall großer Normdevianz überhaupt erst gegenstandsadäquate objektive analytische Aussagen und professionelles (pädagogisches) Handeln möglich sind. Ein objektivistischer Realitätszugang würde so enttarnbar und könnte folglich methodisch vermieden werden. Das heißt man könnte mit einem solchen Hypotheseninstrument perspektivische Verzerrungen, die sich aus der persönlichen Perspektive des Forschers, Theoretikers, aber auch des Pädagogen ergeben, indem von diesen vorgegeben wird, was für den jeweiligen Gegenstandsbereich objektiv zu sein hat, als solche erkennen und entsprechend berücksichtigen. Das Problem gegenstandsferner, objektivistischer Ergebnisse und Aussagen auf der Basis der „Leitdifferenz" (vgl. Matthes 1992), durch die

> „zwischen „objektiver Realität" und „subjektiver Erfahrung" stillschweigend vorgeben wird, was für die Erforschten überhaupt erfahrbar sein kann bzw. in welchem Rahmen eine empirische Analyse dieser Erfahrungen stattzufinden hat (Bohnsack u. a. 1995, S. 8).",

würde durch eine solche realitätsadäquate theoretische Vorstrukturierung somit lösbar. Die Leitdifferenz würde auf diese Weise nämlich als theoretisch-methodisches Problem beschrieben und nicht als Folge absoluter Gegebenheiten und theoretisch-methodische Probleme sind – im Gegensatz zu absoluten Gegebenheiten - prinzipiell lösbar. Insofern ermöglicht eine relativistische kategoriale Rahmung qualitativer Forschungen, dass diese nicht auf das Erkennen des „Subjektiven" reduziert werden, und dass das vermeintlich „Objektive" nicht mehr oder weniger reflektiert gegenstandsunabhängig vorausgesetzt wird.

Die Forderung nach einer relativistischen Beobachtungsperspektive oder zumindest nach einem verstehenden Zugang zu fremden Gegenstandsbereichen

der sozialen Realität im Sinne einer Perspektivenreziprozität[5] ist insbesondere im
Bereich der Kultur vergleichenden Forschung[6] und interkulturellen Pädagogik
sicherlich nichts Neues, so postuliert Wernicke:

> „Wer mit Individuen arbeitet, die in einer anderen Kultur aufgewachsen sind
> (z.b. in einer anderen Familie, in einem anderen Ort oder Land, letzten Endes   mit
> Mitmenschen überhaupt), sollte also eine doppelte Bewertung leisten: die der
> Kultur der Bewertenden und die Kultur des Bewertenten. Diese Bewertung sollte
> mit zum pädagogischen Alltag gehören" (Wernicke 2004, S. 6).

Watzlawik u. a. formulieren:

> „In Ermangelung einer brauchbaren Definition psychischer Normalität ist auch der
> Begriff der Abnormalität undefinierbar (…). Vom Standpunkt der Kommunikations-
> forschung ist die Einsicht unvermeidbar, dass jede Verhaltensform nur in ihrem zwi-
> schenmenschlichen Kontext verstanden werden kann und, dass damit die Begriffe
> von Normalität und Abnormalität ihren Sinn als Eigenschaften von Individuen ver-
> lieren" (Watzlawik u. a. 1969, S. 48).

Wichtig in diesem Kontext ist meines Erachtens, dass eine solche Perspektiven-
transformation nicht nur im Zusammenhang unterschiedlicher kultureller Makro-
strukturen zur Anwendung kommt, sondern auch in Bezug auf unterschiedliche
Normen des Alltages. Wernicke führt hierzu weiter aus:

> „Denn man sollte dabei nicht nur an verschiedenste Makrokulturen (Individuen bzw.
> Gruppen aus fernen Ländern), sondern an die alltägliche Verschiedenheit zwischen
> einer Straße und der nächsten denken" (Wernicke 2004, S. 6).

In Bezug auf die zuvor vorgestellten relativistischen Ansätze und die vorzustel-
lende Invarianzhypothese ist auszuführen, dass es aber auch kritische Stimmen
gibt, was das Prinzip „kultureller, ethnologischer und soziologischer Relativis-
men" (vgl. Stagl 1992, S. 145-178) angeht. Stagl kritisiert in diesem Kontext
völlig zu Recht einen Relativismus, der soziokulturelle Normen an sich beliebig

---

[5] Die Perspektivenreziprozität ist die Fähigkeit die Perspektive, den normativen Alltagsstandpunkt
eines anderen Individuums einzunehmen. Diese Fähigkeit ist Grundvoraussetzung für gegenseitiges
Verstehen. Aus der Sicht des Sozialforschers ist die Reziprozität der Perspektive die entscheidende
Bedingung, um auf dieser Basis Aussagen über lokal gültige normative Objektivitäten formulieren zu
können. Diese Grundidee ist insbesondere auf Mead (1980 u. 1983) und Schütz (1971a, 1971b, 1972
u. 1974) zurückzuführen.

[6] Matthes führt in diesem Kontext aus, dass das Erfahren eines Forschers immer „ein Erfahren der
Erfahrung anderer" (Matthes 1992, S. 97) sei.

erscheinen lässt[7]. Normen entstehen nicht beliebig und auch sind die interaktiven Auswirkungen von (kulturellen) Normen, wie z. B. wissenschaftliche oder kulturelle Leistungen oder ethische Werte nicht per se gleichwertig. Eine solche Behauptung wäre in der Tat als „jovial-egalitär" (Stagl 1992, S. 152) zu bezeichnen. Ein derartiges egalisierendes Verständnis von sozialer Relativität hat, wie zuvor allgemeiner angedeutet, entscheidende Mängel: es fehlen zum einen die global gültigen normsystemunabhängigen Gesetzmäßigkeiten, die in allen Normensystemen gleichermaßen invariant gültig sind, zum anderen fehlt eine invariante Bewertungsgröße, anhand derer die Gleichwertigkeit verschiedener lokal gültiger Normen ebenso deutlich wird. Es macht nämlich sicherlich keinen Sinn, zu behaupten, dass menschliche Leistungen immer gleichwertig sind; hier gibt es deutliche Unterschiede (vgl. nächster Absatz). Es reicht m. E. ferner nicht aus, wie z. B. bei Watzlawik u. a (1969; s. o.) darauf hinzuweisen, dass Devianz und Konformität nur vor dem Hintergrund des sozialen Kontexts festgelegt werden können. Dies ist unbezweifelbar so, allerdings bleiben solche relativistischen Modelle stets schuldig, Aussagen darüber zu treffen, worin genau die Gleichwertigkeit der voneinander abweichenden sozialen Kontexte zu begründen ist. Auch diesen Modellen fehlt, genau wie dem anfangs genannten Alltagskonsens zu sozialer Relativität, folglich eine Abgrenzung zwischen rein normativen und gesetzmäßigen Aussagen, also dem, was, bei aller Kontextabhängigkeit, absolut gültig bleibt. Erst eine solche Strukturierung lässt jedoch erkennen, welcher Art übergeordnete Gesetze, trotz der Normabweichung, um in allen sozialen Kontexten gültig zu sein. Zudem fehlt den genannten Ansätzen eine genaue Definition des sozialen Bezugsrahmens; die wagen Umschreibung dieser Zusammenhänge als „Milieu" oder „zwischenmenschlicher Kontext" sind unzureichend. Auch fehlt die oben genannte adäquate Bewertungsgröße, eine für jeden Kontext gültige Invariante. Diese Darstellungsdefizite öffnen Kritikern wie Stagl die Tür zu sicherlich berechtigter Kritik an relativistischen Strukturierungen des Sozialen. Folgendes möchte ich zur Veranschaulichung des Problems der Bewertungsgröße anführen:

Ein sozial-kultureller Bezugskontext, der beispielsweise im Bereich der bildenden Künste lediglich Individuen hervorbringt, die „Strichmännchen" zeichnen können ist sicherlich nicht als gleichwertig zu einem kulturellen Raum zu bezeichnen, der Individuen hervorbringt, die anspruchvollste Ölgemälde zu Stande bringen, wenn die Bewertungsgröße „Leistung"[8] im Bereich Kunst sein

---

[7] Stagl bezieht seine Kritik insbesondere auf die Arbeiten von Feyerabend (1976, 1981 u. 1985).

[8] Stagl befürchtet eine „Degradierung der Kulturliten" (Stagl 1992, S. 152), wenn Leistungen dieser „Eliten" relativistisch abgewertet würden. Eine solche Egalisierung bzw. Abwertung von Leistungen kann aber nur dann wirksam werden, wenn Leistung die invariante Bewertungsgröße sein soll, also, dass Leistung in allen Bezugssystemen gleich bewertbar wäre – eine solche Definition kann aus o. g.

soll *und* wenn Kunst vor andern Leistungsarten bevorzugt sein soll. Es kommt demnach darauf an, welche invariante Bewertungsgröße als Norm*auswirkung* *wirklich* immer in allen Normräumen gleichwertig ist – die der Leistung ist es nicht. Leistung kann nur entweder anhand eines (willkürlich) ausgezeichneten, kultursystemunabhängigen Maßstabs gemessen werden und ist somit in verschiedenen kulturellen Systemen unterschiedlich groß ausprägbar, oder aber man bezieht sich auf den Sinnzusammenhang von Leistung und dieser ist systemabhängig. Letztgenanntes ist so zu verstehen, dass es z. B. im Bezugssystem „Wissenschaftler" keinen Sinn macht, besonders weit springen zu können und umgekehrt macht es im Bezugsystem „Weitspringer" keinen Sinn, überdurchschnittlich ausgeprägte Fähigkeiten im Bereich des abstrakten Denkens zu besitzen, wobei im Rahmen dieser Betrachtungsweise nicht zwischen den Systemen „Weitspringer und „Wissenschaftler" gewertet wird. Leistung kann demzufolge lediglich sinnbezogen und bezugssystemabhängig oder anhand eines nicht relativierbaren absoluten und bevorzugten Maßstabs gemessen werden. Sie kann folglich keine relativierungsadäquate invariante Größe sein, die in beliebigen, gleichwertigen Bezugssystemen gleichermaßen erreichbar ist.

Auch die zentrale Frage der Metaethik, ob moralische Normen objektiv sind, und ob sich in diesem Zusammenhang eine relativistische Betrachtungsweise nicht verbiete[9], argumentiert auf der Grundlage falscher Bewertungsgrößen. Gerade aus Pädagogensicht ist eine relativistische Normbetrachtung auf der

---

Gründen keinen Sinn machen. Wo Stagl allerdings – bei aller berechtigten Kritik – seine Relativismuskritik überzieht, ist dort, wo er fraglos annimmt, dass relativistisch orientierte Forscher Normen und Werte (insbesondere die ethisch-moralischen des eigenen Milieus) nicht mehr ernst nähmen, weil sie sich mit der Formulierung systemübergreifender nomologischer Aussagen beschäftigen. Meines Erachtens kann man als Sozialwissenschaftler zu Normen und Werten eine relativistisch reflektierte Perspektive einnehmen und gleichzeitig in aller Demut die eigene normativ-habituelle „Gefangenheit" in einem bestimmten Normensystem anerkennen und dieses ggf. auch gegen andere Systeme verteidigen – es gibt gar keine andere Wahl. Eine „Einteilung der Menschheit in zwei Klassen: die „Insassen" soziokultureller Systeme und deren „Wärter"" (Stagl 1992, S. 152) ist also sicherlich nicht zu befürchten.

[9] Ernst argumentiert in diesem Zusammenhang, dass Moral von ganz anderer Art sei, als reine Geschmacksurteile, Moral somit nicht relativierungsadäquat sei, da sie nicht mit Geschmacksurteilen verglichen werden könne. Moral könne also genauso Objektivität beanspruchen, wie beispielsweise die Wissenschaft (vgl. Ernst 2008, S. 76 – 115). Meiner Meinung nach geht es aber nicht um das falsche Vergleichsobjekt zu Moral oder um objektiv oder nicht, sonder vielmehr darum, was sowohl Moral, als auch Geschmacksurteile (obwohl sie sicherlich nicht identisch sind, was aber nicht heißt, dass sie nicht der gleichen Art sind; vgl. Kap. 2.3.2) gleichermaßen auf der Ebene des Alltagsinteragierens auslösen, also über welche Bewertungsgröße sie verbunden sind. Was die Frage nach der Objektivität in wissenschaftlichen Kontexten angeht, kann es nur sinnvoll sein, zu definieren, welche Aussagen globale Objektivität beanspruchen können und welche Aussagen sich lediglich auf Lokalitäten beziehen – und moralische Normen können sich hier nicht ganz dem wissenschaftlich-analytischen Bewertungszugriff entziehen und zwar für den Teil der Moral nicht, der Interaktion sinnhaft reguliert (vgl. Kap. 2.3.2).

Basis der Bewertungsgrundlage moralisch „richtig" oder „falsch" alles andere als sinnvoll, da jedes auch noch so abweichende Verhalten somit entschuldbar wäre – die Folge wäre, dass alle Pädagogen sich eine andere Arbeit suchen müssten. Es geht jedoch gleichwohl in pädagogischen Kontexten darum, nachzuvollziehen, ob normatives Alltagsinteragieren bezugssystembezogen Sinn macht, um den Interagierenden zu verstehen - was aber nicht gleichbedeutend damit ist, mit abweichendem Handeln einverstanden zu sein. Demnach sind auch die Bewertungsgrößen moralisch „richtig" oder „falsch" bzw. „gut" oder „böse" grundsätzlich ebenso nicht als analytische Invariante geeignet. Sie können entweder als bezugssystembezogen sinnhaft[10] oder aber als *pädagogisch* global *setzbar,* bzw. global wünschenswert oder nicht wünschenswert klassifiziert werden. Die Nennung einer adäquaten invarianten Bewertungsgröße und wie diese dennoch mit normativ ethischen Aussagen zusammenhängt folgt in Kapitel 2.3.2.

Bezogen auf die Intention, mittels einer Invarianzhypothese, zu gegenstandsnäheren theoretischen Aussagen zu gelangen, ist prinzipiell zu postulieren, dass in diesem Zuge ein strukturierendes Grundverständnis über das zu erlangen ist, was das allgemein „global" Soziale an menschlicher Interaktion ist und wie sich die speziellen „lokalen" normativen Interaktionsmaßstäbe von diesem allgemein Sozialen abgrenzen lassen. Eine Invarianzhypothese, wie sie hier vorgestellt werden soll, ermöglicht somit eine differenzierende Darstellung des global Objektiven und des lokal Objektiven und macht dadurch eine Trennung zwischen „subjektiv" und „objektiv" unnötig und integriert sozusagen beide Sichtweisen. Auf diese Weise wird ferner deutlich, dass die Festlegung, dass bestimmte Forschungsrichtungen nur das „Subjektive" und andere nur das „Objektive" erheben können, wie das in den Sozialwissenschaften im Kontext des Verständnisses von qualitativer und quantitativer Forschung häufig zu konstatieren ist, nicht gegenstandsangemessen ist. Letztlich werden mit beiden Herangehensweisen empirische Daten erhoben, die nur dann valide sind, wenn auch die kategoriale Vorstrukturierung valide ist. Insofern enthält diese Arbeit auch einen Hinweis darauf, wie unabdingbar theoretische Aussagen für valide empirische Forschung ist.

In Bezug auf die Methodik des Erkennens lokaler Objektivitäten bezieht sich diese Arbeit jedoch auf einen interpretativ-qualitativen Zugang auf das phänomenologisch Fremde bzw. Abweichende, im Sinne der phänomenologischen Soziologie, und auf die theoretischen Aussagen, wie diese normativen (Erhebungs-) Kontexte sinnhaft (vor-) strukturiert sind (vgl. Schütz 1974, Weber 1980 und Habermas 1981a u. 1981b). Diese Sinninterpretationen und deren valide Vorkategorisierung sind nämlich sowohl für das analytische Erkennen von „Devianz", als auch für den angemessenen pädagogischen Umgang mit „abweichen-

---

[10] Der Begriff „sinnhaft" bzw. „Sinnhaftigkeit" wird an späterer Stelle näher definiert.

dem" Verhalten unabdingbar. In diesem Zusammenhang ist zu verdeutlichen, dass sich nur vor einem (Sinn-) vorstrukturierenden theoretischen Hintergrund beispielsweise bewerten lässt, welche Interaktionsart eine allgemeine internormative Funktion hat und welche Art es Interagierens tendenziell speziell normativer Natur ist[11]. Insofern ist die Grundintention dieser Arbeit im Weberschen und Schütz'schen Sinne zu „verstehen", indem es hier um die Optimierung der gegenstandadäquaten Herleitung des Sinns sozialer Interaktion geht (vgl. Weber 1980); oder als Frage formuliert: Durch welche Sinnstrukturen wird soziale Interaktion gesteuert und wie sind diese Strukturen insbesondere angemessen zu kategorisieren? Es soll folglich darum gehen, verschiedene Sinnkontexte strukturell als solche zu definieren und diese widerspruchsfrei zu koordinieren.

In diesem Zusammenhang kommt, wie zuvor angedeutet, der Hervorhebung, welcher Art soziale Gesetze, im Sinne von allgemeingültigen Aussagen zur Interaktionssteuerung, sein müssen, zentrale Bedeutung zu. Nicht von der Hand zu weisen ist somit auch der nomologische Charakter der grundlegenden Aussage dieser Arbeit; ganz im Sinne von Comte (vgl. Comte 1974). Somit möchte ich zeigen, dass sinnhaftes Interagieren auch in Hinblick auf die Gesetzmäßigkeit des Sozialen zu analysieren ist und welche Aussagen überhaupt den „Rang" eines Gesetzes einnehmen können. Interpretativ-qualitativ erzeugte Erkenntnisse über das „sinngeleitete Handeln" (Weber 1980) sind hier folglich als empirische Gegebenheiten zu verstehen, auf die bezogen Gesetzmäßigkeiten formulierbar werden. Dies sei erwähnt, um den hier verwendeten Begriff der Nomologie von dem Comteschen abzugrenzen, was die Definition dessen angeht, was als empirische Gegebenheit zu klassifizieren ist: meine diesbezügliche Definition bezieht sich ausdrücklich auf die Ergebnisse des „deutenden Verstehens" und nicht nur auf das Comtesche „Positive".

Aus dem Vorangegangenen ist zusammenfassend ableitbar, dass es die konkrete Hauptaufgabe dieser Arbeit ist, über die reine Forderung nach einer Perspektivenreziprozität und einer „anything goes" Relativierung hinaus, exakte Postulate und Prinzipien zu formulieren. Diese sollen das Prinzip der Relativität wahren, weil dieses unbezweifelbar auch in soziologischen Kontexten und in entsprechenden Handlungsfeldern der sozialen Arbeit ein wahres und sinnvolles Prinzip darstellt. Und im Zuge dessen soll der Beliebigkeitscharakter aufgelöst

---

[11] Diese Unterscheidung ist beispielsweise im Zusammenhang der pädagogischen Arbeit mit psychisch erkrankten Jugendlichen von fundamentaler Bedeutung. Hier stehen die pädagogischen Fachkräfte täglich vor der Frage: Ist das beobachtete Interagieren eines Klienten prinzipiell aus einem allgemeinen Kontext der pubertären Rebellion zu erklären oder aber ist es tendenziell in der Spezialität der psychischen Erkrankung begründet. Oder: Ist das Interagieren als allgemein soziale Stressbewältigungsstrategie zu bewerten oder bereits als psychotisches Erleben? „Devianz" kann somit eine allgemeine Erklärung haben, aber auch eine kontextabhängige. Auf der pädagogischen Handlungsebene ist auf diese unterschiedlichen Fälle auch unterschiedlich zu reagieren!

werden, der relativistischen Betrachtungsweisen in den Sozialwissenschaften durchaus anhaften kann.

Im Folgenden werden soziale Alltagsnormen zunächst in einen theoretischen Bezugsrahmen eingebettet, um so die Hintergrundstruktur für normbasiertes Alltagshandeln zu definieren.

2 Einbettung sozialer Alltagsnormen in einen Bezugsrahmen

In diesem ersten Kapitel möchte ich den sozialen Bezugsrahmen näher definieren, in welchem soziale Alltagsnormen im Kontext dieser Arbeit thematisiert werden und auf welche Art von Handlungen sich die Normen beziehen. Es soll also dargestellt werden, wie Norm tragende Gemeinschaften ganz allgemein zu beschreiben sind und in welcher Handlungsart die entstandenen Normen, auch wieder ganz allgemein, ihren Ausdruck finden.

Im Zuge dessen soll zudem der Begriff der sozialen Norm, insbesondere was er im Kontext dieser Arbeit bedeutet, definitorische Kontur erhalten.

2.1 Normative Bezugssysteme des Alltages

Normative Bezugssysteme des Alltages sind die sozialen Systeme, die systemimmanente Handlungsnormen erzeugen und etablieren. Es geht hierbei also um die sozialen Zusammenhänge, in denen Normen von den partizipierenden Individuen erfahren werden, Normen entstehen, in denen normativ gehandelt wird, zu den dortigen Handlungen Stellung genommen wird und in denen die Individuen von den Handlungen beeinflusst werden. Die Bezugssysteme des Alltages sind als Norm tragender Hintergrund charakterisierbar. Soziale Normen sind in diesem Kontext zunächst als Regeln für die wechselseitigen Bezüge zwischen Individuen, also als Regeln für soziale Interaktion zu definieren.

Es wird schnell deutlich, dass die Arbeitsdefinition zum Begriff der normativen Bezugssystem Schnittstellen mit der Definitionen der „Lebenswelt"[12] bzw. der „intersubjektiven Kulturwelt" oder der „Welt des Alltages" von Schütz[13] hat und an einigen Stellen sicherlich deckungsgleich mit diesen ist. Schütz zum Begriff der intersubjektiven Kulturwelt:

> „Sie ist intersubjektiv, da wir in ihr als Mensch unter Menschen leben, an welche wir durch gemeinsames einwirken und Arbeiten gebunden sind, welche wir verstehen und von welchen wir verstanden werden. Es ist eine Kulturwelt, da die

---

[12] Der Begriff der Lebenswelt wurde im Zusammenhang der Phänomenologie Husserls zu einem zentralen Gegenstand der Philosophie.

[13] Schütz führte das Konzept „Lebenswelt" in Rückgriff auf Husserl in die Soziologie ein.

Welt des täglichen Lebens von allem Anfang an für uns ein Universum von Bedeutung ist, also ein Sinnzusammenhang, den wir interpretieren müssen, um uns in ihm zurecht zu finden und mit ihm ins Reine zu kommen" (Schütz 1971a, S. 11).

In Bezug auf den Selbstverständlichkeitscharakter der Lebenswelt führt Schütz aus:

„In dieser Einstellung ist die Existenz der Lebenswelt und die Typik ihrer Inhalte bis auf weiteres fraglos gegeben hingenommen" (Schütz 1971b, S. 153).

Ferner sind Ähnlichkeiten zwischen der Definition zu den Bezugssystemen des Alltages mit dem kommunikationstheoretischen Verständnis der Lebenswelt von Habermas[14] zu konstatieren. Dort bildet sie den

„Horizont an intersubjektiv geteilten Hintergrundannahmen, in die jeder Kommunikationsprozess vorgängig eingebettet ist" (Honneth 1985, S. 318).

Für die Zwecke dieser Arbeit ist es aber trotzdem sinnvoll, bei der eigenen Begrifflichkeit der normativen Bezugssysteme des Alltages zu bleiben. Dies ist wie folgt zu begründen:

Der Begriff der „Welt" ist sicherlich ebenso missverständlich wie nebulös, zum einen suggeriert er die Existenz nur einer (Hintergrund-) „Welt" – er ist demnach aus analytischer Sicht zu global, zum anderen impliziert er für den Fall, dass doch mehrere voneinander abgrenzbare „Welten" angenommen werden, dass in diesen „Welten" jeweils ganz unterschiedliche Gesetze des Sozialen gegeben seien.

Ferner soll an dieser Stelle der Focus auf den vorherrschenden Normen liegen, der Begriff des Alltages erfüllt hier die Bedeutungsnähe zu „Norm", „Normalität" und „normal" meines Erachtens eher, als der Ausdruck der *Lebenswelt*. Die Begriffskomponente „Bezugs"-systeme des Alltages soll verdeutlichen, dass alle normativen Aussagen sich auf das jeweilige System des Alltages beziehen, von diesem abhängen. Insofern ist der Terminus „Handlungssysteme im Bezugsrahmen des Handelns" von Parsons (1972) deutlich schärfer, allerdings ist der dortige Systembegriff ein anderer, als der hier zu Grunde gelegte, welchen ich ausdrücklich auf alltagsweltliche Zusammenhänge beziehen möchte.

---

[14] Habermas kritisiert an der phänomenologischen Auffassung von Lebenswelt die Implikation einer monologischegologischen Subjektivität und stellt den intersubjektiven, kommunikativen Charakter der Lebenswelt in den Vordergrund seiner Theorie des kommunikativen Handelns.

2.1.1 Arbeitsdefinition des Systembegriffs

Im Zusammenhang dieser Arbeit kann man, zur Klärung des Systembegriffs im Bedeutungskontext sozialer Bezugssysteme und ihren Alltagsnormen, zunächst allgemein und formal formuliert,

> „ein System verstehen als eine Menge S von Elementen E_i die sich zu einem bestimmten Zeitpunkt t in einem Zustand Z_E befinden. Die Elemente stehen in speziellen Wechselwirkungen zueinander; diese Wechselwirkungen führen dazu, dass der Zustand der einzelnen Elemente mit der zeit ändert und zwar gemäß den Einflüssen der jeweiligen Wechselwirkungen ..... Der Zustand Z_S des gesamten Systems ist im Prinzip die Menge der Einzelzustände aller Elemente" (Klüver 2006 u. a., S. 81).

Diese Definition impliziert für den Erklärungsrahmen der Entstehung sozialer Normen, dass ein soziales System mit einem hohen Anteil unterschiedlicher Elemente, also Individuen, einer größeren Veränderungsdynamik ausgesetzt ist, als eines, welches sich aus Individuen zusammensetzt, die bereits ähnliche normative Ausrichtungen haben. Konkret heißt dies, dass die Wechselwirkungen, also Interaktionen, zwischen Menschen mit unterschiedlichen Normhintergründen prinzipiell mehr Veränderungen des normativen Gesamtzustandes verursachen dürften, als dies bei Interaktionen von Menschen mit ähnlich gelagerten Normzuständen der Fall sein dürfte.

Hieraus lässt sich folgende Arbeitsregel ableiten: je facettenärmer und konformer die Elemente eines Systems bezogen auf ein normatives Merkmal handeln, desto schwächer ist die Veränderungsdynamik. Umgekehrt gilt: je facettenreicher und abweichender die Elemente bezogen auf bestimmte normative Merkmale handeln, desto stärker fällt die Veränderungsdynamik aus. Kurz: homogene Systeme verändern sich kaum, heterogene Systeme verändern sich stetig.

Normen entstehen demnach sozusagen sozialisatorisch innerhalb eines sozialen Systems, eines sozialen Milieus durch Interaktionen, die Veränderungen[15] der normativen Ausrichtung der Individuen und somit des gesamten Systems nach sich ziehen. Ist ein Zustand erreicht, in dem die Veränderungen, bezogen auf bestimmte normative Merkmale, nachlassen und in der Folge ggf. ganz ausbleiben, ist eine Norm etabliert.

Allgemein und formal kann in diesem Zusammenhang vom Erreichen eines normativen „Attraktors" gesprochen werden. Attraktoren nennt man Zustände, die periodisch wiederkehren oder aber Zustände an denen die Veränderungsdy-

---

[15] Diese Dynamik wird in Kap. 2.2 eingehender beschrieben.

namik gänzlich versiegt. Normative Attraktoren stehen demnach für latente Normstrukturen, für das was im Sinne von „normal", latent oder ständig, alltäglich zum bezugssystemimmanenten Interaktionsgelingen beiträgt.

Ein soziales System ist also dann ein soziales Bezugssystem, wenn, bezogen auf bestimmte normative Merkmale, zumindest latent eine hohe Handlungshomogenität der Individuen zu konstatieren ist und ein normativer Attraktor erreicht ist. Was bedeutet, dass ein normbezogener Zustand der Konformität und der Inertialität[16] erreicht wurde. Genau dieser Realitätsausschnitt soll im Kontext dieser Arbeit betrachtet werden.

Zur Homogenität dieser Systeme ist anzuführen, dass in diesem Zusammenhang nicht von wirklich scharfen Merkmalskontexten die Rede sein kann. Dies ist damit zu begründen, dass soziale Bezugssysteme normative Merkmalsmengen darstellen, die nicht in dem Sinne scharf zu definieren sind, als dass ihre Elemente identisch wären. Soziale Bezugssysteme sind lediglich in Bezug auf die Gleichartigkeit bestimmter normativer Merkmale in sich homogen. Mit Gleichartig meine ich, dass diese Merkmale mehr oder weniger ausgeprägt sind, was bedeutet, dass die partizipierenden Individuen mehr oder weniger merkmalskonform interagieren. Die Konformität, also die Mengenzugehörigkeit in Bezug auf normative Merkmale wird Relation zu anderen Bezugsystemen definiert: Im Vergleich zum Bezugssystem „Zivilisierter Bildungsbürger" erscheinen sowohl „Mitläufer in Hooligangruppen", als auch „Dominante Hooligans" als Elemente der Menge „Gewalttäter", obwohl „Dominante Hooligans" quantitativ und qualitativ einen höheren Devianzgrad, was ihre Gewalttaten angeht, erreichen dürften, als die „Mitläufer". Insofern ist die Merkmalsmenge, das Bezugssystem „Gewalttäter" eine unscharfe Menge (vgl. Stoica-Klüver u. a. 2009). Dem Merkmal Hooligan zugehörigen Elementen kann folglich nicht nur ein Merkmalswert zugeordnet werden, wie z. B. alle Elemente = 1, wobei 1 für gewalttätig stehen soll.

Den Interagierenden und ihrer Norm „gewalttätig" können also innerhalb des Bezugssystems beliebig viele, stetige Werte (vgl. Kapitel 2.3) zugeordnet werden, solange sie noch dem Wertraum des Kriteriums für Konformität entsprechen.

Ein weiters Charakteristikum sozialer Bezugssysteme ist, dass in ihnen die einzelnen Individuen oft nur in „virtueller" Interaktion stehen, was heißen soll,

---

[16] Der Zustand der Inertialität und was er für diese Arbeit bedeutet wird in Kap. 2.2 näher definiert. Inertialität soll in diesem Zusammenhang nur heißen, dass ein Zustand betrachtet wird, in dem *keine* normativen Veränderungen des Bezugssystems stattfinden. Inertialität von lat. „untätig", „träge" soll insofern die Art der Bezugssysteme beschreiben. Ein soziales Inertialsystem ist also ein veränderungsfreies Bezugssystem, was die etablierten Alltagsnormen und die durch sie gesteuerten Alltagsinteraktionen angeht. Konformität bedeutet hingegen, dass sich die teilhabenden Individuen normativ gleichartig verhalten, dass ihre Interaktionen normativ gleichartig sind.

dass die in diesem Bezugssystem etablierten Normen einen habituellen Handlungshintergrund für die einzelnen Individuen bilden, auch wenn sie in Umgebungen interagieren, die sich heterogener gestalten. Interagiert beispielsweise ein jugendlicher Hooligan in einer Heimgruppe der Jugendhilfe, so bleibt das Bezugssystem „Hooligangemeinschaft" als normativer, aber eben virtuellhabitueller Handlungshintergrund bestehen; er trägt sein Bezugssystem sozusagen „mit sich". Die Zuordnung zu einem Bezugsystem und dessen Interaktionsnorm ist somit immer auch eine Typisierung. Dies zeigt, dass die Definition von Bezugssystem nicht deckungsgleich ist mit der des Begriffs der Interaktionsumgebung – letztgenannte ist immer ein Raum der faktischen, direkten Interaktion. Aus einer Interaktionsumgebung kann aber ein sozialisatorisch relevantes Bezugssystem entstehen, wenn sich dort eine Interaktionsnorm etabliert, die für die teilhabenden Individuen Erfolgsrückmeldungen verspricht (vgl. Kapitel 2.1.3).

Abschließend ist auf die Möglichkeit einzugehen, dass Menschen prinzipiell an mehreren Bezugsystemen partizipieren können. Allerdings liegt die Betonung hier auf *prinzipiell*, weil in diesem Sinne sicherlich mehrere verschiedene bezugssystemabhängige Normmaßstäbe in einem Individuum angelegt bzw. vorhanden sein können, jedoch immer nur ein Normmaßstab eines bestimmten Bezugsystems in einer bestimmten Interaktionssituation maßgeblich interaktionssteuernd ist. Zwischen diesen Normaßstäben können Übergänge innerhalb eines Individuums stattfinden, was bedeuten soll, dass zwischen den verschiedenen normativen Bezugssystemen gewechselt werden kann. Diese normativen Verschiebungen werden in Kapitel 5.3, wie ich finde, anhand eines sehr eindrücklichen Beispiels veranschaulicht.

Soziale Bezugssysteme sind insofern immer:

- Norm tragend
- unscharfe Mengen
- virtuelle Interaktionskollektive
- Inertialsysteme (zumindest für die Vorrausetzungen dieser Arbeit)
- potentiell als Menge verschiedener Bezugsysteme innerhalb eines Individuums interaktionssteuernd angelegt
- interaktionssteuernde Systeme, von denen pro Individuum und Interaktionsituation immer nur eins maßgeblich valide ist

2.1.2 Unterschiede zwischen Bezugssystem und der Lebenswelt bei Habermas

Neben der rein terminologischen Abgrenzung im Kapitel 2.1, möchte ich zudem definitorische Unterschiede zwischen Bezugssystemen und dem, was Habermas mit Lebenswelt meint, deutlich machen.

Mit Lebenswelt meint Habermas, grob zusammengefasst, das Verständnis von Gesellschaft aus der Teilnehmerperspektive einer sozialen Gruppe. Bis hierher ist die Bedeutung des Begriffes des Bezugsystems mit dem der Lebenswelt identisch. Allerdings steht im Verständnis von Habermas von Lebenswelt normgesteuertes Handeln als Handlungsart nicht im alleinigen Zentrum des analytischen Interesses, wie es im Rahmen dieser Arbeit der Fall ist. Habermas unterscheidet zusätzlich zum normregulierten Handeln, zwischen „Konversation" und „dramaturgischem Handeln" (Habermas 1981a, S. 126 ff. und 384 ff.).

Soziale Bezugssysteme schließen Alltagsnormen als steuernde Hintergrundelemente nicht nur explizit mit ein, sondern in diesem Verständnis sollen sie entscheidendes interaktionssteuerndes Element sein.

Und somit komme ich zu der Definition des Begriffs der Alltagsnorm, mit dem bezugssystemabhängige, milieuspezifische *und* intersubjektiv geteilte Regeln des Kulturellen und der Interaktion gemeint sind; wenn man so will sind Alltagsnormen bezugsystemabhängige normative Weltbilder[17], welche die möglichen Interaktionsformen in bestimmten sozialen Situationen festlegen. Diese sozialen Situationen beziehen sich, für den Kontext, den ich in dieser Arbeit thematisiere auf das urwüchsig-alltäglich Normative und nicht etwa auf strukturiert-funktionale Normen wie z. B. innerhalb von Arbeitsfeldbezügen. Hier sind Normen der Interaktion beispielsweise häufig durch Verfahrensanweisungen festgelegt, wie z. B. ein Hilfeplangespräch mit Jugendlichen abzulaufen hat etc. Diese funktionalen Normen sind aber, wie erwähnt, nicht das Thema der vorliegenden Arbeit, sondern vielmehr soll die Relativierbarkeit von Alltagsnormen beschrieben werden, um den Alltagscharakter hier in Abgrenzung zum funktionalen Normcharakter zu definieren. Im Folgenden ist mit Norm immer Alltagsnorm im obigen Sinne gemeint.

Der zuvor beschriebene Normbegriff ist sicherlich mit dem bei Habermas zu vergleichen, da auch hier von einem nicht funktionalen Interaktionshintergrund ausgegangen wird. Nur möchte ich mich hier ausschließlich auf normbasiertes Interagieren beziehen und nicht wie Habermas noch andere Interaktionstypen (vgl. Habermas 1981a, S. 126 ff. und 384 ff.) davon unterscheiden, da ich davon ausgehe, dass wenn es um kontextabhängiges Interagieren gehen soll,

---

[17] Ich möchte abermals darauf hinweisen, dass ich mit bezugssystemabhängig meine, dass alle Weltbilder normative Bezugssysteme darstellen, die in Bezug auf eine Bewertungsgröße, die ich noch nennen werde gleichwertig sind.

immer normativ gesteuertes Interagieren beschrieben wird. So folgt auch Konversation und dramaturgisches Handeln, wie Habermas sie beschreibt, immer einer bezugsystemabhängigen Norm. Lediglich deutlich affektgesteuerte Impulsinteraktionen erfolgen unnormiert und sind somit als Interaktionsform von normbasierten, bezugssystemabhängigem Interagieren zu unterscheiden. Alle kontextbezogenen Interaktionsformen sind demnach normbasiert.

Ein weiterer Unterschied der Bedeutung von Bezugssystemen des Alltages zur Habermas'schen Lebenswelt ist, dass die Definition des Bezugssystems erfolgsorientiertes, rationales Interagieren explizierter und unmissverständlicher als Bestandteil des Alltages einbezieht, und zwar ohne, dass dies ausschließlich auf einen direkten, „kolonialisierenden", (Habermas, 1981b, S. 561) imperativen Einfluss der Funktionssysteme[18] zurück zu führen wäre. Dass Funktionssysteme sicherlich vorprägend auf Bezugssysteme einwirken, soll hier nicht in Abrede gestellt werden (vgl. Kapitel 2.2), allerdings möchte ich herausstellen, dass es auch so etwas wie eine kulturell-interaktive Rationalität gibt, die mit einem „Eindringen von Formen ökonomischer und administrativer Rationalität" in direkter Weise kausal nichts zu tun hat. Diese Form von kulturell-interaktiver Rationalität ist nicht ganz deckungsgleich mit dem Begriff der der „kommunikativen Rationalität" (Habermas 1981a), weil ein Teil der kulturellen Rationalität, auch auf kognitive, technisch-instrumentelle Verstandesleistungen zurückzuführen ist, die die Definition von kommunikativer Rationalität ausschließt.

In der konzeptionellen Definition des Bezugssystems ist demzufolge der fast ausschließlich dialogisch-kommunikativ (in Abkopplung zweckrationalen Handelns) orientierte Charakter kultureller und sprachlicher Normen nicht in der Schärfe haltbar, wie bei Habermas, da normatives Interagieren immer auch instrumental-zweckrationales, monologisches Interagieren ist. Hierbei ist die Reflexionsfähigkeit der Interaktionsteilnehmer über Kausalzusammenhänge zwischen Alltagsnorm, Alltagshandeln und den zu erwartenden Erfolgsrückmeldungen zu berücksichtigen – und eben nicht *nur* durch den Einfluss der bezugssystemfremden Medien Geld und Macht. Zweckrationales Interagieren ist somit nicht zwingend auf ausschließlich funktionale Kontexte oder deren Einfluss zu beziehen. Insofern wird ebenso deutlich, dass interaktives Alltagshandeln ebenso zweckrational motiviert sein kann, indem der Erfolg des Interagierens bewusst wird, indem bewusst wird, welche Form der Verständigung, der Interaktion er-

---

[18] Der Begriff der Funktionssysteme geht auf Luhmann im Rahmen seiner Systemtheorie (1984) zurück und Habermas griff auf diesen systemtheoretischen Begriff später im Kontext seiner Theorie des kommunikativen Handelns auf, da sich Gesellschaft, nach Ansicht von Habermas, nicht ausschließlich handlungstheoretisch erfassen lässt (vgl. Habermas 1981b); eine Meinung, die ich teile.

folgreich[19] war, um in der Folge diese Interaktionsart in Erwartung von Interaktionserfolg erneut zu verwenden.

Das Interagieren auf der Basis von Alltagsnormen bedeutet also das Handeln sowohl nach bezugssystemimmanenten Imperativen, nach alltäglichen Notwendigkeiten, als auch nach bezugssystemimmanenten Motiven; damit kann eine bestimmte Art des Kommunizierens gemeint sein, aber auch des sprachlosen Handelns: was ist bezogen auf das Bezugssystem „normal" – welche Handlungen sind bezugskonforme Interaktionen. „Erfolgreich" sind Interaktionen innerhalb eines Bezugsystems nur dann, wenn sie normkonform sind. Hierbei möchte ich den Terminus des interagierenden Handelns dem des kommunikativen Handelns von Habermas vorziehen, da er Bezugssystem unabhängiger ist und es Bezugsysteme gibt, in denen zu großen Teilen sprachlos interagiert wird, in denen habituelle Übereinstimmungen nicht auf der Herstellung von Intersubjektivität fußen (vgl. Kapitel 2.2.1). Folglich sind zweckrational und kommunikativ koordiniertes handeln unter dem Begriff Interaktion zusammenzufassen. Kommunikatives Handeln ist streng genommen demnach ein Spezialfall unter anderen Interaktionsarten. Der Begriff des Handelns ist jedoch für soziale Kontexte zu allgemein, da Handeln auch bedeuten kann, z. B. einen Baum zu fällen – eine Tätigkeit, die nicht unbedingt als Interaktion zwischen Menschen zu bezeichnen ist. Somit bleibt als Verallgemeinerungsabstufung der Begriffe Handeln, Interagieren, zweckrational, kommunikativ, in der Reihenfolge konkret zu allgemein, festzuhalten: 1. zweckrationales und kommunikatives Interagieren (zuzüglich aller anderen denkbaren Interaktionstypen), 2. Interagieren, 3. Handeln. Dass Kommunikation *ein* Fall der Interaktion ist und die beiden Termini nicht synonym verwendet werden sollten, mache ich im weiteren Verlauf, insbesondere im Kontext der Praxisbeispiele, noch deutlicher, ebenso wie die zuvor angedeutete Nichttrennbarkeit von Ursachen und Motiven.

Im obigen Zusammenhang möchte ich abschließend nochmals auf den Begriff der Alltagswelt von Schütz zurückkommen, der, wie in Kapitel 2.1 zuvor angedeutet, das Rationale, Normative aber auch das Monologisch-Egologische

---

[19] In diesem Zusammenhang soll nicht verschwiegen werden, dass Habermas auf zunehmende Rationalisierungstendenzen im Bereich der Lebenswelt durch deren Zugänglichkeit für rationale Begründungsverfahren hingewiesen hat (vgl. Habermas 1981b, S. 219 ff.), jedoch ohne die konkreten Folgen auf den „Selbstverständlichkeitscharakter" der Lebenswelt, was die Abschätzung von Ursache-Wirkungs-Zusammenhängen angeht, näher einzugehen; diesen Einwand werde ich in Kap. 3 konkretisieren. Zudem verortet er die Gründe für diese Rationalisierung primär im Einfluss funktionaler Rationalität, was ich für mein Konzept der Bezugssysteme des Alltages in Form der strikten Trennung von zweckrationalem und kommunikativem Handeln nicht formulieren möchte. Soziale Bezugssysteme beziehen sich immer auf ein monologisch-egologisches *und* gleichzeitig ein intersubjektiv-kommunikatives Bewusstsein.

des Alltages – neben dem intersubjektiven Charakter der Alltagswelt - bereits impliziert. Ein solcher Kontext liefert die

> „objektiven Strukturen, mit denen man fertig werden muss, wenn Handlungsvorha-
> ben erfolgreich realisiert werden sollen" (Zimmermann / Pollner 1979, S. 69).

Oder Schütz im Originalton in Bezug auf die Bedeutung der „Welt des Allta-ges":

> „Es ist eine Kulturwelt, da die Welt des täglichen Lebens von allem Anfang an für
> uns ein Universum von Bedeutung ist, also ein Sinnzusammenhang, den wir inter-
> pretieren müssen, um uns in ihm zurechtzufinden und mit ihm in Reine zu kommen"
> (Schütz 1971a, S. 11).

Diese zeckrationale subjektiv-monologische Facette der Lebenswelt ist meines Erachtens, neben den intersubjektiv-dialogischen Bewusstseinsbezügen bei Habermas, ebenso Komponente des Begriffs sozialer Bezugssysteme. Auch ist zu berücksichtigen, dass auch egozentrische Interessen intersubjektiv–dialogisch umgesetzt werden können. Selbst Jugendliche in Jugendhilfeeinrichtungen, denen oft die Unfähigkeit strategisch zu Denken unterstellt wird, wissen darum, dass man häufig zur Durchsetzung eigener Interessen sich *zunächst* mit anderen Interagierenden abstimmen muss, bzw. sich auf deren Normperspektive einlassen muss. Bei Habermas kommt häufig der Eindruck auf, auch wenn dies nicht in der Form bewertend gemeint ist, dass intersubjektiv-dialogisches Interagieren im Sinne einer Perspektivenreziprozität *immer* zu auf Verständigung und Abstimmung zwischen den Interagierenden aus ist. Meines Erachtens ist die soziale Realität, wie so oft, aber nicht so einfach zu beschreiben. Gerade besonders egozentrisch motivierte Interaktionen gelingen oft nur dadurch, dass sich der Interagierende gekonnt auf die Perspektive eines anderen Interagierenden einlassen kann.

Soziale Kompetenz oder das, was für gewöhnlich mit „Empathie" gemeint ist, ist in pädagogischen Kontexten nicht per se als eine Tugend zu bewerten. So sind es doch gerade die strukturell schwer gestörten Persönlichkeiten, die diese dialogisch-kommunikativen Fähigkeiten über die Maßen besitzen und damit für viel „gestörte" Interaktion bzw. Interaktionsstörungen sorgen. Insofern ist es im Umkehrschluss auch zu einfach zu behaupten, instrumental-rationales Handeln diene ausschließlich der „Ausdehnung der Herrschaft des Menschen über die Natur" (Habermas 1968, S. 62) oder andere Menschen. Gerade in pädagogischen Interaktionskontexten in sozialpsychiatrischen Handlungsfeldern, und nur für diese kann ich sprechen, ist es so, dass gestörte Interaktion häufig gerade mit dem Mittel der der Kommunikation und der Fähigkeit zu einer Perspektivenre-

ziprozität erzeugt wird und nur mit zweckrationalen Interaktionen wieder hergestellt werden kann. Somit können mit zweckrationalen, als auch mit kommunikativen Interaktionsformen, sowohl „gesunde" Kommunikation, als auch „gestörte"
Interaktion hergestellt werden. Sie sind insofern nicht in der Form trennscharf
darstellbar, wie bei Habermas, insbesondere, was die Zuordnung zu Systemfor-
men angeht. Daraus folgt: Es ist nicht realitätsadäquat zu postulieren, zweckrationales Handeln sei ausschließlich funktionales Interagieren, welches sich somit
zumindest auf den Einfluss von Funktionssystemen bezieht, und kommunikatives Interagieren ist ausschließlich auf lebensweltliche Kontexte zu beziehen.
Somit bleibt festzuhalten, dass zweckrationales und kommunikatives Interagieren zwar unterschiedliche Fälle der Interaktion sind, jedoch die Gemeinsamkeit
haben, dass sie beide interaktionssteuernd im Rahmen sozialer Bezugssysteme
des Alltages wirken.

Insgesamt ist die Habermas'sche Deutung der Lebenswelt für die Hypothese dieser Arbeit folglich zu „kommunikationslastig" und der Interaktionsbegriff
zu einseitig intersubjektiv-dialogisch besetzt und kann deshalb nicht erschöpfend
für die Definition sozialer Bezugssysteme herangezogen werden. Auch ist die
Trennung zwischen Interaktion bzw. Kommunikation einerseits und zweckrationalem Handeln andererseits zu scharf. Insofern macht die Synthese zwischen der
eher pragmatischeren, egologischeren Schütz'schen Deutung[20] von Alltagsinteragieren und der kommunikationstheoretischen Auslegung von Habermas im
Kontext dieser Arbeit Sinn: Das Pragmatische wird oft kommunikativ umgesetzt
und gegenseitiges Verstehen ist in Bezugssystemen häufig nur zweckrational
herstellbar.

In Abgrenzung zu Funktionssystemen sind die gleichen Differenzen zwischen Funktionssystemen und Bezugssystemen gegeben, wie zwischen Funktionssystemen und Lebenswelt: Bezugssysteme bilden den Hintergrund lokaler,
normativer Alltagsobjektivitäten. Die Funktionssysteme strukturieren die Bezugssysteme durch globaler wirkende Imperative vor – dies aber nur am Rande
(vgl. auch Kapitel 2.2).

Es ist ferner davon auszugehen, dass es eine Vielzahl normativ verschiedener Bezugssysteme gibt. Allein die große Anzahl unterschiedlicher, aber in bestimmten Gruppierungen intersubjektiv geteilter Sprach- oder allgemein-
normativer Interaktionsgewohnheiten deutet darauf hin. Oft wird in diesem Kontext von „Subkulturen" gesprochen. Ob dieser Terminus der „Subkultur" ein
angemessener im Sinne meines Konzeptes von Bezugssystem ist, wird an späterer Stelle noch erörtert werden.

---

[20] Wobei anzumerken ist, dass Schütz bereits den intersubjektiven Charakter der Kulturwelt erkannte
(vgl. Schütz 1971a, S. 11), allerdings ohne dem Spezialfall des kommunikativen Interagierens in der
Form Aufmerksamkeit zu schenken, wie es Habermas in der Folge tat.

Die beiden Hauptunterschiede zwischen den hier beschriebenen sozialen Bezugssystemen und dem Lebensweltbegriff bei Habermas sind:

- Das Interagieren in Bezugssystemen ist sowohl zweckrationaler und egologischer, als auch dialogisch-kommunikativer Natur. Zweckrationales Interagieren und Kommunikation sind somit zwei Sonderfälle des Interagierens, die häufig in der oben beschriebenen Form von einander abhängen und somit auch gemeinsam interaktionssteuernd in Bezugssystemen zu konstatieren sind – sie sind folglich nicht wie bei Habermas jeweils unterschiedlichen Kontexten zuzuordnen (Lebenswelt / System). Das bedeutet, das zweckrationales und kommunikatives Interagieren vor einem gemeinsamen Hintergrund zu beschreiben sind. Anzumerken ist, dass es aber auch soziale Größen gibt, deren Gemeinsamkeit noch weiter geht, indem sie sozusagen miteinander verbunden sind, dazu mehr in Kapitel 2.3.
- Das Interagieren in Abhängigkeit von Bezugssystemen ist *immer* normativ gesteuertes Interagieren.

2.1.3   *Was ist soziales Alltagsinteragieren und was ist Interaktionserfolg?*

Nachdem die Begriffe des Bezugssystems und der der Alltagsnorm zuvor definiert und somit ein Interaktionsrahmen aufgespannt wurde, möchte ich mich dem Terminus des individuellen, interaktiven Alltagshandelns zuwenden, also dem, was letztlich überhaupt beobachtet werden kann. Die Bezugssysteme und die normativen Interaktionsregeln bilden lediglich den theoretischen Rahmen, in welchen individuelle soziale Interaktionen analytisch eingebettet werden können.

Die „soziale" Komponente dieses Begriffs ist damit erklärt, dass es in diesem Zusammenhang stets um Interaktionen zwischen einzelnen sozialen Akteuren geht – welch normativer Art diese Interaktionen auch immer sein mögen. Individuen handeln interaktiv und treten damit in Wechselwirkung zueinander. Die Wechselwirkungen, also die Interaktionen werden durch bestimmte Regeln determiniert. Diese Regeln sind Normen des Alltages (vgl. Kapitel 2.1.2). Ein intersubjektiv geteilter sozialer „Alltagsraum" wird hier als Bezugssystem (vgl. Kapitel 2.1) definiert. Aus dem Rahmen dieses Bezugssystems heraus, finden normativ gesteuerte Interaktionen statt, wobei die Alltagsnormen abhängig vom Bezugssystem sind und somit nicht globaler Natur sind.

Wie bereits ausgeführt ist Alltagsinteragieren immer auch erfolgsorientiert – so ist auch Schütz der Meinung, dass innerhalb der Bezugssysteme Strukturen vorherrschen, die vorgeben, welche Interaktionen erfolgversprechend sind und welche nicht (vgl. Kapitel 2.1.2). Allerdings ist auch davon auszugehen, dass allein das Partizipieren an einem Bezugssystem als Erfolgsrückmeldung zu werten ist. Natürlich spielen hier die persönlichen Vorraussetzungen, wie Sozialisationseinflüsse und Fähigkeiten eine entscheidende Rolle dabei, welches Bezugssystem gewünscht wird und welches überhaupt wünschbar ist. In wie weit die Teilhabe an einem Bezugssystem determiniert ist, wird an anderer Stelle noch vertieft werden. Entscheidend aber ist, dass allein die Teilhabe an einem Bezugssystem eine Erfolgsrückmeldung ist, da auf diese Weise Identität gestiftet wird: wer bin ich und wo bin ich unter Gleichen? Ein solcher Teilhabe – und Identifizierungserfolg in Form von habitueller Absicherung der eigenen Identität durch die Einbettung in ein Kollektiv normativ ähnlich handelnder Individuen, ist nur dann erzielbar, wenn normativ bezugssystemkonform, also in diesem Bezugsrahmen alltäglich und „normal" interagiert wird.

Alltagsinteragieren ist demnach immer die Interaktionsform, die innerhalb eines Bezugsystems das Partizipieren durch normkonformes Interagieren absichert. Die Alltagsnormen des Bezugsystems geben die Interaktionswünsche vor: ich akzeptiere die Alltagsnormen des Bezugssystems, weil es das Bezugssystem ist, in dem es mir überhaupt möglich ist, erfolgreich zu partizipieren oder, wenn die Wahlmöglichkeiten groß sind, in dem ich partizipieren möchte. Zentral sind hier die Fragen danach, wer man sein möchte und überhaupt sein kann. Der Teilhaberfolg ist dem zu Folge immer auch eine Erfolgsrückmeldung durch habituelle Absicherung. Es geht also darum, innerhalb eines Bezugssystems auf der Basis „kommunikativer Reziprozität" (Bohnsack u. a. 1995, S. 28), oder allgemeiner formuliert, *interaktiver* Reziprozität Zusammengehörigkeit und wechselseitige Anerkennung abzusichern.

Erfolgorientierte Interaktion ist immer *sinnhaft* im Sinne von Schütz[21], der das Sinnhafte einer Handlung in deren Entwurf (vgl. Schütz 1974) sieht: „ich werde die Fenster schließen, weil es kalt herein zieht". Dieser Plan hat Aussicht erfolgreich zu sein. Aber auch der Interaktionsentwurf: „ich uriniere ständig in meine Kleidung, um so Nähe und Distanz zu meiner Interaktionsumgebung zu regulieren" ist ein erfolgsorientierter Handlungs-, oder in diesem Fall: Interaktionsentwurf. Nicht zuletzt sind auch Formen der Gewalt, wie z. B. in Hooligangruppen, erfolgsorientierte, sinnhafte Interaktionsformen: „Ich schlage mich, um dazuzugehören". In diesen Interaktionskontexten wird so eine gemeinsam geteilte Sinnhaftigkeit vorausgesetzt, um so die Reaktion der anderen Interagierenden einschätzen zu können. In Hooligangruppen macht es Sinn, sich zu schlagen – in Pfadfindergruppen eher nicht.

---

[21] Schütz beschreibt 5 Sinnschichten, wobei die 5. Schicht sich von den anderen 4 Stufen insofern unterscheidet, als dass sie die Sinndeutung durch Andere darstellt. Die 4 anderen Schichten sind Abstufungen sinnhafter Handlungsentwürfe, je nach dem sie unabhängig von einem sozialen Anderen sind, oder sich bereits auf so jemanden beziehen (vgl. Schütz 1974).

Die Bedeutung des Begriffs des Sinns besteht vor dem Hintergrund der Hypothese dieser Arbeit, ganz im Weberschen Verständnis (vgl. Weber 1980), in den (bewussten oder unbewussten) Motiven für das Alltagsinteragieren von Individuen. Erst, wenn der Sinn einer Interaktion valide erschlossen wurde, kann man diese Interaktion letztlich erklären. Der Begriff der Sinnhaftigkeit wird hier im Sinne von „Sinn in sich tragend" verwendet und ist als eine Verallgemeinerung verschiedener Interaktionstypen und ihrer Motive zu verstehen. Bis zu dieser Stelle habe ich bereits kommunikatives und zweckrationales Interagieren als Typen[22] genannt. Insofern ist, was die Motivation für kommunikatives Interagieren angeht, auch ein kommunikativer Sinn anzunehmen, ebenso wie zweckrationales Interagieren sinnvoll ist. Insofern möchte ich an dieser Stelle die Bedeutung der Begriffe Sinnhaft und Sinnvoll für den Zusammenhang dieser Arbeit differenzieren. Mit sinnvollem Interagieren meine ich erfolgorientiertes Interagieren im Rahmen des Zweckrationalen, womit sich sinnvoll ganz konkret auf einen Interaktionstyp, nämlich auf das zweckrationale Interagieren bezieht. Sinnhaft dagegen bezieht sich verallgemeinernd auf alle Sinn tragenden Interaktionstypen. Mit dem Begriff der Sinnhaftigkeit lässt sich folglich ganz allgemein ausdrücken, dass Interagieren Sinn tragend ist, ganz gleich welche Interaktionstypen zu konstatieren ist. In Kapitel 2.3 werden weitere Interaktionstypen vorgestellt, die ebenso sinnhaft motiviert sind. Ein Spezialfall stellen in diesem Zusammenhang ethische Normen dar, die über das rein Sinnhafte des Alltages hinausgehen, weil sie nicht nur etwas über den Erfolg einer Interaktion aussagen, sondern diese auch moralisch bewerten. Ich möchte im Kapitel 2.3 jedoch zeigen, dass das normativ Ethische dennoch mit dem normativ Sinnhaften verbunden ist.

Vor dem Hintergrund der sozialen Bezugssysteme haben Individuen jedoch, neben dem Motiv der Habitus sichernden Partizipation, auch Teil an bestimmten Bezugssystemen, weil sie dort –und oft *nur* dort- persönliche Interaktionsbedürfnisse befriedigen können. So wird jemand mit persönlichen Defiziten im Bereich der Kommunikationsfähigkeit einerseits wohlmöglich in einem Bezugssystem mit der Interaktionsnorm „Sprachlosigkeit" sozialisiert worden sein. Andererseits wird so jemand ein künftiges Bezugssystem danach auswählen, ob dort (tendenziell) sprachloses, aktionistisches Interagieren *sinnhaft* ist, also im

---

[22] Weber nennt 4 Typen der Interaktion, bzw. des Handelns: zweckrational, wertrational, traditional und affektual (vgl. Weber 1980, S. 12). In diesem Sinne sind auch die Typen hier gemeint. Der Typ des kommunikativen Handelns bzw. Interagierens ist seit der Theorie des kommunikativen Handelns von Habermas mit zu berücksichtigen. Das Äquivalent zu wertrationalem und traditionalem Handeln wird in Kap. 2.3 thematisiert; der Fall des affektualen Handelns wird noch im Rahmen dieses Kapitels behandelt, insbesondere vor dem Hintergrund, ob hier überhaupt von einem Interaktionstyp die Rede sein kann.

Schütz'schen Sinne erfolgreich ist. Hieraus lässt sich folgendes Gesetz der Interaktionsregulation ableiten:

Alle Individuen wollen in Bezugsystemen für sich, auf der Grundlage ihrer persönlichen Fähigkeiten, Möglichkeiten, Notwendigkeiten und Wünsche, habituelle Sicherheit durch normkonformes Interagieren herstellen.

Letztlich sind der Teilhabeerfolg und somit der bezugssystemimmanente Interaktionserfolg, der damit verbundene individuelle Erlebenszustand von Identifikation und die daraus resultierende individuelle Zufriedenheit zusammengenommen, eine bezugssystemübergreifende Invariante. Diese (Erfolgs-) Invarianz wirkt, ganz gleich welche Norm der Alltagsinteraktion zu konstatieren ist, in jedem Bezugssystem interaktionsauslösend und interaktionsregulierend; sie ist somit die Bewertungsgröße[23] für die Gleichwertigkeit aller sozialen Bezugsysteme. Der beschriebene Erlebenszustand des Interaktionserfolges ist somit als gegenteilig zum Erlebenszustand der Frustration zu definieren; letztgenannter tritt immer dann ein, wenn ein (Interaktions-) Motiv aufgrund verschiedener Versagungsfaktoren nicht erfüllt werden kann. Motiviertes, sinnhaftes Interagieren zielt folglich immer darauf ab, Frustrationserlebnisse zu vermeiden und Interaktionserfolg durch (Interaktions-) Motiverfüllung zu generieren. Das oben stehende entsprechende Gesetz gilt für alle Bezugsysteme des Alltages.

Zum Terminus des Erlebenszustandes ist anzuführen, dass aus diesem Erleben heraus ein Affektzustand generiert wird: Motivumsetzung zieht einen positiven Affektzustand nach sich und ein Frustrationserlebnis einen negativen. Insofern kann man bei Affekten in kritischer Bezugnahme auf die Einteilung in Interaktionstypen nach Weber (vgl. Weber 1980, S. 12 u. Fn. 21 dieser Arbeit) nicht wirklich von einem Interaktionstyp sprechen. Affekte geben nämlich nicht typisierend die Interaktionsform vor, vor deren Hintergrund motiviert interagiert wird, sondern sie bewerten vielmehr Interaktion danach, ob sie erfolgreich war oder nicht. Folglich entscheidet die endogene Auswertung des Affektzustandes darüber, ob eine Interaktion wirklich sinnhaft war oder nicht. Dauerhafte, positive Affektrückmeldungen ziehen eine Verfestigung der Sinnhaftigkeitsannahme der Interaktion nach sich.

---

[23] Es soll bei dieser relativistischen Betrachtungsweise somit nicht um das Egalisieren kultureller Leistung oder ethischen Werten gehen, um an dieser Stelle noch einmal auf die Kritik von Stagl und die metaethischen Bedenken von Ernst einzugehen, sondern um das, was sie auf einer emotionalen Zustandsebene erzeugen: *Interaktionserfolg* durch bezugssystemabhängiges, normkonformes Interagieren. Und dieser ist in allen Bezugssystemen gleichwertig erzielbar, ganz gleich, wie abweichend das Alltagsinteragieren dort aus einem beobachtenden Bezugssystem anmuten mag.

Das heißt, dass Affekte und Emotionen über die Funktion der Bewertung von Interaktion mit allen Interaktionstypen in Interdependenz stehen. Insofern werden Affekte als inneres Erleben nicht nur durch Umwelteinflüsse ausgelöst, sondern beeinflussen ihrerseits die Interaktionsentwürfe. Dies geschieht über die Bewertung dessen, wie erfolgreich eine geplante Interaktion, vor dem Hintergrund der Prämisse, dass negative Emotionen wie z. B. Angst und Trauer vermieden werden sollen, potentiell sein kann.

Der Schweizer Psychiater Luc Ciompi spricht von Affekten in diesem Kontext als „Operatoren" (Ciompi 1997, S. 93), die die Kognition im Sinne eines Operators, also einer Kraft, die auf eine Variable verändernd einwirkt, beeinflusst. Dass Kognition und somit auch zweckrationales Interagieren und alle anderen Interaktionstypen durch Emotionen beeinflusst werden ist sicherlich nicht zu negieren, allerdings ist das Ciompische Erklärungsmodell mir tendenziell zu einseitig gerichtet, im Sinne eines linearen Kausalzusammenhangs. Das entsprechende Werk Ciompis trägt auch den Titel „Die emotionalen Grundlagen des Denkens". Der Begriff der Grundlage suggeriert hier bereits zu sehr eine grundlegende Ursache mit festem Determinantencharakter, die alles weitere beeinflusst. Die Interaktionstypen und Kognition erhalten so einen Variablencharakter. Dabei ist es doch vielmehr so, dass in diesem Zusammenhang von zirkulären Kausalbeziehungen auszugehen ist, in der sowohl die Affekte, als auch die Interaktionssteuerung über die Interaktionstypen, sowohl Determinanten, als auch Variablen sein können, sich folglich wechselseitig beeinflussen. Es erscheint mir somit völlig überflüssig, sich auf eine Determinante der Interaktionsteuerung festzulegen, wie z. B. Ciompi dies zumindest tendenziell und partiell im Kontext seines Operatormodells (vgl. Ciompi 1997, S. 93 ff.) tut[24]:

„Wie schon mehrfach angedeutet, stellt aus der Sicht der Affektlogik selbst die wissenschaftliche und formale Logik, so überraschend sich dies zunächst auch anhören mag, nichts als eine spezielle Form des affektgeleiteten (sic!) Denken dar" (Ciompi 1997, S. 107).

---

[24] Erwähnenswert erscheint mir, um meinerseits keine Missverständnisse aufkommen zu lassen, dass Ciompi nicht generell unreflektiert linear modelliert, ganz im Gegenteil. So führt er Affekte und Kognition synthetisierend zusammen (vgl. Ciompi 1997, S. 120) und erwähnt auch die Dialektik zwischen „bewussten und unbewussten Vorgängen (Ciompi 1997, S. 123), ohne allerdings seinem Operatormodell m. E. das ihm anhaftende Missverständnispotential gänzlich nehmen zu können. Auch das vierte Kapitel in Ciompis Werk (Ciompi 1997 130 ff.), in dessen Rahmen er affektiv-kognitive Wechselwirkungen in Form von nichtlinearen Beziehungen thematisiert, kann die sich zumindest mir aufdrängende Grundhaltung seiner Arbeit, dass Affekte, trotz aller affektiv-kognitiven Wechselwirkungen, der „grundlegende" Operator allen Interagierens seien, nicht völlig abschwächen.

Ciompi unterlässt es im Zusammenhang dieses Modells allerdings, eindeutig zu erwähnen, dass Menschen ebenso in der Lage sind, sich durch Kognition in bestimmte emotionale Erlebenszustände zu versetzen, bzw. deren Wirkung abzuschwächen, wenn dieser Zustand nicht erwünscht wird. Ich bin mir sicher, dass dies nicht so gemeint ist, da Ciompi selbst sinnhaft gesteuerte Bewältigungsstrategien (vgl. Kapitel 5.3) von Menschen mit einer beginnenden Schizophrenie beschreibt (vgl. Ciompi 1982), was aber das Missverständnispotential seines beschriebenen - zu linearen - Operatormodells nicht entscheidend abmildert. Emotionales Erleben ist vielmehr, wie bereits erwähnt, als Bewertungsgröße zusammenzufassen, die ihrerseits auch durch Gelingen oder Scheitern von Interaktion ausgelöst wird, und nicht nur als fester Operator. Der entscheidende Faktor des Affektiven, in Bezug auf die Interaktionssteuerung, als Bewertungsgröße, mit wechselnd operativer und variabler Funktion, wird in diesem Wechselwirkungszirkel m. E. so auch adäquater hervorgehoben. Es lässt sich somit festhalten, dass Ciompis Ausführungen zur Operatorwirkung von Affekten nicht anzuzweifeln sind, allerdings fehlt mir die eindeutige und konsequente Gegendarstellung, dass Kognition und das Ergebnis derart gesteuerter Interaktion ebenso als Operatoren auf die Affekte wirken können. Insofern bin ich, trotz dieser Kritik, mit Ciompi völlig einer Meinung, dass affektive Einflüsse keinesfalls als „Störfaktoren" (Ciompi 1997, S. 11) der Interaktionssteuerung betrachtet werden dürfen, sondern, dass durch sie vielmehr eine Bewertung der Sinnhaftigkeit von Interaktion für den Einzelnen überhaupt erst möglich ist.

Für die normativen Bezugsysteme bedeutet dies, das die Partizipation an einem Bezugssystem folglich eine affektive Erfolgsrückmeldung an sich ist und zudem die Möglichkeit besteht, innerhalb des Bezugssystems spezielle persönliche Bedürfnisse zu befriedigen - ohne, dass diese Bedürfnisse als abweichend empfunden würden, da das Bezugssystem den eigenen Bedürfnisse und Fähigkeiten (zumeist) entspricht.

Schneidet sich beispielsweise ein persönlichkeitsgestörter Mensch die Arme auf, so befriedigt er hiermit ein persönliches Bedürfnis. In einem Bezugsystem „Persönlichkeitsstörung" führt dieses „Ritzverhalten" häufig auch zu einer habituellen Absicherung und gilt gleichermaßen als – bezugssystembezogen – „normal", weil es, zumindest kurzfristig, einen Zustand der Sicherheit erzeugt .

Somit lässt sich aus diesem Zusammenhang heraus die Definition des Begriffes der Alltagsnorm erweitern: *Eine Alltagsnorm ist eine kollektiv geteilte Sinnhaftigkeit einer Interaktionsform.* Ein normatives Weltbild, im Sinne eines soziokulturellen Hintergrundes, ist somit die Summe von Alltagsnormen, welche die Sinnhaftigkeit aller in einem Bezugssystem gültigen Interaktionsformen determiniert. Das Alltägliche am Begriff der Alltagsnorm ist, dass diese Sinnhaftigkeit das Zurechtkommen in und das Partizipieren an einem sozialen Bezugssystem festlegt. In diesem Kontext ist definitorisch anzumerken, dass der Begriff der Alltagsnorm die Verallgemeinerung gemeinsam geteilter Sinnzusammenhänge ist. Eine Konkretisierung ist beispielsweise die Beschreibung des kollektiv, also des normativ Sinnvollen – hier werden ausschließlich zweckrationale Zusammenhänge bezeichnet. Insofern stehen die beiden Begriffe Alltagsnorm und Sinnhaftigkeit auf einer gemeinsamen (hohen) Verallgemeinerungsstufe.

Bezogen auf den oben genannten Affektzustand ist anzumerken, wenn man ihn auf das Kollektiv des Bezugssystems bezieht: Besteht ein latenter, kollektiver Konsens innerhalb eines sozialen Bezugsystems über die affektiv bewertete Sinnhaftigkeitsannahme, so ist im Sinne des Kapitels 2.1.1 von einem normativen Attraktor zu sprechen.

Jeder, der „gegen" die Norm interagiert, wird es schwerer haben, seinen systemimmanenten Alltag erfolgreich zu gestalten, als jemand, der konform interagiert. Dies ist so zu konstatieren, weil Interaktion nur dann erfolgreich sein kann, wenn die Interaktion sinnhaft gesteuert wird. In diesem Kontext müssen die Interagierenden von einer geteilten Sinnhaftigkeit im Rahmen eines Bezugssystems im obigen Sinne ausgehen, damit sie den Sinn ihrer Interaktionen und vor allem anderer Interaktionsteilnehmer bewerten können. Bewertet ein Interagierender die Interaktion eines anderen, dann verknüpft er bei dieser Bewertung die beobachtete Interaktion mit einem beobachternah angenommenen Affektzustand.

Insofern ist das Bewerten der Sinnhaftigkeit der Interaktionen anderer, Fremder nicht ausschließlich ein Charakteristikum wissenschaftlicher Bemühungen. Das Wahrnehmen fremder Interaktion und ihre Interpretation ist ebenso eine Form des „Alltagsmessens" und der alltäglichen Bewertung dieser „Messungen" in Bezug auf deren Sinnhaftigkeit, damit auf der Basis dieser Bewertung erfolgreich interagiert werden kann. Somit ist der Begriff des „Messens" im Kontext dieser Arbeit nicht ausschließlich auf wissenschaftliche Erhebungen zu beschränken und ist immer untrennbar mit einer Bewertung des Beobachteten aus einem bestimmten Beobachtersystem heraus verbunden. Daraus folgt, dass „Messungen" in phänomenologischen und alltagsweltlichen Zusammenhängen immer zweikomponentig sind, zum einen findet ein Erhebungsvorgang statt und damit einher geht zum anderen ein unweigerlicher, normativer Sinnbewertungsvorgang. Diese Sinnberwertung ist allerdings nicht mit einer „objektiven" *Aus*wertung bzw. Interpretation von empirisch erhobenem Material zu verstehen, sondern vielmehr als eine „automatisch" ablaufende Kategorisierung von Sinnhaftigkeitskontexten; diese können als völlig fremdartig und defizitär, aber auch als gleichartig und gleichwertig bewertet werden. Folglich ist der Standpunkt des Beobachters, also auch der des Phänomenologen, immer einer aus einem bestimmten Bezugsystem heraus „messender", ein völlig neutral-objektiver Standpunkt ist innerhalb dieser Definition nicht vorstellbar (vgl. Kapitel 5.2.2).

Für den Begriff der Objektivität bedeutet das zuvor Ausgeführte definitorisch: *Objektiv sind die Vorgaben, die Interaktion in Form von Interaktionsentwürfen steuern,* ganz gleich, ob dies nun globale, soziale Gesetze sind, oder die normativen Regeln des eigenen Bezugssystems – die einzelnen Interagierenden müssen beides individuell und adaptiv verarbeiten. Insofern ist zwischen Objektivität 1. und 2. Stufe zu unterscheiden. Objektivitäten 1. Stufe sind die für alle Bezugssysteme gültigen Gesetze und Objektivitäten 2. Stufe sind die normativen Aussagen vor dem Hintergrund kollektiv geteilter Sinnhaftigkeit.

Zusammenfassend möchte ich folgende Charakteristika des Alltagsinteragierens aufführen:

- Alltagsinteragieren ist immer *motiviert* (vgl. Schütz 1971a)[25].
- Alltagsinteragieren bezieht sich immer auf ein normatives Bezugssystem und wird von dessen Regeln koordiniert.
- Alltagsinteragieren ist – bezugssystembezogen - immer erfolgsorientiert und dem zu Folge sinnhaft.
- Alltagsinteragieren ist ein immer wiederkehrendes, dauerhaft zu beobachtendes Interaktionsphänomen, das sich somit deutlich von punktuellen, rein reaktiven Interaktionen unterscheidet. Rein reaktives Interagieren ist also nicht sinnhaft und somit auch nicht Thema dieser Arbeit.

Da im vorhergehenden Fließtext der Begriff der Alltagsnorm definiert wurde und sukzessive, kapitelübergreifend erweitert wurde folgt an dieser Stelle zum Zweck einer besseren Übersichtlichkeit eine zusammenfassende Aufzählung der Grundeigenschaften sozialer Alltagsnormen:

- Alltagsnormen sind immer interaktionsregulierend bzw. –steuernd.
- Alltagsnormen regulieren Interaktion, indem sie die Sinnhaftigkeit von Interaktionsformen bestimmen.
- Alltagsnormen sind immer urwüchsiger und nicht funktionaler Natur.
- Alltagsnormen beziehen sich somit immer auf soziale Bezugssysteme des Alltages, welche folglich ihr Trägermilieu darstellen.

---

[25] D. h, dass die Interagierenden sinnhafte Entwürfe und Pläne in die Tat, in Interaktion umsetzen. Da die Größen „Ursachen" und „Motive" und deren Nichttrennbarkeit (vgl. Kap. 2.1.2) von zentraler Bedeutung für eine Hypothese des Alltagsinteragierens sind, werden diese in einem gesonderten Kapitel dieser Arbeit thematisiert. Immer, wenn im Rahmen dieser Arbeit von sinnhafter Interaktion gesprochen wird bedeutet dies, ganz im Sinne von Schütz, dass das Sinnhafte im Interaktionsentwurf liegt und nicht in der Interaktion selbst.

- Alltagsnormen legen insofern immer eine *kollektiv* geteilte Sinnhaftigkeit von Interaktionsformen fest.

2.2 Einordnung der Bezugssysteme in ein Mehrebenenmodell

In diesem Unterpunkt soll die Frage geklärt werden, wie sich Bezugsysteme gesamtgesellschaftlich in ein Darstellungsmodell integrieren lassen. Zunächst möchte ich jedoch die Bezugssysteme in sich selbst strukturell näher beschreiben, nachdem deren inhaltliche Bedeutung in den vorangegangenen Unterpunkten bereits definiert wurde.

Soziale Bezugssysteme, wie ich sie hier definieren möchte, lassen sich nicht gänzlich mit ihren jeweils zu anderen Bezugsystemen verschiedenen Normaßstäben des Alltagsinteragierens, analog zum Lebensweltbegriff bei Habermas, strukturell in die entsprechenden 3 dort definierten Komponenten einteilen. Habermas definierte die Lebenswelt als eine soziokulturellen Hintergrund, der sich aus 3 strukturellen Komponenten zusammensetzt: Kultur, Gesellschaft und Persönlichkeit:

> „Kultur nenne ich den Wissensvorrat, aus dem sich die Kommunikationsteilnehmer, indem sie sich über etwas in der Welt verständigen, mit Interpretationen versorgen. Gesellschaft nenne ich die legitimen Ordnungen, über die die Kommunikationsteilnehmer ihre Zugehörigkeit zu sozialen Gruppen regeln und damit Solidarität sichern. Unter Persönlichkeit verstehe ich die Kompetenzen, die ein Subjekt sprach- und handlungsfähig machen, also instand setzen, an Verständigungsprozessen teilzunehmen und dabei die eigene Identität zu behaupten" (Habermas 1981b, S. 209).

Normative Bezugsysteme sollen hier, gemäß der Arbeitsdefinition, als sinntragende virtuelle Kollektive definiert werden, sodass sich persönliche Merkmale nicht als Komponente beschreiben lassen, sondern vielmehr als innere Erlebensstruktur, innerhalb derer normative Vorgaben verarbeitet werden. Bezugsysteme stehen folglich in Interdependenz mit der individuellen Persönlichkeit, letztgenannte ist somit keine Bezugsystemkomponente, sondern bereits eine andere Ebene sozialer Realität. Unter Persönlichkeit lässt sich in diesem Sinne prinzipiell das zusammenfassen, was ich als individuelle Interaktionsvoraussetzungen verstehe: Die emotional-kognitiven Ressourcen, die es dem Individuum ermöglichen, normative Notwendigkeiten in erfolgsversprechende Interaktionsmotive und interaktives Handeln umzuwandeln, um letzten Endes für sich Interaktionserfolg zu erzielen. Die Persönlichkeit bestimmt demnach, wie hoch der Grad der Reflektion des eigenen Wünschens und Handelns ist, wie stark oder wie schwach der Selbstverständlichkeitscharakter von Interaktion in diesem Kontext ausgeprägt ist. Je mehr die Person in einem bezugssystemabhängigen sozialen Kontext „aufgeht", desto unreflektierter ist sie, da eine solche Identität deterministisch[26] aus einem Kollektiv entstand und nicht persönlich kommunikativ (!)[27] in einem Kollektiv erarbeitet wurde (vgl. Bohnsack u. a. 1995, S. 25-38)[28]. Dieser Wirkungszusammenhang wird im Rahmen der an späterer Stelle folgenden Praxisbeispiele und in Kapitel 2.3.1 konkreter veranschaulicht bzw. beschrieben.

Insofern möchte ich an dieser Stelle nur 2 strukturelle Komponenten normativer Bezugsysteme nennen: Sinnhaftigkeit und Norm. Mit Norm meine ich die Interaktionsnormen, die alle Interaktionen der Interaktionsteilnehmer anhand des Bewertungskriteriums „Interaktionserfolg" steuern (vgl. Kapitel 2.1.3). Sinnhaftigkeit impliziert einen gewissen, kollektiv validen Speicher an Hintergrundwissen, anhand derer Interaktion sinnhaft entworfen wird. Dieses Wissen ermöglicht den Interagierenden eine Prognose darüber, wie erfolgreich eine geplante Interaktion sein könnte. Die strukturelle Aufteilung in Sinnhaftigkeit und Norm präzisiert folglich die Definition in Kapitel 1.1.3 dieser Begriffe, in dem Norm als kollektiver, ordnender Ausfluss des Sinnhaften verstanden werden soll.

Nun aber zu der Frage, wie sich die Bezugssysteme gesamtgesellschaftlich einordnen lassen. Die Darstellung des Sozialen als Mehrebenenmodell ist in den Sozialwissenschaften durchaus etabliert; so ist das Mehrebenenmodell von beispielsweise Geulen und Hurrelmann (1982) im Kontext der in Sozialisationsforschung relativ bekannt geworden. Gewöhnlich sind dort aber rein soziale Ebenen gemeint, also die Differenzierung zwischen einer Ebene, auf der individuelle Interaktion beobachtbar ist und entsprechend vordeterminierenden, übergeordneten Ebenen, in welchen Individuen als aggregierte Teilpopulationen „kollektiv" handeln. Üblicherweise sind in solchen Modellen zu der Ebene der individuellen Interaktion eine Ebene von Institutionen und eine weitere Ebene der Gesamtgesellschaft zu konstatieren.

Es erscheint vor dem Hintergrund des in Bezug auf persönliche Merkmale zuvor Beschriebenen jedoch sinnvoll, die Ebene der sozialen individuellen Inter-

---

[26] Eine Deterministische Identitätsgenese ist aber nicht zu verwechseln mit dem Fehlen von Rationalität und Intention im Rahmen der normativ etablierten Identität! Diesen Gedanken werde ich an späterer Stelle nochmals aufgreifen.

[27] An dieser Stelle möchte ich abermals darauf hinweisen, dass Kommunikation lediglich als *ein* Typ der Interaktion gesehen werden kann, der nicht zwangsweise als global gültiger Interaktionstyp gegeben ist: Es gibt Bezugssysteme, in denen zur Teilhabe eher aktionistisches Handeln die Norm darstellt und nicht kommunikatives Handeln.

[28] Bohnsack unterscheidet in diesem Kontext zwischen kommunikativem und habituellem Handeln. Mit kommunikativem Handeln meint Bohnsack die wechselseitige Verschränkung der Intentionen der Kommunikationsteilnehmer, im Sinne des kommunikativen Handelns bei Habermas. Habituelles Handeln ist hingegen „in einer gemeinsam erlebten Handlungspraxis und den daraus resultierenden Gemeinsamkeiten der Erlebnisschichtung, den konjunktiven Erfahrungen oder Gemeinsamkeiten des „Schicksals"" (Bohnsack 1995 u. a., S. 12) fundiert.

aktion nicht nur von übergeordneten sozialen Ebenen zu unterscheiden, sondern auch von einer Ebene, in der soziale Interaktionen persönlich verarbeitet werden – wenn man so will kann hier von einer kognitiv-emotionalen, zusammenfassend psychischen Ebene gesprochen werden. Durch die individuelle, psychische und *bewertende* (vgl. Kapitel 2.1.3) Verarbeitung normativer Vorgaben entsteht nämlich erst die Grundlage für jedes soziale Handeln in Form von Interaktionsmotiven bzw. Interaktionsnotwendigkeiten. Die Interaktionsmotive werden als Alltagsinteraktionen in einer Interaktionsumgebung[29] umgesetzt. Jedes Individuum interagiert in dieser Umgebung dem zu folge vor einem bezugsystemabhängigen normativen Hintergrund. Die normativen Bezugssysteme sind somit „lebensweltliche", auf einen lokalen Sinn beschränkte Sinnhaftigkeitsaggregate, die durch übergeordnete Ebenen, die Funktionssysteme im Luhmannschen Sinne global, z. B. durch formaljuristische Vorgaben, ihrerseits vorstrukturiert werden.

Diese Darstellung impliziert bereits, dass zwischen den einzelnen Ebenen Interdependenzen zu formulieren sind. In diesem Verständniszusammenhang sind die Auswahlmöglichkeiten des Einzelnen zur Teilhabe an einem bestimmten Bezugssystem sicherlich abhängig von seinen kognitiv-emotionalen Voraussetzungen; ein individualisiertes Individuum mit großen kognitiven Fähigkeiten, hat sicherlich mehr Möglichkeiten sich sein Bezugssystem „auszuwählen" und ist auch nicht so sehr vom Teilhabeerfolg abhängig, da dessen persönlichen Habituselemente weitaus ausgeprägter sein dürften, als die eines kognitiv-emotional eher unterbegabten Menschen mit wenig persönlichen Habituselementen[30]. Die Ausprägung solch kognitiv-emotionaler Merkmale ist aber auch entscheidend von sozialisatorischen Faktoren abhängig, die auf der Ebene der individuellen Interaktion, also in den Bezugssystemen, vermittelt werden. Die Bezugssysteme sind ihrerseits vorstrukturiert durch global wirkende Faktoren, wie beispielsweise juristische und wirtschaftliche Notwendigkeiten aus der Ebene der Funktionssysteme. Lokale Alltagsnormen etablieren sich also immer im Rahmen von unterschiedlichen Bezugssystemen, diese Normen werden aber einerseits auf einer emotional-kognitiven Ebene verarbeitet und andererseits durch Funktionssysteme vorgeprägt.

Das Entstehen von Alltagsnormen kann demnach nur vollständig verstanden werden, wenn zum einen die Interaktionsregeln innerhalb der Ebenen analysiert werden, zum anderen aber auch Aussagen über die über die Interdependenzen zwischen den Ebenen gemacht werden. Im letzteren Fall ist zu beachten, dass es sowohl Interdependenzregeln zwischen unmittelbar benachbarten Ebenen geben

---

[29] Die Interaktionsumgebung ist die Facette der sozialen Realität auf der individuelle soziale Wechselwirkungen beobachtbar sind. Insofern müssen die Bezugsystemkomponenten „Persönlichkeit" und „Interaktionsumgebung" als unterschiedliche soziale Ebenen verstanden werden.
[30] Vgl. zur Unterscheidung zwischen habituellem und kommunikativen Interagieren Kap. 2.3.1.

muss, wie zwischen der emotional-kognitiven Ebene und der Ebene der individuellen sozialen Interaktion, als auch zwischen nicht unmittelbar benachbarten Ebenen, wie zwischen der emotional-kognitiven Ebene und der Ebene übergeordneter Systeme (vgl. Klüver 2006 u. a., S. 358).

Wenn es aber darum gehen soll, etwas über die Relativität sozialer Alltagsnormen auszusagen und über bezugssystemunabhängige, invariante Aussagen, dann soll es hier zunächst reichen, von dem Fall einer bereits etablierten Norm auszugehen und dynamische Normveränderungen auszuschließen. Diese Einschränkung soll den betrachteten Gegenstand enger eingrenzen und in diesem Kontext greife ich die grundlegende Zielsetzung meiner Hypothese nochmals auf: Es geht im Kontext dieser Arbeit weniger darum, die dynamische Genese von Alltagsnormen nachzuvollziehen, sondern vielmehr darum, darzustellen wie man vor einem Hintergrund etablierter Normen gegenstandsadäquat vorstrukturierend auf die soziale Realität „schauen" kann. Insofern möchte ich, wie bereits in der Einleitung erwähnt, auch primär nichts Inhaltliches aussagen, sondern etwas darüber, wie methodisch, im Sinne von Kategoriebildung, vorgegangen werden muss, um Inhaltliches überhaupt erst aussagen zu können, wenn mit „inhaltlich" Aussagen über die kausalen Hintergründen menschlichen Verhaltens gemeint sind. Die entscheidende Frage ist hier demzufolge, die, wie soziale Realität vorstrukturiert werden muss, um das Erkennen objektiver Aussagen zu ermöglichen? Konkreter geht es also um die Beantwortung der Frage, wie die Bewertung von Interaktion beim Übergang zwischen normativ abweichenden Systemen vorzunehmen ist und welche Aussagen nur bezugssystemabhängig zu machen sind und welcher Art Aussagen sein müssen, die für alle Bezugssysteme gültig sind – auch bei starker Normabweichung.

Zu diesem Zweck möchte ich Bezugssysteme nicht als Systeme darstellen, die mit Systemen anderer Ebenen in dynamischer Interdependenz stehen und somit dynamischen Veränderungen unterworfen sind, sondern vielmehr als inertiale Bezugssysteme, deren Alltagsnormgenese an einem Attraktor angekommen ist. Dieser Zustand der undynamischen normativen Gleichartigkeit, der Konformität ist somit ein Spezialfall der sozialen Realität, die über diesen Fall hinaus zweifelsohne auch dynamischen Prozessen durch die Einflüsse einer Systeminterdependenz unterworfen ist. Insofern macht es generell keinen Sinn, scharf zwischen Strukturen und Dynamiken sozialer Realität zu trennen, wenn es darum gehen soll den Gegenstandsbereich sozialwissenschaftlicher Analyse und deren zentrale Problemstellungen zu definieren: Die Dynamiken beeinflussen und formen die Strukturen stetig und die so entstandenen Strukturen geben sozusagen die Prozessrichtung vor. Auf diese Weise werden auch normative Kontexte, Bezugsysteme geschaffen und ständig weiter geformt, dennoch geben diese Systeme dann die Regeln der interaktiven Dynamik innerhalb dieser Systeme vor und beeinflussen damit wieder andere Ebenen. In diesem Kontext führen Klüver u. a. aus:

> „Entsprechend müsste es in den Sozialwissenschaften eigentlich ebenfalls selbstverständlich sein, dass sie ihr Augenmerk auf die Analyse sozialer Dynamiken richtet; eine soziale „Nicht-Dynamik, also soziale Stagnation und Entwicklungsstopp, die empirisch häufig zu konstatieren sind, muss theoretisch als ein Grenzfall von Dynamik angesehen werden, nämlich als eine Dynamik, die keine merkbaren Veränderungen produziert" (Klüver u. a. 2006, S. 78).

Genau diesen Sonderfall sozialer Dynamik setze ich für meine Hypothese voraus, da es ist deutlich einfacher ist, die Relativität sozialer Alltagsnormen zu beschreiben, wenn man soziale Bezugssysteme (zunächst) als Inertialsysteme definiert[31]. Analysiert man soziale Dynamik nämlich direkt als Veränderungsprozess, ohne sich im Vorfeld über die richtunggebende Funktion von normativen Strukturen genau so exakt Gedanken zu machen, wie um die Prozessanalyse selbst, dann läuft man in Gefahr, kategorial ungültig ausgerichtete Prozessverläufe zu beschreiben. Somit kann man postulieren: Jede soziale Norm unterliegt prozesshaften Veränderungen, aber jeder soziale Prozess wird durch normative Kategoriekontexte ausgerichtet. Jeder Prozessanalyse muss folglich eine theoretisch-kategoriale Vorstrukturierung vorausgehen und zwar vor dem Hintergrundwissen, dass die zu Grunde gelegte Struktur ein statischer Momentausschnitt, ein Sonderfall der Gesamtdynamik ist.

Die Erwähnung der dynamischen Systeminterdependenz dient hier demnach lediglich dem Zweck, den sozialen Hintergrund des Realitätsausschnitts zu beschreiben, den ich im Rahmen dieser Arbeit betrachten möchte; ferner möchte ich nicht den Eindruck zu erwecken, der Ansicht zu sein, man könne die Analyse von Prozessen und Strukturen von einander gänzlich abkoppeln. Nichts desto trotz reicht meines Erachtens für diesen Zweck die obige rudimentäre Darstellung sozialer Dynamik aus, da für die Hypothese dieser Arbeit ein Zustand des unveränderten normativen Interagierens vorausgesetzt wird; die interaktive Normdynamik (*Nd*) ist also = *0*. Normative Inertialität gilt demzufolge für den Spezialfall dynamikfreier, oder besser systeminterdependenzfreier Norminteraktivität:

---

[31] In Wirklichkeit ist absolute Einflussfreiheit m .E. nicht feststellbar, da Bezugssysteme und ihre Normen, wie bereits angedeutet durch Systeminterdependenz und durch strategische Interaktionsentscheidungen der Interakteure (vgl. Kap. 2.3) ständigen dynamischen Veränderungen unterworfen sind. Die Beschränkung auf inertiale Bezugssysteme ist somit willkürlich zum Zweck der Vereinfachung gewählt worden. Erschöpfendes zum Thema „komplexe dynamische Systeme" im Zusammenhang mit sozialwissenschaftlicher Analyse ist bei Klüver u. a. 2006 zu finden.

$$Nd = 0.$$

Diese definitorische Eingrenzung ist streng genommen auch ein künstliches „Einfrieren" dynamisch-stetiger chronologischer Abfolgen hin zu diskreten Bezugssystemmengen. Insofern möchte ich darauf hinweisen, dass dieses „Einfrieren" eine Folge der zuvor genannten Festlegung ist und somit auch lediglich der Vereinfachung der Analyse, durch die Eingrenzung des Analysegegenstandes dient. In diesem Zusammenhang ist ferner anzuführen, dass die Relativität von normativen Aussagen nicht nur bei zeitgleich existierenden Bezugsystemen feststellbar ist, sondern auch beim Vergleich von *etablierten* Bezugsystemen unterschiedlicher historischer Kontexte. Zwischen normativen Zusammenhängen dieser Art sind teilweise erhebliche Abweichungen zu konstatieren, ohne dass jedoch Varianzen bezüglich der grundlegenden Gesetze der Interaktionssteuerung erkennbar wären; ein Prinzip, was in Form eines Postulates, in Kapitel 3 und 4 verdeutlicht wird. Somit ist die chronologische Relativität sozialer Alltagsnormen prinzipiell genau so darstellbar, wie bei zeitgleich etablierten Bezugsystemen, da es sich hierbei, zumindest gemäß der vorgenommenen Einschränkung, auch um inertiale Bezugsysteme handelt. Dass die normativen Systeme unterschiedlichen historischen Hintergründen zuzuordnen sind, spielt dabei keine Rolle.

Zusammenfassend kann man festhalten, dass die Darstellung sozialnormativer Bezugsysteme als Inertialsysteme sicherlich etwas starres, dioramenhaftes an sich hat. Aber auch Dioramen sind letztlich „eingefrorene" Dynamikausschnitte, um die Realität (zunächst) komplexitätsreduzierend darzustellen. Hierzu folgendes Zitat zur Veranschaulichung des Inertialitätsprinzips als artifizieller Dynamikausschnitt:

„Gerne war Jørgensen in seiner Kindheit ins Naturkundemuseum gegangen und hatte die ausgestopften Tiere betrachtet, wie sie in ihren Glasvitrinen hockten, oder besser noch in stimmungsvolle Dioramen gesetzt, wo sie sich zwischen Baumstümpfen und Heidekraut im fahlen Abend auf einer Lichtung, am frühen Morgen in den Rohrkolben am Rande eines Binnenmeers oder mittags am gläsernen Tümpel ihr Stelldichein gaben. Er liebte diese immer gleichen, stillgelegten Welten, die tote Natur, die dem Betrachter zeigte, dass alles in diesem Kosmos seinen ordentlichen Platz hatte; die Wildschweine im winterlichen Schnee, die nacheinander aus der Tannenschonung traten und sich dabei doch nicht einen Zentimeter bewegten; der Habicht auf seinem Horst in der Baumkrone eines lichtdurchsprenkelten Waldes, der, den Kopf über die Schulter zurückgewandt, von oben auf das ferne gemalte Dorf blickte; die Biberfamilie im Abendlicht, die lautlos umtriebig ihren Bau ausbesserte" (aus dem Roman „Die Instrumente des Herrn Jørgensen" von G. J. und R. D. Precht).

2.3 Zur Nichttrennbarkeit bestimmter Größen[32]

Im Folgenden werden verschiedene sozialwissenschaftlich relevante Größen daraufhin betrachtet, ob sie ausschließlich trennscharf voneinander existieren können, z. B. in Form von diskret[33]-dichotomen Unterscheidungen oder, ob sie nicht vielmehr auch stetig[34] ineinander übergehen. Dabei wird auch beschrieben, welcher Art diese Übergänge sind. Im Vorangegangenen ist bereits deutlich geworden, dass die Interaktionstypen des kommunikativen und des Zweckrationalen Interagierens nicht so ohne Weiteres zu trennen sind, da zweckrationale Motive häufig mit kommunikativen Interaktionsmitteln realisiert werden und umgekehrt eine „gesunde" Kommunikation nur mit zeckrationalen Interaktionsmitteln wiederhergestellt bzw. erhalten werden kann (vgl. Kapitel 2.1.2). Im Folgenden sollen noch weitere nicht trennbare Größen vorgestellt werden und die Art ihrer Verbundenheit beschrieben werden.

Dieses Prinzip des „Miteinanderverbundenseins" ist für diese Arbeit von Relevanz, da zum einen nur so deutlich wird, von welchen Regulationsgrößen Alltagsinteraktion gesteuert wird und, weil zum anderen nur so die Relativierungsfähigkeit auch normativ-ethischer Aussagen begründet werden kann. Nicht zuletzt soll im Rahmen dieses Kapitels aber auch die Definition sozialer Bezugssysteme des Alltages erweitert werden.

2.3.1 Habituelles und kommunikatives Alltagsinteragieren

In Fußnote 30 erwähnte ich bereits die Unterscheidung zwischen habituellem[35] und kommunikativem Interagieren bei Bohnsack u. a. (1995). Der differenzierte Umgang mit dieser Unterscheidung ist für diese Arbeit deshalb von zentraler Bedeutung, weil sie den Doppelcharakter der sozialen Bezugssysteme was die beiden unterschiedlichen Basen der Habitus bildenden Prinzipien betrifft, noch

---

[32] Mit Größen meine ich die Interaktionstypen, wie z. B. kommunikatives bzw. zweckrationales Interagieren, als auch die Interaktionsmotivtypen, also Ursachen und Motive. Der Begriff der Größe soll hier verdeutlichen, dass die unterschiedlichen Interaktions- und Motivtypen die wesentlichen Begriffe sozialwissenschaftlicher Erkenntnis sein sollten, wenn man diese als eine Wissenschaft definieren möchte, welche die Motivhintergründe menschlicher Interaktion vor dem Hintergrund einer Struktur von gleichwertigen Bezugssystemen erklärt; und das möchte ich.

[33] Diskret bedeutet, dass Merkmale nur bestimmte qualitative begriffliche Zuordnungen oder nur bestimmte, vordefinierte quantitative Werte annehmen können. Qualitative Merkmale sind immer diskreter Natur.

[34] Stetig bedeutet, dass Merkmale jeden beliebigen quantitativen Wert zwischen einem Minimal- und einem Maximalwert annehmen können.

[35] Der Interaktionstyp des habituellen Interagierens entspricht in etwa dem des traditionalen Handelns bei Weber (vgl. Weber 1980, S. 12).

deutlicher offenbar werden lässt, als dies bereits in Kapitel 2.1.2 im Rahmen der Unterscheidung Habermas'sche Lebenswelt vs. soziales Bezugsystem geschehen ist.

Kommunikatives Interagieren erzeugt auf der Basis einer reziproken Perspektivübernahme habituelle Persönlichkeitsmerkmale der Kommunikationsteilnehmer, in dem die persönliche Identität intersubjektiv[36] erarbeitet wird (vgl. Bohnsack u. a. 1995, S. 12).

Habituelles Interagieren hingegen erzielt habituelle Übereinstimmung anhand des gemeinsamen „Machens", der „gemeinsam erlebten Handlungspraxis" (Bohnsack u. a. 1995, S. 12). Auf diese Weise entstehen Persönlichkeiten mit wenig persönlichen Habituselementen, die zu einem hohen Grad in ihrem sozialen Bezugssystem aufgehen (vgl. Kapitel 2.2).

Dies bedeutet letztlich, dass sich habituelles Interagieren, was den Grad der Individualität der Identität und somit den Grad gesellschaftlicher Komplexität und Vielfalt angeht, auf einer ontogenetisch und phylogenetisch ältern Entwicklungsstufe als das kommunikative Interagieren befindet: habituelle Identitäten sind kollektivbezogener und es ergeben sich daraus scharf voneinander abgegrenzte soziale Bezugssysteme. Kommunikatives Interagieren erzeugt dagegen eine viel größere Individualität und folglich eine deutlich gesteigerte gesellschaftliche Komplexität, da es im Extremfall auf eine Bezugsystemanzahl hinausliefe, die der Anzahl der teilnehmenden Individuen entspräche – jeweils eine spezielle Alltagsnorm für jedes einzelne Individuum.

Man könnte sich somit auf den Standpunkt stellen, dass es keinen Sinn mache, Alltagsnormen auf soziale Bezugssysteme zu beziehen, da es lediglich individualisierte, psychische Normen des Alltages gäbe – jedenfalls zum größten Teil. Auch, wenn die gesellschaftlichen Individualisierungstendenzen in den westlichen Industrienationen deutlich vorangeschritten sind, hat dieser Standpunkt meiner Ansicht nach jedoch zwei ganz entscheidende Schwachpunkte.

Zu erst ist der Schwachpunkt zu nennen, dass im Kontext dieses Standpunktes angenommen werden müsste, dass (fast) alle Erwachsenen die entwicklungspsychologische „Endform"[37] der Identitätsentwicklung erreichen, also eine vollkommen persönliche, erarbeitete Identität ausbilden.

Der zweite Schwachpunkt bezieht sich auf die implizierte Annahme, dass, wenn die ontogenetisch am höchsten individualisierte, am stärksten personali-

---

[36] Also ganz im Sinne der Habermas'schen kommunikationstheoretischen Deutung von „Lebenswelt".

[37] Marcia beschreibt 4 Identitätszustände im Rahmen der Identitätsentwicklung. Am entwicklungspsychologischen Ende steht die „erarbeitete Identität", deren Merkmale so definiert sind, dass Merkmalsträger Individuen mit einem hohen Anteil eines persönlichen Habitus und großer Ich-Stärke sind (vgl. Marcia 1980).

sierte Stufe der Identitätsentwicklung erreicht ist, die ältern Stufen keinerlei Spuren in Bezug auf deren interaktionsregulierenden Einfluss im Individuum hinterließen.

In der Folge führen diese Schwachpunkte dazu, dass den Merkmalen „habituelles Interagieren" und „kommunikatives Interagieren" nur diskrete, binäre qualitative Begriffe zugeordnet werden, im Form von kommunikativ und habituell, oder aber, wenn Zahlenwerte zugeordnet werden, ist nur zwischen kommunikativ = 1 und habituell = 0 zu unterscheiden.

Es ist aber davon auszugehen, dass diese beiden Merkmale mit ihren jeweiligen Wertzuordnungen vielmehr analytische Idealtypen und die Werte Minimal bzw. Maximalwerte, zwischen welchen alle stetigen Wertezuordnungen möglich sind, darstellen sollten, um realitätsadäquat zu sein. Folglich kann es hier nicht um eine binäre Aussage gehen, die sich auf die Ausprägung des einen oder des anderen Merkmals bezieht, sondern es geht darum, etwas über Tendenzen, im Sinne eines stetigen „mehr oder weniger" zu machen.

Insofern macht die differenzierte Darstellung von Elias (1988) in Bezug auf habituelle vs. individualisierte Habitusanteile mehr Sinn, als die dichotome Trennung bei Bohnsack, die zu der Vereinfachung verführt, anzunehmen, dass es die große Masse der Individualisierten und Kommunikativen gäbe und trennscharf dazu abgegrenzt eine kleine, defizitär besetzte Minderzahl der kollektivgesteuerten Sprachlosen:

„Im gesellschaftlichen Prozess wird also gleichzeitig typisiert, ein sozialer Habitus aufgebaut, der mit anderen geteilt wird (z. B. durch die gemeinsame Sprache), wie auch individualisiert (z. B. der individuelle Sprachstil), wobei die Individualisierung, wie gesagt, vom gesellschaftlichen Differenzierungsgrad abhängig ist, genauso wie von einer biologischen Verfassheit. Die Ausbildung einer personalen Identität kann zum einen nur erfolgen, wenn ihr ein kontinuierlicher Entwicklungsprozess zugrunde liegt, d. h. die spätere Identität eines Menschen steht immer in einem direkten Folgeverhältnis zu seiner früheren Identität. Menschen versichern sich dieser Abfolge durch ihr biographisches Verständnis ihrer selbst: So sieht sich ein Vierzigjähriger in seiner Hier-und-Jetzt-Identität als kontinuierliche Weiterentwicklung und Veränderung seiner früheren Identität, seines Ich-Bewusstseins etwa beispielsweise im Alter von zwanzig Jahren. Er bleibt sich gleich und ist trotzdem nicht derselbe" (Morel 2001, S.- 202).

Das bedeutet erstens, dass sich Alltagsinteragieren immer auch aggregierend auf soziale Bezugssysteme beziehen lässt, d. h., dass Individuen immer auch zu normativen Teilpopulationen zusammengefasst werden können[38]. Dies ist in den

---

[38] Dies ist freilich nur möglich, wenn man von einem ganzheitlich orientierten Forschungsparadigma, wie es beispielsweise in der qualitativen Sozialforschung oft betont wird, absieht. Im Zusammenhang

prinzipiell und tendenziell vorhandenen, kollektiven Anteilen individueller Identitäten begründbar, im Sinne eines unscharfen „mehr oder weniger" in Bezug auf die Kollektivorientiertheit der einzelnen Interagierenden (vgl. Kapitel 2.1.1). Zweitens ist daraus folglich abzuleiten, dass auch habituelles Interagieren zu einem gewissen Grad immer regulierende Interaktionsart innerhalb sozialer Bezugssysteme ist und nicht nur innerhalb von Gruppen devianter, kommunikativ unterentwickelter „Sub"-systeme; hier tritt es jedoch in konzeptioneller, idealtypischer Reinform auf und wird auf diese Weise deutlicher wahrgenommen.

Somit ist festzuhalten, dass der Übergang von habituellem Interagieren zu kommunikativem Interagieren entwicklungsgeschichtlicher Natur ist (sowohl onto- als auch phylogenetisch), wobei die fundamentaleren Interaktionsregulatoren nicht durch jüngere Entwicklungsstufen ersetzt werden, sondern mit gültig bleiben.

Daraus folgt ferner, dass allgemein interaktionstheoretische Aussagen, sich nicht ausschließlich auf kommunikative Intersubjektivität und Perspektivenreziprozität beziehen dürfen, da auf diese Weise die Facetten des interaktiven Handelns zu reduziert dargestellt würden.

In Kapitel 2.1.3 habe ich bereits die Grundcharakteristika des Alltagsinteragierens aufgeführt und möchte nun zusammenfassend die Arten des Alltagshandelns aufzählen:

Aus obigen Ausführungen geht hervor, dass vor dem Interaktionshintergrund sozialer Bezugssysteme verschiedene Arten des Alltagsinteragierens zu konstatieren sind, die sich prinzipiell -mehr oder weniger- alle als Interaktionselemente jedes Individuums wieder finden lassen:

- habituelles Interagieren
- kommunikatives Interagieren und
- zweckrational-sinnvolles Interagieren, wie ich es bereits in Kap. 2.1.2 beschrieb.

---

dieser Arbeit soll es folglich nicht um eine ganzheitliche Darstellung des Interagierens gehen, sondern um Alltagsinteragieren und Alltagsnormen als eine Komponente bzw. eines Regulators des Interagierens. Von individuellen Besonderheiten wird also abstrahiert und zweifelsohne auch verhaltenssteuernde Interaktionsformen, die affektiv-impulshafter Natur sind, werden so außer acht gelassen, weil sie kein Alltagsinteragieren darstellen. Die affektiv-impulshafte Komponente von Verhaltensregulierung findet also in meiner Hypothese keine Berücksichtigung, nicht, weil sie kein gütiges Erklärungsmodell darstellt (ganz im Gegenteil), sondern, „weil es sowohl praktisch als auch prinzipiell unmöglich ist, sich jeweils auf die tatsächliche, vollständige Komplexität des Gegenstandes einzulassen" (Klüver u. a. 2006, S. 12). Was heißen soll, dass impulshafte Affektinteraktionen zwar mit Bezugssystemnormen in Interdependenz stehen, ihnen aber m. E. keine Sinnkollektive zugeordnet werden können, da sie vielmehr von der Person und der Situation, als vom normativen Hintergrund abhängen. Reaktive Impulsinteraktionen sind somit keine sinnhaften Interaktionen, da ihnen kein normativ abzuleitender Interaktionsentwurf zu Grunde gelegt werden kann.

Insofern ist dieses Konglomerat aus den Elementen der Interaktion eine Synthese aus den theoretischen Aussagen hierzu von Habermas, für das Element des kommunikativen Interagierens, von Schütz, für das rational-sinnhafte Element und von Elias, für das Element des habituellen Interagierens.

Zum Charakter des Übergangs vom habituellen Interagieren zu kommunikativen Interagieren ist abschließend zusammenfassend anzumerken, dass es sich hierbei um einen quantitativ-stetigen Übergang handelt – die idealtypischen Ausprägungen in „Reinform" markieren hierbei lediglich das untere bzw. obere Ende der Skala.

2.3.2 Normativer Sinn und normative Ethik

Im Rahmen dieses Kapitels möchte ich herausarbeiten, dass auch die beiden Begriffe, der des normativen Sinns und der der normativen Ethik, nicht dichotom unterscheidbar sind, sondern vielmehr entwicklungsgeschichtlich unterschiedliche Manifestationen ein und derselben Sache sind – ganz nach dem in Kapitel 2.3.1 beschriebenen Prinzip der *stetigen* Wertzuordnung.

Um die beiden obig aufgeführten Begriffe zu definieren, müssen sie jedoch zunächst getrennt voneinander betrachtet werden.

In Bezug auf den Begriff des normativen Sinns, möchte ich an dieser Stelle die entsprechende Definition aus Kapitel 2.1.3 noch einmal zusammenfassen: Normativer Sinn fasst die Interaktionstypen und die entsprechenden Motivlagen zusammen (ist also quasi ein Sinnkonglomerat eines normativen Bezugsystembildes[39]), die das Alltagsinteragieren sinnhaft vorstrukturieren und zwar durch die sinnhaften Interaktionsentwürfe der Interaktionsteilnehmer. Sinnhaft bedeutet in diesem Zusammenhang ganz pragmatisch in Anlehnung an die Schütz'sche Sinndeutung, dass Interaktionen und die entsprechenden Interaktionsentwürfe insofern Sinn machen müssen, als dass sie ein „Zurechtkommen", ein bezugssystemimmanentes „Ins-Reine-Kommen" (vgl. Schütz 1971a, S. 11) mit den dort vorherrschenden Sinnzusammenhängen absichern. Sinnhafte Interaktion ist, wie bereits erwähnt, immer dann normativ, wenn sie einen kollektiven Hintergrund hat, wenn es ein „Sinnkollektiv" gibt, in dem man sinnkonform interagieren

---

[39] Der Terminus des Bezugssystem*bildes* soll hier in Anlehnung an den des Weltbildes verstanden werden; die Bedeutung des Begriffes des Weltbildes wird dabei erhalten, allerdings ohne aus analytischer Sicht den *globalen* Gültigkeitscharakter *eines* bevorzugten Normensystems beizubehalten – aus systemimmanenter Sicht bleibt diese *lokale* Objektivität der Allgemeingültigkeit des eignen Bezugssystembildes selbstverständlich erhalten: Für die am System Partizipierenden haben die lediglich lokal gültigen Allgemeingültigkeitscharakter; aus dieser „Fehlannahme" entstehen die viele Interpretationsfehler bei der Bewertung „fremder" Interaktion.

muss, um erfolgreich zu sein. Hier geht es demnach *vorerst* nicht darum, ob die Bezugsnorm im moralisch-ethischem Sinne richtig oder falsch ist, sondern um die Frage, ob eine Interaktionsart erfolgreich ist und zwar in dem Sinne, ob sie ein normativ-sinnhaftes Zurechtkommen in einem bestimmten Bezugssystem verspricht (vgl. Kapitel 2.1.3).

Elias spricht in diesem Zusammenhang von „gesellschaftlichen Fremd-zwängen", die die dann in eine innere Selbstzwangapparatur übergehen, d. h. dass aus einer Verhaltenskontrolle von außen eine Selbstkontrolle und letztlich ein „Gewissen" entsteht (vgl. Elias 1989a, S. 128 f.). Insofern wird auch deut-lich, warum Elias davon ausgeht, dass die psychogenetische Entwicklung eines jeden Individuums ein Nachvollzug des menschheitsgeschichtlichen Zivilisati-onsprozesses ist. Aus den gesellschaftlichen Verflechtungen entstehen Fremd-zwänge, was die Kontrolle der Affekte angeht. Diese Fremdzwänge, diese Not-wendigkeiten des Alltages werden dann jedoch nach innen verlagert. Es entsteht folglich eine interaktionssteuernde Ich-Struktur, die nicht nur anhand von äuße-ren Gegebenheiten pragmatisch vorgibt, welches Interagieren sinnhaft ist, son-dern auch auf der Basis „innerer" Gewissheiten davon, was im moralischen Sin-ne „richtig" und was „falsch" ist, Interaktion koordiniert.

In der Entwicklungspsychologie unterscheidet Piaget (1954) in diesem Zu-sammenhang drei Stufen der kindlichen Moral:

Einfacher moralischer Realismus: Ich darf nicht schlagen, weil ich dann be-straft werde.

Heteronome Moral: Ich darf nicht schlagen, weil es verboten ist.

Autonome Moral: Ich darf nicht schlagen, weil wenn sich alle Menschen schlagen würden, dann niemand mehr seines Lebens sicher sein würde.

Die hier vorliegende Stufung ist wieder als insofern stetig zu verstehen, als dass innerhalb der Stufen wiederum stetige Wertzuordnungen realitätsadäquat sind. Die Elemente der Menge „Autonom moralisch" sind somit nicht alle iden-tisch autonom, sondern (unscharf) tendenziell autonom (vgl. Kapitel 2.1.1).

Der Terminus der normativen Ethik beschreibt folglich einen Interaktions-typ, der das kollektive „Gewissen" im Sinne der Stufe der autonomen Moral als Interaktionskategorie in sich trägt.[40]

Dieser psychogenetische Übergang des Sinnhaften in das Gewissenhafte legt nahe, dass sich Sinn und Ethik, Notwendigkeit und Gewissen nicht so ohne weiteres trennen lassen. Nimmt man dem sinnhaften Teil des Normativen die Gültigkeit, so verliert zwangsweise der andere Teil, das Gewissenhafte, ebenso an Gültigkeit: Wenn es keinen Sinn macht, sich friedlich zu verhalten, da es keinen Interaktionsvorteil bietet, dann gehört es in der Folge auch nicht mehr

---

[40] Der Interaktionstyp der normativen Ethik entspricht also dem des wertrationalen Handelns bei Weber (vgl. Weber 1980, S. 12).

zum Gewissenhaften, sich friedlich zu verhalten. Umgekehrt gilt: Wenn es Sinn macht, sich gewalttätig zu verhalten, dann kann Gewalt zur ethischen Norm erhöht werden. Die Merkmale „Einfacher moralischer Realismus" und „Heteronome Moral" bleiben auch in der Menge „Autonome Moral" somit tendenziell wirksam, in dem sie die Basis für „Autonome Moral" bilden; und zwar in Abhängigkeit vom Interaktionserfolg.

Im Kontext von Mengen die im Kontext von Entwicklungsprozessen entstanden sind, kommt zum beschriebenen Prinzip der Unschärfe (vgl. Kapitel 2.1.1 u. 2.3.1) normativer Merkmalsmengen, die Tatsache hinzu, dass in den „höherstufigen" Mengen die Merkmale der „niederen" Entwicklungsstufen erhalten bleiben, da die „höherstufigen" Kontexte auf den „niederen" Stufen aufbauen. Dieses Prinzip der Merkmalserhaltung wurde im Zusammenhang der entwicklungsgeschichtlichen Verbundenheit von habituellem und kommunikativem Interagieren bereits im Kapitel zuvor angedeutet.

Aus der Perspektive eines quantitativ-stetigen Blickwinkels auf „Sinn" und „Gewissen" folgt:

Wenn Δ Sinn, dann Δ Gewissen.

Für die Art des Übergangs dieser beiden Größen bedeutet dies, dass er 1., wie beim Übergang der Größen im Kapitel zuvor, entwicklungsgeschichtlicher Natur ist, 2. die historisch fundamentaleren Stufen erhalten bleiben und, dass 3. zusätzlich quantitative Veränderungen der fundamentaleren Stufen Veränderungen der jüngeren Stufen zwangsweise nach sich ziehen. Dieser Zusammenhang wird von Welzers Arbeiten gestützt, der z. B. das „Dritte Reich" nicht mittels eines psychopathologischen Modells zu erklären versucht, sondern es vielmehr als eine sich etablierende Norm, als normatives Modell zu beschreiben versucht:

„Die Deutschen fühlten sich zur Zeit des Nationalsozialismus einem normativem Modell verpflichtet, das die Erniedrigung und Verfolgung anderer Menschen nicht verurteilte, sondern forderte, und im letzten Drittel auch vorsah, dass es notwendig und gut sei, zu töten" (Welzer 2005, S. 69) [41].

---

[41] Durch eine solche Sichtweise würden auch die Menschen, die sich damals der grausamen Norm widersetzten in ein anderes Licht gerückt: sie waren und sind die eigentlich interessanten, einzigartigen menschlichen Phänomene, nicht weil sie als einzige „normal" blieben, sondern, weil sie sich einem normativen Modell entgegenstellten – eine viel schwierigere Situation und eine viel höher (ein) zu schätzende menschliche Leistung. Die These vom psychopathologisch erklärbaren Bösen kann somit nicht aufrechterhalten werden. Psychologische Gutachten zu den Persönlichkeitsstrukturen der Hauptkriegsverbrecher ergaben: „Aus unseren Befunden müssen wir nicht nur schließen, dass solche Personen weder krank noch einzigartig sind, sondern auch, dass wir sie heute in jedem anderen Land der Erde antreffen würden" (Harrower 1976, S. 341-351).

Auch Elias zeigt in seinen „Studien über die Deutschen" ein ähnliches Erklärungsmodell für das Möglichsein von Hitler auf, in dessen Rahmen sich die Einsicht aufdrängt,

> „dass diese Ausbreitung von gesellschaftlich sanktionierten Modellen der Gewalttätigkeit und der sozialen Ungleichheit zu den Voraussetzungen seines Kommens gehörte" (Elias 1989b, S. 27).

Elias kommt jedoch zu dem Schluss: „Ehrenfragen rangierten hoch, Moralfragen niedrig" (Elias 1989b, S. 27). Dies war auch so zu konstatieren, jedoch bin ich der Meinung, dass, wenn das „Dritte Reich" weiter existiert hätte, es zu einer Herausbildung einer ganz neuartigen Moral gekommen wäre – also, dass es nicht dabei geblieben wäre, dass Moral einfach nur gegen einen „Ehrenkanon" (Elias 1989b) ausgetauscht worden wäre, sondern, dass ein solcher Ehrenkanon in eine Form der Moral übergegangen wäre, die mit humanistischen Idealen nichts mehr gemein gehabt hätte. Dann hätte sich ein völlig neuartiges normativ-ethisches Modell etabliert, in dessen Rahmen es gut und richtig gewesen wäre, zu quälen und zu töten – es ist nicht dazu gekommen, aber der Prozess der Normetablierung war bereits (erschreckend) weit fortgeschritten.

Das Gewissenhafte, das Ethische ist demnach fest verwurzelt im Sinnhaften der alltäglichen Notwendigkeiten, um erfolgreich in einem Bezugssystem interagieren zu können. Wenn man sich mit Alltagsnormen als Regulatoren alltäglicher Interaktion beschäftigt, macht es also keinen Sinn zwischen normativem Sinn und normativer Ethik zu trennen, da das Sinnhafte in das Gewissenhafte psychogenetisch und phylogenetisch übergeht. Ethische Werte oder Moral mit ihrem entwicklungsgeschichtlichen Hintergrund als völlig von anderen separierbare Größen zu betrachten, die für sich selbst eine globale Objektivität beanspruchen können und somit prinzipiell nicht relativierungskompatibel sind, ist somit m. E. eine verfälschend-dichotome Differenzierung. Diese Abspaltung der Moral von allem Sinnhaften, wie Ernst (2008) sie propagiert, ignoriert alle entwicklungspsychologischen Erkenntnisse zur Moralentwicklung, aber auch die Arbeiten von Elias zum Zivilisationsprozess. Ernst in diesem Kontext:

> „Der Antiobjektivist möchte den Status der Moral durch einen Vergleich klären: Er behauptet, dass die Moral prinzipiell von der gleichen Art ist wie ein Bereich, der keinen Anspruch auf Objektivität erheben kann: der Bereich der Gefühle und Wünsche. Dass letzterer keinen Anspruch auf Objektivität erheben kann ist unstrittig. Problematisch ist dagegen, wie wir sehen werden, die These, dass Moral von der gleichen Art ist" (Ernst 2008, S. 88).

Ich bin der Ansicht, dass Moral - qualitativ-diskret betrachtet - nicht das Selbe ist wie sinnhafte Interaktionswünsche, die (auch) durch Emotionen gesteuert werden. Ernst verkennt jedoch, dass Moral sozusagen quantitativ-stetig aus dem Sinnhaften hervorgegangen ist und sich somit zu diesem, um diesen Übergangsmechanismus bildhaft zu veranschaulichen, wie die Baumkrone zur Wurzel verhält. Ebenso scheint Ernst Globalität bzw. Absolutheiten und Objektivität zu vermischen. Die normativ-sinnhaften Grundlagen für Interaktionswünsche und somit auch die moralischen Basen, können nie global gültig sein, sie sind aber bezogen auf bestimmte Lokalitäten, den sozialen Bezugssystemen, *lokal* objektiv. In dieser relativistischen Lesart ist Moral sicherlich objektiv, aber eben nur auf den Kontext bezogen. Insofern kann man nur davon sprechen, dass es unstrittig ist, dass normativ-sinnhafte und normativ ethische Interaktionsbasen nie Anspruch auf globale Gültigkeit erheben können. Wenn Ernst den Objektivitätsbegriff also absolut definiert, und das tut er, indem er einen moralischen Relativismus ablehnt, kann Moral dem zu folge nicht objektiv sein. Dieser Schluss folgt schlicht aus der begründeten Annahme, dass das normativ Ethische nicht separiert *für sich* betrachten kann. Somit können auch normativ ethische Aussagen nicht den Charakter von kovarianten Gesetzen annehmen. Ebenso wenig können sie daraus folgernd Vergleichsobjekt zu Wissenschaft sein[42], weil sie durch ihre Verbundenheit mit dem normativ Sinnhaften auch Gegenstand von wissenschaftlicher Betrachtung sind.

Das normativ Ethische, die Moral ist demnach an seine phylo- und psychogenetischen Wurzeln (um in diesem Bild zu bleiben) des normativ Sinnhaften gefesselt und kann sich somit nicht einer analytisch-relativistischen Betrachtungsweise entziehen. Auf dieser Interpretation fußend bekommt auch der berühmte Auszug aus der „Dreigroschenoper" von Brecht (1928) eine zusätzliche, verschärfte Gültigkeit. In der „Ballade über die Frage: Wovon lebt der Mensch?" heißt es: „Erst kommt das Fressen und dann die Moral". Gemeint war damit, dass sich nur derjenige moralisch verhält, der auch genügend zu Essen hat, also derjenige, der in einem ausreichenden Maße erfolgreich an Gesellschaft und ihren Normen partizipieren kann. Ich gehe hier insofern noch einen Schritt weiter, in dem ich zuvor postulierte, dass das normativ Ethische erst gültig wird, wenn es die Entwicklung über das normativ Sinnhafte, also über das „Fressen" hinter sich gebracht hat. Beide Manifestationen sind somit lediglich onto- und phylogenetisch unterschiedlich, sonst aber von der gleichen Art[43]: nur, was auf

---

[42] Ernst ist der Ansicht, dass Wissenschaft das geeignete Vergleichsobjekt für die Moral sei: „In dieser Arbeit wird dafür argumentiert, dass die Moral in genau der gleichen Weise wie die Wissenschaft Objektivität beanspruchen kann" (Ernst 2008).

[43] Brecht trennt in der „Dreigroschenoper" zwischen „Fressen" einerseits, sozusagen als Grundvoraussetzung dafür, dass man sich übergeordnete Gedanken über ethische Fragen machen kann und

einer fundamentaleren Ebene satt macht, kann auch moralisch gültig sein. Moral kann demzufolge nicht nur philosophisch-autoritär gesetzt werden, sondern muss darüber hinaus ein hohes Teilhabepotential für möglichst viele Individuen aufweisen können; somit ist das Bild von Krone und Wurzel gar nicht so verkehrt, da so veranschaulicht wird, dass moralische Werte feste Wurzeln des Sinnhaften haben müssen, um nicht zu „verhungern" und bei dem leichtesten Windhauch umzufallen, also ungültig zu werden.

Ein abschließendes Beispiel für die Sinn – Ethik Verbundenheit ist die Entstehung der heute gültigen moralischen Norm „Das Kindeswohl ist zu schützen". Noch zu Beginn des 19. Jahrhunderts bestand gut ein Drittel der Fabrikarbeiter in den USA aus Kindern in einem Alter von sieben bis zwölf Jahren. In den restlichen Industrienationen war die Situation ähnlich. Die Kinder mussten damals unter schwierigsten Bedingungen arbeiten und wurden regelrecht ausgebeutet, was dazu führte, dass diese Kinder in großer Zahl früh und schwer erkrankten. Die Situation wurde für die Kinder erst besser, als die Folgen der Kinderarbeit zu einem Problem für das Militär wurden, weil die Armee wegen der vielen kranken Kinder zunehmend Probleme bekam, gesunde junge Männer zu rekrutieren.

1839 erließ Preußen daraufhin ein Gesetz, welches sich „Preußisches Regulativ" nannte, das Kindern unter neun Jahren die Arbeit in Fabriken verbot. 1904 trat im Deutschen Reich dann ein Kinderschutzgesetz in Kraft, welches die Beschäftigung von Kindern unter 12 Jahren in gewerblichen Unternehmen untersagte. Insofern erfolgten die weiteren normativ ethischen Aussagen, im Sinne von Kinderschutz als Wert an sich, aus dem rein Sinnhaften militärischer Interessen heraus. Heute ist der Schutz des Kindeswohls eine ethische Norm, die aber nach wie vor durch einen Sinn gestützt wird: Kinder die früh viel arbeiten können nichts lernen und eine rohstoffarme Gesellschaft kann sich so nicht erfolgreich reproduzieren. Auch wenn sich der Sinn verändert hat, muss dennoch eine sinnhafte Basis für ethische Normen vorhanden sein, damit diese gültig bleibt.

Moral andererseits. Ich hingegen denke, dass der Zusammenhang noch viel enger ist. „Fressen" und Moral sind in meiner Darstellung, abermals bildhaft gesprochen, sozusagen unterschiedliche Teile ein und derselben „Pflanze", bei Brecht sind dahingegen „Fressen" und Moral von unterschiedlicher Art, in dem Sinne, dass das Eine die Vorraussetzung für das Andere ist. Der „Baum" der Moral kann m. E. nur gedeihen, wenn zusätzlich zu einem guten Boden auch ein festes Wurzelgeflecht hinzukommt – Boden, Nahrung gibt es meist ausreichend, es muss nur möglichst vielen Wurzelzweigen möglich sein, Nahrung aus dem Boden aufzunehmen, zu „fressen", dann wird der Baum auch eine schöne Krone entwickeln. Das heißt, man kann „Fressen" und Moral gar nicht voneinander trennen. Gerade für Pädagogen ist dies eine entscheidende Erkenntnis: erst, wenn Menschen von Normen auch profitieren, ist es möglich diese wohlwollend philosophisch-autoritär zu etablieren. Das bedeutet aber auch, dass jemand, der lange Zeit von einer „devianten" Norm profitiert hat, diese nicht so schnell aufgeben wird.

Für die Erweiterung der Definition der sozialen Bezugssysteme des Alltages bedeutet dies, dass sie, im Sinne des angesprochenen Entwicklungsprozesses, sowohl normative Sinn-, als auch normative Ethikkollektive sind.

Der Charakter des Übergangs vom normativen Sinn in normative Ethik ist einerseits stetiger Natur, im Sinne eines einseitig gerichteten Entwicklungsprozesses, andererseits sind bereits die Größen an sich quantitativ beschreibbar, bzw. haben auch quantitative Komponenten. Das heißt, dass nicht nur verknüpfende Abstufungen zwischen den idealtypischen Endmerkmalen zu konstatieren sind, sondern, dass diese Endmerkmale in sich bereits ein „Mehr-oder-Weniger-Potential" enthalten: Nimmt man dem Endmerkmal „Sinn" den Erfolg, verringert es also sozusagen in sich selbst, dann verringert sich auch das Merkmal „Gewissen" in sich selbst.

Somit ist zusammenfassend festzuhalten, dass das normativ Ethische, genau wie das normativ Zweckrationale (sinnvolle), das normativ kommunikative und das normativ Habituelle auch nur eine Konkretisierung des normativ Sinnhaften darstellt und keine eigene soziale (Über-) Größe. Wie zuvor schon bei der Kritik an Ernst ausgeführt, können moralische Aussagen auch keinen übergeordneten Gesetzescharakter annehmen (vgl. Kapitel 7.3).

2.3.3 Ursachen und Motive

Ich habe bereits anklingen lassen, dass es für das Alltagsinteragieren charakteristisch ist, dass es *motiviert* ist. Insofern ist das Sinnhafte des Interagierens in dessen Entwurf zu sehen und nicht im interagieren selbst (vgl. Schütz 1974, S. 49).

Im Folgenden soll beschrieben werden, welche Motivarten es gibt und wie sie sich von reinen Ursachen unterscheiden. Aber es soll auch deutlich werden, dass die scheinbar trennbaren Größen Ursachen und Motive auch ineinander übergehen, also auch nur verschiedene Manifestationen ein und derselben Sache sind[44]. Um diesen Zusammenhang aufzeigen zu können, ist es aber zunächst nötig, die Verschiedenartigkeit der einzelnen Manifestationen separierend darzustellen.

Motive: Schütz unterscheidet zwischen „Um-zu-Motiven" und „Weil-Motiven" (vgl. Schütz 1971a, S. 81). „Um-zu-Motive" beziehen sich als *bewuss-*

---

[44] Dass die Auswirkungen unbewusster Ursachen einerseits und bewusste Intentionen, Motive andererseits zusammenhängen und den Charakter des jeweils anderen annehmen können, habe ich bereits 2001 im Rahmen einer Semesterarbeit „Der Hooligan TOM", einer Fallanalyse herausgearbeitet (vgl. Herrmann 2001 S. 28 ff.). Auch in meiner Dissertationsschrift „Computersimulationen und sozialpädagogische Praxis" beschreibe ich diesen Übergangsmechanismus (vgl. Hermann 2008, S. 17). In der Arbeit von Klüver u. a. „Computersimulationen und soziale Einzelfallstudien" ist ein ähnliches Übergangsmodell zu finden (vgl. Klüver u. a. 2006, S. 69).

ter Interaktionsentwurf auf *Ziele* in der *Zukunft*: Ein Hooligan unterdrückt gemeinsam mit Gleichge*sinn*ten Opfer, um durch diese Aktionismen dazuzugehören, um sich habitueller Übereinstimmungen zu vergewissern:

> „Krawall is geil, da kannse dich beweisen, beweisen, datte dazugehörs, datte zu den coolen Säuen gehörs."[45]

„Weil-Motive" sind dagegen in bestimmten Persönlichkeitsmerkmalen manifestiert, die lebensgeschichtlich habituiert wurden. Sie sind demnach ein *unbewusster* Niederschlag der *Vergangenheit*. Somit ist es für die „Weil-Motive" charakteristisch, dass sie dem Interagierenden nicht als planender Entwurf bewusst sind; sie determinieren die Interaktion sozusagen aus der Lebensgeschichte des Interagierenden heraus, in deren Verlauf verschiedene Ursachen, bzw. ursächliche Ereignisse ihrerseits die („Weil-) Motivlage determinierten. In diesem Zusammenhang erscheint es mir wichtig, hervorzuheben, dass „Weil-Motive" auf einer qualitativen Ebene nicht mit ursächlichen Ereignissen, also mit den eigentlichen biographischen Ursachen gleichzusetzen sind, sie sind vielmehr deren „Ausfluss", wie Schütz sagen würde (vgl. Schütz 1972, S. 13).

„Weil-Motive" sind demzufolge keine sinnhaft-planenden Motive, sondern sie erwachsen bestimmten lebensgeschichtlichen Ereignissen und Dispositionen und legen auf diese Weise fest, was für den Interagierenden überhaupt wünschbar und sinnhaft entwerfbar ist; sie sind also rückblickend sinnhaft in einem tieferen Sinn. „Weil-Motive" erklären somit rückschauend auf einer fundamentaleren Sinnebene, welche ursächlichen Determinanten das sinnhaft Planende, die „Um-zu-Motive", möglicherweise vorprägten: vielleicht ist der zuvor exemplarisch angeführte Hooligan in einem Kollektiv gewalttätig, weil er sich ausschließlich kollektiv und aktionistisch identifizieren kann, und zwar aus Ermangelung persönlicher Habituselemente und mangelhafter kommunikativer Fähigkeiten.

Dieser Mangelzustand ist als „Weil-Motiv" zu bezeichnen, welches das Interagieren (mit-) bestimmt, und zwar durch die Festlegung der sozialen „Bühne", des Bezugssystems, auf der bzw. in dem für den Interagierenden überhaupt sinnhaftes Planen möglich ist. Die biographischen Umstände, die Summe der ursächlichen Ereignisse, die zu diesem Mangelzustand führten sind hingegen die Ursachen. Ursachen haben an sich nichts Sinnhaftes, geben aber die Möglichkeiten der Bezugssystemwahl vor und in den Bezugssystemen wird dann sinnhaft geplant. Für den jugendlichen Hooligan ergibt sich in diesem Kontext ein beängsti-

---

[45] So ein 17-jähriger Hooligan, mit dem ich im Jahr 2001 mehrere Interviews führte. Eine ähnliche (Um-zu-) Motivlage bei einem ähnlich gelagerten Gegenstand (Hooligans) ist auch bei Bohnsack u. a. (1995) zu finden.

gend deterministisches Bild: durch eine defizitäre Kommunikationssituation innerhalb seiner Herkunftsfamilie als Ursache, ergibt sich das „Weil-Motiv" der kollektiven, (gewalt-) aktionistischen Identifizierung. Innerhalb dieses Bezugssystems ergeben sich für ihn sinnhafte „Um-zu-Motive": er schlägt, um dabei zu sein.

Insofern scheint auch bei diesen Größen ein Übergang ineinander zu konstatieren zu sein, und zwar von den Ursachen zu den „Weil-Motiven" bis hin zu den „Um-zu-Motiven". Allerdings in einer anderen Art, als im Zusammenhang der zuvor aufgezeigten entwicklungsgeschichtlich, linearen Übergänge. Hier scheint es um einen Rückkopplungsübergang zu gehen. Denn es ist wohl unbezweifelbar, dass Interaktion zwar erfolgorientiert geplant wird, jedoch auf der Grundlage der bisherigen interaktionsbewertenden Erfahrungen innerhalb des Bezugssystems: bisher war es erfolgreich, war es sinnhaft Leute zu verprügeln, also schlage ich, weil es erfolgreich war. Dies führt zu der Annahme, dass, wenn eine bisherige Interaktionsnorm erfolgreich war, so wird sie es auch *künftig* sein. Auf dieser Basis wird weitere Interaktion bewusst geplant und umgesetzt. Insofern gehen auf einer qualitativen Definitionsebene „Weil-Motive" in „Um-zu-Motive" über und umgekehrt.

Aber auch die Größen selbst sind nicht nur als ineinander umwandelbare qualitative Größen, denen nur diskrete Merkmalswerte zugeordnet werden können beschreibbar. Insofern erscheint es sinnvoll, auch „Um-zu-" und „Weil-Motive" nicht ausschließlich als qualitative Manifestationen zu sehen, sondern sie auch als quantitativ-äquivalente Manifestationen zu sehen, die durch *Rückkopplungsmechanismen* miteinander verbunden sind. Das Interessante hierbei ist, dass auch die Erfolgsrückmeldungen ihrerseits Auswirkungen auf die Stärke des Ursachenpotentials, also auf das Potential bestimmte Ursachenauswirkungen, „Weil-Motive" zu erzeugen, haben. In einem Bezugsystem, in dem eine bestimmte Interaktionsnorm Interaktionserfolg garantiert verfestigen sich die dahinterstehenden „Weil-Motive" immer mehr und auf diese Weise erhöht sich ihr Potential, künftig immer wieder bezugssystemkonformes Interagieren zu erzeugen. Die Auswirkungen der ursprünglichen Ursachen, die „Weil-Motive" sind somit in unterschiedlichen Bezugssystemen auch unterschiedlich groß. Die quantitative Um-zu-Motivdimension ist in diesem Zusammenhang als Interaktionsspeicher *(I)* zu bezeichnen und die der „Weil-Motive" als Ursachenpotential *(U)*. In dieser Lesart kann postuliert werden:

Die Größe des Ursachenpotentials (U) ist von der Größe des Interaktionsspeichers (I) abhängig und umgekehrt (!). Jede Veränderung an einer der beiden Manifestationen, die das Potential bezugssystemkonforme Interaktion zu erzeugen in sich tragen, bedingt eine Änderung der jeweils anderen. Der Einflussgrad beider Manifestationen auf ist wiederum vom interaktivem Teilhabeerfolg (T) in einem Bezugssystem abhängig.

Daraus folgt etwas formaler:

$$\Delta U \sim \Delta I$$

und

$$U \approx U_{(T)}, \text{ bzw. } I \approx I_{(T)}$$

Konkret heißt dies, dass, wenn der Interaktionsspeicher kleiner wird, weil interagiert wird, dann verringert sich auch temporär das Ursachenpotential: durch das gemeinsame Unterdrücken sinkt temporär z. B. der Drang erneut eine Gewalthandlung zu entwerfen, da der ursächliche Mangel, das Ursachenpotential temporär durch den gemeinsamen Aktionismus behoben wurde. Im weitern Verlauf wird der Wunsch, sich habituell abzusichern allerdings erneut aufkeimen. Die Erfahrung sagt dem jungen Gewalttäter, dass er dann nur genauso wie früher interagieren muss. Die Folge ist, dass er abermals entsprechende Interaktionen planen und umsetzen wird.[46]

Prinzipiell bedeutet dies, wieder auf einer qualitativen Ebene formuliert, dass aus „Weil-Motiven" „Um-zu-Motive" werden können und umgekehrt: ich schlage, um erfolgreich zu interagieren, ich schlug, weil es immer erfolgreich war. Dies ist mit dem ständigen Wechselspiel von Habituierung, also einer Gewöhnungsdynamik und einer rückschauenden Reflexion, also einer Bewusstmachungsdynamik erklärbar. In diesem Kontext ist es von der jeweiligen Reflexionsfähigkeit des Interagierenden abhängig, inwieweit nicht nur der sinnhafterfolgsorientierte Entwurfcharakter gesehen wird, sondern auch das deterministische, „tiefere" Sinn, also eine Reflexion darüber, welche Umstände dazu geführt haben, dass er etwas sinnhaft geplant hat.

Für den Charakter des Übergangs zwischen Ursachenpotential und Motiven heißt das, dass sowohl auf der qualitativen Ebene als auch auf der quantitativen Ebene Verbindungen zwischen den Motivarten (Weil und um zu) zu konstatieren sind. Auch hier haben die quantitativen Größenkomponenten ein „Mehr-oder-Weniger-Potential" in sich selbst, das aber nicht, wie bei den beschriebenen Entwicklungsprozessen, einseitig gerichtet ist, sondern vielmehr beidseitig im Rahmen einer Rückkopplungsdynamik. Insofern kann im obigen Sinne von einer

---

[46] Das Beispiel des jugendlichen Hooligans werde ich in Kap. 5 vertiefend aufgreifen.

Äquivalenz gesprochen werden: „*Um-zu*" ~ „*Weil*" auf einer qualitativen und $\Delta U \sim \Delta I$ auf der quantitativen Ebene.
Die Qualitative Rückkopplungsdynamik kann wie bei Klüver (vgl. Klüver u. a. 2006, S. 69) dargestellt werden:

$$U \rightarrow I \rightarrow U \rightarrow I \text{ etc. und}$$

$$I \rightarrow U \rightarrow I \rightarrow U^{47} \text{ etc.}$$

„Weil-Motive", die zu „Um-zu-Motiven" wurden können ihren unbewussten „Weil"- Charakter wieder erhalten und umgekehrt können „Um-zu-Motive" ihren intentionalen Charakter zurückerhalten.
Zusammenfassend kann festgehalten werden, dass beide Größen, „Um-zu" und „Weil-Motive", bezogen auf den Intentionalitätsgrad der Interaktionssteuerung, Merkmalsanteile der jeweils anderen Manifestation besitzen und somit nicht scharf zu trennen sind.

---

[47] Hierbei ist allerdings anzumerken, dass Klüver Ursachen mit „Weil-Motiven" gleichsetzt – dies ist meiner Meinung nach etwas ungenau, da die „Weil-Motive", wie bereits oben kurz beschrieben, streng genommen eine Folge eines ursächlichen Ereignisses darstellen und somit als unbewusste Persönlichkeitsmerkmale zu bewerten sind, die bewusste Interaktionsentwürfe mit steuern. Eine reine Ursache ist dahingegen ein (biographisches) Ereignis und somit noch kein Persönlichkeitsmerkmal.

3 Postulate und Prinzipien einer Invarianzhypothese

Nach der Aufspannung des Bezugsrahmens und der Definition zentraler Begriffe, möchte ich im Folgenden die Postulate einer relativistischen (Invarianz-) Hypothese über Alltagsnormen und das Alltagsinteragieren formulieren. Das zu lösende Problem ist, wie erwähnt, gegenstandadäquate nomologische Aussagen auch für extrem abweichendes Interagieren machen zu können. Es geht also darum zwischen wirklichen Gesetzen und lediglich kontextgebundenen Normaussagen zu trennen. Bevor ich die einzelnen Postulate und Prinzipien konkret formuliere, möchte ich zunächst den Grundgedankengang zur Auffindung eines grundlegenden Prinzips der (Vor-) Strukturierung des Sozialen in folgenden Punkten aufführen:

1. Es gibt kein vor allen anderen ausgezeichnetes normatives Bezugssystem, in dem andere Gesetze gelten würden, als in anderen Systemen.
2. Da es ein solches bevorzugtes System nicht gibt und in („unserem") Beobachtersystem die Normen immer sinnhaft und erfolgsorientiert sind und Interaktionserfolg erzielbar ist, ist dies auch in allen anderen inertialen Bezugssystem der Fall. Das bedeutet, dass der Interaktionserfolg eine invariante Bewertungsgröße darstellt, ganz gleich, wie abweichend die erfolgserzeugende Norm aus Beobachtersicht ist.
3. Das heißt in der Konsequenz aber auch, dass jede lokale Norm die wirkliche, bezugssystemanhängige, objektive und sinnhafte Norm des jeweiligen Bezugssystems ist.
4. Alle global objektiven, absoluten Gesetze zur Interaktionssteuerung, also die, die unabhängig vom Bezugssystem gültig sein sollen, müssen die Voraussetzung erfüllen, dass sie mit allen denk- und beobachtbaren Bezugssystemnormen „verträglich" sind und ihre Form bewahren. Sie müssen *kovariant* in Bezug auf alle Bezugssystemwechsel sein.

3.1 Das Postulat der Relativität

Bei der Formulierung des Postulates der Relativität sozialer Alltagsnormen, möchte ich zunächst auf die These der „Subkultur" zurückkommen (vgl. Kapitel 3.1.2), da sie bereits einen Versuch darstellt, normativ hochdeviantes Verhalten auch als normativ exmanent zu erklären und nicht als z. b. „normales" system-

immanentes Protestverhalten zu definieren, wie dies im Rahmen von Protesttheorien (vgl. Heitmeyer 1992) praktiziert wird. Hier wird, im Gegensatz zu Subgruppentheorien, von einer in allen Bezugssystemen nur wenig abweichenden
Norm und folglich von einer gleichen Sinnhaftigkeit ausgegangen, mit der pro-
testierend, folglich reflektorisch-immanent umgegangen wird (vgl. Kapitel 3).
Dieses Modell geht somit nicht von normativ stark von einander abweichenden,
eigenständigen Systemen aus. Eine solche Strukturierung kann z. B. aber im Fall
der Bewertung der Interaktionen jugendlicher Gewalttäter nicht immer adäquat
sein, bzw., „klammert" sie dieses Bezugsystem aus; in Bezug auf diese Kontexte
ist es offensichtlich, dass hier nicht fraglos die gleichen normativen Gegebenheiten vorauszusetzen sind, wie beispielsweise in „bildungsbürgerlichen" Milieus
(vgl. Bohnsack u. a. 1995). Insofern möchte ich mich im Zusammenhang mit
dem Beispiel des Normaßstabes gewaltaffiner Jugendlicher[48] lediglich mit dem
Modell der Subgruppe näher (kritisch) auseinandersetzen, da hier, wie erwähnt
die normative Eigenständigkeit der Bezugsysteme und deren hohes Abweichungspotential berücksichtigt wird. Die Subgruppenthese impliziert jedoch,
dass es im Rahmen einer (ausgezeichneten) Gesamtkultur, eine nach völlig anderen Gesetzmäßigkeiten interagierende Teilkultur gibt. Die Charakteristika einer
Subkultur sind nach Schmidt-Denter:

- gemeinsame Normen und Wertvorstellungen der Mitglieder,
- ein spezifischer Sprachgebrauch,
- eine bestimmte Art des Auftretens und bestimmte Umgangsformen,
- kollektive Erwartungen bezüglich des Aussehens der Mitglieder,
- eine Rangfolge sozialer Positionen und Statusunterschiede,
- Möglichkeiten zur Befriedigung spezifischer Bedürfnisse (vgl. Schmidt-
  Denter 1996, S. 134).

All diese Charakteristika gelten uneingeschränkt auch für die meinerseits beschriebenen Bezugsysteme. Allerdings mit einem entscheidenden Unterschied
in der Bewertung der Platzierung in der Gesamtgesellschaft. Der Begriff Subkultur meint eine bestimmte Gruppierung innerhalb der Gesamtgesellschaft, die sich
anders als die Mehrheit verhält, aber im Wirkungsfeld einer Gesamtkultur verbleibt (vgl. Schmidt-Denter 1996, S. 134). Diese Definition impliziert, dass es so
etwas wie eine Hauptkultur gibt, in die untergeordnete Minoritäten mit anderen

---

[48] Das Beispiel des Bezugsystems „Gewalttätige Jugendliche" wird im weiteren Verlauf immer
wieder herangezogen, um das Prinzip der Gleichwertigkeit der Bezugsysteme auch bei hohem Abweichungspotential zu veranschaulichen. Das (relative) Abweichungspotential bei diesem Beispiel
bezieht sich selbstverständlich auf die Relation zwischen gewaltaffinen Systemen und entsprechend
„zivilisierteren" Systemen.

Gesetzen der Interaktionsregulation eingebettet sind. Sie konstruiert somit ein bevorzugtes normatives Trägermilieu, in dem sich alle davon abweichenden Normmaßstäbe wie „Öltropfen im Wasserglas" verhalten. Dieses Erklärungsmodell wird häufig im Kontext der Jugendforschung verwendet. Die Bewertungsgröße ist in diesem Modell die schiere Masse, die Mehrheit an teilhabenden Individuen, die vorgibt, welches System ausgezeichnet ist. Ein ähnliches, subgruppentheoretisches Modell vertreten Wolfgang u. Ferracuti (1967). Dass das Subgruppenmodell im Kontext weiter Teile der Sozialarbeit und einer entsprechend pragmatisch orientierten Soziologie verbreitet ist, bestätigt Iben:

> „Die amerikanische Sozialarbeit und die ihr verbundene pragmatisch orientierte Soziologie hat sich in der Regel mit einem statistischen Normalitätsbegriff beholfen und zum sozialen Problem erklärt, was der Mehrheit der Bürger als Problem erschien. Dieser Ansatz begünstigt aber eine unkritische Rechtfertigung dominierender Normen und die Diskriminierung von Minderheiten und ist deshalb nur bedingt brauchbar. Auch stand ihm die amerikanische Kleinstadt als Gesellschaftsmodell Pate" (Iben 1975, S. 123).

Den kategorisierenden Niederschlag des Subgruppenmodells im Kontext methodologischer Konzeptionen findet man in milieuanalytischen Ansätzen wieder. Die entsprechend konzipierten Arbeiten von Bohnsack (1993 u. 1995) werden zum Zweck der Veranschaulichung der kritischen Hinterfragung des Subgruppenprinzips in den folgenden Kapiteln (Kapitel 4 und 5) des Öfteren exemplarisch herangezogen.

Ich kann das Grundverständnis und die Grundhaltung des Subgruppenmodells allerdings nicht teilen, da sie zum einen nicht von der Formulierbarkeit allgemein sozialer Gesetze ausgeht, und zum anderen eine Ungleichwertigkeit des zu erwartenden Interaktionserfolges bei bezugssystemkonformen Interaktionen postuliert. Aus der Sicht der „Hauptkultur" weicht demnach die Alltagsnorm der „Subkultur" *absolut* von der der „Hauptkultur" ab und erhält somit immer einen *absolut* defizitären „Anstrich", was die Erreichbarkeit von Interaktionserfolg angeht: „Auf der Basis solch sinnlosen Verhaltens kann kein Mensch zufrieden sein". Solche Äußerungen hört man häufig insbesondere beispielsweise von Pädagogen, die sich auffälligem Verhalten von Jugendlichen ausgesetzt sehen. Diese Grundhaltung oder besser dieses Grundverständnis setzt voraus, dass alle Teilnehmer der Subkultur, diese nur gewählt haben, weil sie nicht an der „Hauptkultur" teilhaben können und vor allem, dass ihnen dieses Gefühl der Desintegration stets bewusst ist und sie folglich aus dem Gefühl der Frustration ungerichtet interagieren. Das bedeutet, dass die Gesetze zur Interaktionsregulierung in „Subkulturen" gänzlich andere wären, als in der „Hauptkultur", in der jeder Teilnehmer primär nicht aus dem affektiven Zustand der Frustration interagiert, sondern aus dem Motiv heraus, so etwas wie persönliche Zufriedenheit durch Teilhabe an der „Hauptkultur" zu erlangen. Dieses Verständnis halte ich für grundlegend falsch. Auch in voneinander normativ völlig abweichend interagierenden Bezugssystemen gelten die gleichen Gesetze der Interaktionsregulierung: So werden z. B. alle individuellen Interaktionen durch den Wunsch nach persönlichem Teilhabeerfolg in einem Bezugssystem und die Möglichkeit, bezugsystemimmanent spezifische Bedürfnisse befriedigen zu können gesteuert.

Insofern ist es reine Konvention, welche der sozialen Bezugssysteme wir als deviant oder konform ansehen wollen, da es kein ausgezeichnetes soziales System gibt. Das angesprochene Sinndefizit beobachteter Normen erscheint demnach nicht mehr als Wirkung einer naturgegebenen absolut-globalen Normvorgabe in Form einer objektivistischen Leitdifferenz, sondern schlicht als Folge einer „Kategorisierungsmethode". Auf diese Weise wird die Leitdifferenz als genau eine solche „verzerrende" Vorstrukturierung von „Messungen" enttarnt, welche die Normen eines stark „abweichenden" Bezugssystems aus der Sicht eines *absolut* „konformen" Beobachtersystems „misst". Das Problem bei einer solchen Kategorisierung von Realität ist, dass immer das Beobachtersystem als *absoluter* Konformitätsmaßstab für die beobachteten Systeme herangezogen wird. Um Konformität bzw. Devianz gegenstandsadäquat interpretieren zu können und somit die Sinnhaftigkeit einer hoch devianten Interaktion einordnen zu können, muss man sich jedoch auf der Ebene von normativen Zusammenhängen von *absoluten* Bewertungen trennen.

Deshalb können auch nur nomologische Aussagen, die sich bezugssystemunabhängig formulieren lassen, ihren global-absoluten Charakter behalten. Folglich lautet das erste Postulat:

Alle interaktionsregulierenden Gesetze sind in allen inertialen Bezugssystemen gleich gültig. Die Gesetze, nach denen Alltag interaktiv gestaltet wird, sind unabhängig davon, auf welches der relativ zueinander normativ devianten Bezugssysteme der Alltagsbegriff bezogen wird.

Die Aussage, „Normbasierte Interaktionsentwürfe sind immer sinnhaft, in dem sie Interaktion im Sinne des Interagierenden erfolgsorientiert koordinieren, ganz unabhängig davon, wie die Norm aussieht", ist somit z. B. eine Aussage, die einem Naturgesetz gleichkommt und somit absolut und global gültig ist. Sie verträgt sich mit allen Bezugssystemnormen und bewahrt ihre Validität beim Bezugssystemwechsel. Dies werde ich an späterer Stelle mittels Praxisbeispielen unter Beweis stellen.

Die Aussage, dass „Schlagen normal ist und zum Alltag gehört", ist demnach jedoch vom Bezugssystem abhängig und somit nur lokal gültig – sie ist aber dennoch zu anderen Normen gleichwertig. Sie ist also *kein* Gesetz im obigen Sinne. Konkrete normative Sätze, ganz gleich, ob sie noch sinnhafter oder bereits ethischer Natur sind, machen folglich immer nur bezugssystemabhängig und lediglich lokal einen Sinn.

3.2 Invarianz des Interaktionserfolges als Bewertungsgröße

Voraussetzung für das obige erste Postulat ist, wie bereits in Kapitel 2.1.3 beschrieben, eine Bewertungsgröße, die in allen Bezugssystem gleichermaßen anzutreffen ist. Ich habe bereits im Vorhergehenden ausgeführt dass diese Größe der Interaktionserfolg ist, da er in allen Bezugsystemen das zu erreichende und erreichbare Interaktionsziel darstellt. Andere Bewertungsgrößen, wie z. B. kulturelle Leistungen, kamen nicht in Frage, da diese entweder nur willkürlich invariant oder aber bezugssystemabhängig gültig und somit nicht invariant sein können.

Der Interaktionserfolg ist dahingegen eine Ziel- und Rückmeldungsgröße, die in allen Bezugssystemen gleichermaßen konstatierbar ist.

Noch einmal zur Erinnerung: das Schlagen und Unterdrücken von Menschen aber auch Friedlichkeit und deren Aufrechterhaltung können normative Interaktionsziele sein. Deshalb werden von der eigenen Norm abweichende Interaktionsarten aus der Beobachterperspektive auf die Weise als defizitär bewertet, dass in diesen Bezugssystemen ein defizitäre Sinnhaftigkeit angenommen wird: es ist erstaunlich, dass jemand mit solch sinnlosen Verhaltensweisen zufrieden ist. Das heißt, dass der normative Sinn defizitär erscheint, nicht aber die Zufriedenheit durch den gleichermaßen erreichbaren Interaktionserfolg.

Insofern wird deutlich, dass die Gleichwertigkeit der Bezugsysteme erst dann erkennbar wird, wenn man sich aus der Beobachtersicht klar macht, dass jeder lokale Normmaßstab eines jeden Bezugssystems Interaktionserfolg möglich macht und alle wirklich nomologischen Aussagen überall gleich gültig sind.

Und wenn darüber hinaus erkannt wird, dass die beobachtete Norm eine Form eines ggf. abweichenden, aber dennoch sinnhaften Alltagsinteragierens ist, dann ist die Basis geschaffen, das dortige Interagieren zu verstehen und realitätsnah, d. h. bezugssystembezogen, zu bewerten. Für diese Erkenntnis ist aber zunächst das Postulat notwendig, dass sich das Potential Interaktionserfolg zu erzielen, in verschiedenen Bezugssystemen *nicht* auf Grund der Relativnorm verändert:

Der Interaktionserfolg ist eine invariante Bewertungsgröße, die bei Bezugssystemwechseln in allen Bezugssystemen gleichwertig erreicht werden kann.

In diesem Zusammenhang möchte ich den bereits erwähnten Begriff der *Kovarianz* erklären. Gemeint ist damit das schon beschriebene Relativitätsprinzip: das erste und zweite Postulat zusammenfassend bedeutet Kovarianz, dass alle Aussagen zur Interaktionsregulation *kovariant* sind, wenn es Wechsel zwischen den Bezugssystemen derart gibt, dass die nomologischen Aussagen in allen Bezugssystemen gleichermaßen gültig sind. Diese Aussagen fußen auf dem Grundverständnis, dass alle Bezugssysteme Interaktionserfolgspotential besitzen. Erzielt eine Interaktionsform dauerhaft Erfolg, dann ist von etabliertem Alltagsinteragieren zu sprechen, die koordinierenden Entwürfe sind somit als gefestigte Norm zu bezeichnen. Insofern ist hier das Postulat der Invarianz der Bewertungsgröße „Interaktionserfolg" bereits Teil eines kovarianten Gesetzes: Alle Menschen versuchen auf der normativen Basis ihres Bezugssystems Interaktionserfolg zu erzielen (vgl. Kapitel 3.1). Ein kovariantes soziales Gesetz ist folglich immer normunabhängig.

Durch das Postulat der Invarianz des erreichbaren Interaktionsefolges unterscheidet sich meine Hypothese von Theorien, die von einem ausgezeichneten Normsystem und defizitärem Interaktionspotential bei großen Normabweichungen ausgehen. Dies sind, wie beschrieben, klassische Subgruppentheorien, Frustrations- Desintegrationstheorien aber auch metaethische Ansätze wie die bereits thematisierte Hypothese zu einer global gültigen, ausgezeichneten *objektiven* Moral von Ernst. Nochmals zur Verdeutlichung möchte ich anmerken, dass die Sinndefizite bei stark abweichenden Ineraktionsnormen in meiner Hypothese folglich nur aus einer bestimmten Perspektive „gemessene" Defizite und somit theoretisch und methodisch überwindbare Varianzen sind und keine, die sich aus der Frustration ergeben, nicht an einer naturgegebenen global gültigen Norm partizipieren zu können.

3.3   Die Verbundenheit scheinbar trennbarer Größen

Die Ergebnisse des Kapitels 2.3 zeigen, dass die rein analytische Unterscheidung zwischen bestimmten Größen nicht verschleiern darf, dass sie in der Realität auf bestimmte Arten verbunden sind und z. T. auch gewissermaßen ineinander übergehen.

Beispielsweise für den Fall der Interaktionsarten „habituell" / „kommunikativ" hat dies zur Folge, dass man nicht annehmen kann, dass alle Menschen oder ein Großteil, ausschließlich oder überwiegend kommunikativ und auf der Basis einer Perspektivenreziprozität interagieren, sondern, dass zudem auch mehr oder weniger kollektivorientiert habituell interagiert wird. Diese Annahme ist die Grundlage dafür, dass das Modell der aggregierenden Bezugssysteme oder Sinngemeinschaften überhaupt denkbar ist – ansonsten wäre jedes Individuum ein Bezugssystem für sich; was bezogen auf die einzigartige Identität eines jeden Menschen sicher zutrifft, nicht aber, wenn das Merkmal des Alltagsinteragierens und die dahinter stehenden Normen Untersuchungsgegenstand sind. Im Kontext dieser Arbeit soll es lediglich darum gehen, das Interaktionsverhalten von Menschen analysierbar zu machen, indem eine Hypothese erarbeitet wird, die auch etwas darüber aussagen soll, vor welchem kollektiven Hintergrund Menschen sich konform (nicht identisch!) verhalten. Das Wissen um die Untrennbarkeit habitueller und kommunikativer Interaktionsmuster innerhalb einer Person, ist demnach unerlässlich, um Menschen bzgl. ihres Interaktionsverhaltens in Teilpopulationen aggregieren, sie also bestimmten Bezugssystemen zuordnen zu können.

Das Wissen um den Übergang zwischen normativem Sinn und normativer Ethik ist insofern von zentraler Bedeutung, als dass nur so offenbar wird, dass es zwar keinen Sinn macht, die Normmanifestation „Moral" relativistisch zu betrachten, es jedoch unerlässlich ist, zu berücksichtigen, dass „Moral" untrennbar mit dem normativ „Sinnhaften" verbunden ist. Der Sinn von Interaktionsvorhaben ergibt sich aber aus ihrer Erfolgsorientiertheit und die Kategorie „Interaktionserfolg" ist, im Gegensatz zur Bewertung von „Leistung" oder moralisch „richtig" oder „falsch", eine adäquate und *invariante* Bewertungsgröße. Das moralisch „Richtige" kann demzufolge nicht über längere Zeit Bestand haben, wenn es nicht auch „sinnhaft" ist. Somit ist es sicherlich eine redliche und absolut notwendige Angelegenheit, das zu vertreten, was man selbst und ein großer Teil der Gesellschaft für moralisch richtig hält – ein guter Pädagoge tut dies Tag für Tag – allerdings muss man sich auch darüber bewusst sein, dass man die, die man zu überzeugen versucht, auch an dem Interaktionserfolg partizipieren lassen muss. Ansonsten ist ein solcher Überzeugungsversuch zwar gut gemeint, aber nicht „sinnhaft" im Sinne davon, dass er nicht gerade von großem Erfolgspotential beseelt sein dürfte.

Zur Beantwortung der Frage wie bewusst, wie rational Interagieren im Rahmen sozialer Bezugssysteme gesteuert wird, ist das Verstehen der Verknüpfung, des Ineinander Übergehens von „Weil" und „Um-zu" Motiven wichtig. Bezogen auf die Beantwortung dieser Frage sind sowohl Schütz, als auch Habermas zumindest missverständlich. Schütz führt aus, dass Interagieren zwar immer motiviert ist, aber er ist andererseits der Ansicht, dass Interagieren (Handeln) allenfalls routinemäßig Rational (vgl. Schütz 1972, S. 22ff.) gesteuert wird. Habermas charakterisiert Interaktion (spezieller: Kommunikation) als intentional, im Sinne einer Verständigungsrationalität, die allerdings auf das Gelingen der Verständigung selbst abzielt und nicht zweckrationaler Natur ist (vgl. Habermas 1968, S. 62f). Ferner ist er der Ansicht, dass der Regelhintergrund der Lebenswelt „nur darum das Gefühl absoluter Gewissheit vermittelt, weil man noch nicht von ihm weiß" (Habermas 1981a, S. 205). Somit haben beide Ansätze gemein, dass dem Lebensweltbegriff ein gewisser rationalitätsferner „Fraglosigkeitscharakter" zugeschrieben wird, was die Reflexion der Lebenswelt und die ihrer Interaktionsregeln angeht – insbesondere, was das gezielte, zweckgebundene Abschätzen von Ursache-Wirkungs-Zusammenhängen angeht. Dies kann, auch, wenn dies sicherlich nicht beabsichtig ist, suggerieren, dass Alltagsinteraktionen und die dahinterstehenden Normen nicht auch rational taktisch-strategisch gesteuert bzw. reflektiert würden.

Dieses Missverständnispotential rührt m E. daher, dass aus diesem analytischen Separierungskontext heraus fraglos vorausgesetzt wird, dass sich die Trennungen zwischen bewussten und unbewussten Motivlagen, zwischen habituellem und kommunikativem Interagieren und zwischen strategischem und kommunikativem Interagieren in der sozial-psychischen Realität wiederfinden ließen. Wäre dem so, dann könnte man in der Tat gut separieren zwischen bestehenden normativen Einverständnissen („Weil-Motive"), die unbewusst Interaktion steuern und der bewussten Regelumsetzung anhand entsprechender Handlungsentwürfe („Um-zu-Motive").

Wird strategisches Verhalten habituiert, weil es erfolgreich ist, gewinnt es an Fraglosigkeitscharakter. Geschieht dies kollektiv, ist eine Norm innerhalb eines Bezugssystems etabliert und wird nicht weiter hinterfragt. Außer Acht gelassen wird im Zuge einer solch einseitig gewöhnungs- und verständigungslastigen (vgl. Kapitel 2.1.2) Darstellungsweise allerdings, dass einzelnen Interagierenden auch bewusst werden kann, dass bestimmte Verhaltensweisen von Vorteil sind, weil sie immer erfolgreich waren. Insbesondere, wenn ein Interagierender bereits sehr lange Zeit einem Bezugssystem zuzuordnen ist, kann man davon ausgehen, dass ihm Ursache-Wirkungsmuster deutlich bewusster und „berechenbarer" erscheinen dürften als „Systemneulingen"[49]. Auf diese Weise

---

[49] Das „mehr oder weniger" des Rationalitätsgrades ist somit tendenziell an die Dauer der Systemteilhabe gebunden. Zur Verdeutlichung möchte ich hier folgendes Zitat anführen: „In der Jugend erscheint jede Person und jede Begebenheit einzigartig und nur einmalig. Im Alter wird man sich der Wiederkehr ähnlicher Begebenheiten stärker bewußt. Später ist man seltener entzückt und erstaunt, aber auch seltener enttäuscht als in jungen Jahren. Man fühlt in dieser Weise, dass unser Blick sich mehr geändert hat als die mannigfaltige Welt da draussen." (aus einem Brief von Albert Einstein an Königin Elisabeth von Belgien, 1954). Dieses Zitat beschreibt genau die angesprochene Abhängigkeit der Planungsfähigkeit von der Verweildauer in einem Bezugssystem. Diese Abhängigkeitsaussage ist im Übrigen als ein weiters Beispiel für ein kovariantes Gesetz zu klassifizieren, da sie für alle Bezugsysteme gültig ist.

können Interaktionsarten strategisch optimiert werden, oder es wird zumindest bewusst alles daran gesetzt, sich weiterhin konform zu verhalten, um erfolgreich zu sein. Interaktion und die bezugssystemimmanenten Normen werden somit nicht durch zwei starre Komponenten gesteuert bzw. verfestigt, die sich aus rationaler Intention und routinemäßigen Motiven ergeben, sondern vielmehr durch deren Übergang ineinander.

Die Gültigkeit von bezugssystemimmanenten Normen wird demzufolge immer auch bewusstgemacht, sozusagen dehabituiert und in der Folge strategisch umgesetzt (um dann auch wieder habituiert zu werden). Gäbe es diesen wechselseitigen Übergangscharakter nicht, würde dies bedeuten, dass ein einmal habituierter Interaktionshintergrund unveränderbar wäre. Da dies sich in der Realität aber nicht so darstellt[50], ist folglich abschließend zu konstatieren, dass nicht nur anhand der Normen rational interagiert wird, sondern auch die Hintergrundregeln des Bezugssystems rational reflektiert werden, um diese ggf. strategisch umzusetzen und zu verändern oder als „gut befunden" beizubehalten. Strategisch herbeigeführte Veränderungen am interaktiven Regelwerk müssen nicht zwingend den „Zerfall"[51] des Bezugssystems nach sich ziehen, da dies Veränderungen sein können, die Normen lediglich auf einer quantitativ höheren Ebene habituierend verfestigen.

Beispielsweise kann ein Hooligan bewusst folgende Interaktion entwerfen: ich werde noch extremere Gewalttaten begehen, um erfolgreich(er) zu sein, weil bereits „einfaches" Schlagen erfolgreich war. Dies hätte keinesfalls zur Folge, dass sich qualitativ an der Norm, dass Schlagen „gut" und „richtig" ist, etwas verändern würde. Norm- und Bezugssystemreflexion, „Dehabituierung", bedeutet also nicht automatisch das Auflösen eines Bezugssystems oder eines lebensweltlichen Zusammenhangs. Auch ist das bereits beschriebene Rückkopplungsmuster nach Klüver u. a. (2006) zu berücksichtigen, welches aussagt, dass intentionalisierte „Weil-Motive" ihre unbewusste Struktur zurückhalten können, genauso wie „Um-zu-Motive" ihre intentionale Struktur prinzipiell wieder erhal-

---

[50] Wäre dies der Fall, würden bezugssysteminterne Normen immer im Zustand der Inertialität verharren, der im Kontext dieser Arbeit, wie zuvor beschrieben, nur aus analytischen Vereinfachungszwecken vorausgesetzt wird. In Wirklichkeit entwickeln sich diese Normen aber dynamisch weiter und auch einzelne Akteure tun dies und wechseln daraufhin die Bezugssysteme.

[51] Habermas definiert ein Charakteristikum der Lebenswelt wie folgt: „Sie ist den erlebenden Subjekten fraglos gegeben, sodass sie gar nicht problematisiert werden, sondern allenfalls zusammenfallen kann" (Habermas 1981a, S. 198 ff.). Dies ist ein Ausschlusskriterium für strategisches Interagieren, das ich für die sozialen Bezugssysteme so nicht übernehmen möchte, da auch Alltagsinteragieren immer auch Problemerkennung und Lösung ist. Liegt das Problem in den interaktiven Hintergrundregeln selbst, ist dies 1. erkennbar und 2. auch lösbar, ohne dass sich das System direkt auflösen müsste (s. o.).

ten können. Eine Systemreflexion ist demnach temporärer Natur und somit reversibel.

Auf diese Weise wird nochmals deutlich, dass dichotome Trennungen, die analytisch sicherlich nötig und sinnvoll sind, zu Missverständnissen führen können, wenn sie als soziale Realität verstanden werden[52]. Es gibt bezogen auf den Reflexions- und Bewusstseinsgrad also etwas zwischen fragloser Gewissheit und dem Zerfall lebensweltlicher Bezüge durch strategische und problematisierende Systemreflexion. Soziale Alltagsinteraktion findet demzufolge zwischen diesen idealtypischen Extremen statt und somit stellen diese Extreme lediglich die diskreten „Konturen" für die Bezugssysteme dar, sie sind aber nicht das Soziale selbst, welches sich vielmehr in vielen stetigen „Schattierungen" zu erkennen gibt.

Als Fazit der Kapitel 2.3 und 3.3, bezogen auf die Typen der Interaktionssteuerung, kann konstatiert werden, dass im Zusammenhang der Kategorien der sinnhaften Interaktionssteuerung 4 Typen gegeben sind: habituelles, zweckrationales, ethisches und kommunikatives Interagieren. Die „Weil-Motive" und die „Um-zu-motive" geben den Grad der Intentionalität an. Sowohl die Interaktionstypen, als auch die dahinter stehenden Motivformen sind in oben genauer beschriebenen Art und Weise miteinander verbunden. Es ist an dieser Stelle explizit darauf hinzuweisen, dass, wie bereits Weber anmerkte[53] (vgl. Weber 1980, S. 13), Typisierungen lediglich analytischer Natur sind und nicht deckungsgleich mit der sozialen Realität sind.

Im nächsten Kapitel möchte ich die ich die vorgestellten Postulate in Form einer naturanalogen Darstellung konkretisieren.

---

[52] Auch hier gilt das quantitative Prinzip des stetigen Mehr-oder-Weniger. Ausschließlich in diskret-qualitativen Merkmalskategorien zu denken, ist eine in geisteswissenschaftlichen Kontexten oft zu findende Realitätsverkürzung.

[53] Weber beschränkte sich jedoch auf die Hervorhebung dessen, dass es in der sozialen Realität keine reinen Typen gibt, ohne jedoch ein Erklärungsmodell zu liefern, wie die „Vermischung" konkret vorstellbar sein könnte. Meine Modelle im Rahmen dieses Kapitels sollen Versuche sein, in diesem Zusammenhang Konkreteres zu liefern.

4 Analogie

Im Folgenden möchte ich die zuvor formulierten Postulate ganz explizit als eine (Natur-) Analogie darstellen. Naturwissenschaftlich interessierten Lesern wird bereits aufgefallen sein, dass sowohl die Postulate der Relativität und der Invarianz der Bewertungsgröße Interaktionserfolg, als auch die Prinzipien des Ineinanderübergehens bestimmter Größen und die Inertialität als Realitätsausschnitt, – auf einer ganz allgemeinen, prinzipiellen Ebene - analog - aus der speziellen Relativitätstheorie abgeleitet sind. Um Missverständnissen in diesem Zusammenhang vorzubeugen, möchte ich klarstellen, dass es hier nicht um wenig sinnvolle inhaltliche Homologien zwischen dem Gegenstand der theoretischen Physik und der theoretischen Soziologie gehen soll.

Die soziale Realität soll an dieser Stelle nicht physikalisiert werden, sondern es soll vielmehr darum gehen, auf einer hohen Abstraktionsebene grundlegende Konvergenzen aufzuzeigen, die auch in der Soziologie eine realitätsadäquate relativistische Betrachtungsweise, bzw. eine Herausarbeitung dessen, was invarinat ist, ermöglichen sollen. Raumzeitliche Kategorien sind in sozialwissenschaftlichen Relativierungskontexten ebenso unangebracht wie irrelevant, sondern es soll darum gehen, normativ gesteuerte Interaktionsereignisse bezugssystembezogen zu beschreiben, um so eine Bewertungsperspektive bezüglich dessen zu erhalten, wie normal, wie alltäglich diese Ereignisse sind. Es sollen also lediglich übergeordnete Prinzipien analog übernommen werden, die es ermöglichen, die soziale Realität auf eine Weise vorzustrukturieren, die überhaupt erst gültige inhaltliche Aussagen oder Erhebungen -lokal-objektiver und global-objektiver Art- zulassen. Es soll also um eine grundlegende Strukturierung von theoretisch-kategorialen Aussagen zum normativ Fremden gehen. Diese Struktur soll aufzeigen, zwischen welchen Aussagearten zu unterscheiden ist. Die zentrale Frage in diesem Zusammenhang ist: welche Aussagen kommen einem Naturgesetz gleich und welche beziehen sich lediglich auf mannigfaltig vorhandene normative Bezugsysteme?

Es hat meines Erachtens auch nichts mit „Spinnerei" zu tun, wenn nach übergeordneten Analogien zwischen inhaltlich-phänomenologisch völlig unterschiedlichen Mechanismen gesucht wird. Erdbeben und epileptische Anfälle haben beispielsweise inhaltlich auf untergeordneten Verallgemeinerungsebenen nichts miteinander gemein, jedoch weisen die Trajektorien beider Phänomene mathematische Analogien auf, sodass man, wenn man weiß, wie man das Entstehen von Erdbeben anhand deren Trajektorie prognostizieren kann, Rückschlüsse auf die Prognostizierbarkeit von epileptischen Anfällen ziehen kann. Jedenfalls ziehen die Neurologen um Ivan Osorio von der Universität in Kansas City diesen Schluss aus einem Vergleich der Gehirnaktivität während 16 000 epileptischen Anfällen mit dem Verlauf von 300 000 Erdbeben. Und auf genau einer solch hohen Verallgemeinerungsstufe sollen die hier aufgezeigten Analogien zwischen theoretischer Physik und theoretischer (phänomenologischer) Soziologie eingeordnet werden.

Zur Verdeutlichung des Prinzips der analogen Darstellung, sei hier folgendes Beispiel aufgeführt: Klüver u. a. (2006) stellen im Zusammenhang der Verallgemeinerung sozialer Einzelfälle 3 Verallgemeinerungsstufen vor, auf denen die Einzelfälle strukturell gleich sind. Die 3. Stufe ist die höchste Verallgemeinerungsstufe und nennt soziale Einzelfälle strukturell gleich,

„wenn ihre Trajektorien[54] trotz unterschiedlicher Interaktionsregeln die gleiche Dynamik aufweisen. Die Allgemeinheit dieser Fälle besteht dann in ihrer spezifischen Dynamik" (Klüver u. a. 2006, S. 350).

Insofern sind in diesem Kontext Einzelfälle verallgemeinerbar, die beispielsweise einer positiven Rückkopplungsdynamik folgen, wie dies zum Beispiel in Wohnheimgruppen der Jugendhilfe oft der Fall ist, in denen sich Aggression „aufschaukelt". Kennt man vergleichbare Dynamiken, kann man den beschriebenen Spezialfall auf dieser Ebene vergleichend darstellen. Insofern funktioniert dieses Prinzip der Verallgemeinerungsstufen auch bei verschiedenen theoretischen Ansätzen, die völlig unterschiedliche Inhalte beschreiben, aber auf einer prinzipiellen Stufe strukturell gleich sind.

Ein weiteres Beispiel für die erfolgreiche Umsetzung naturanaloger Forschungen in den Sozialwissenschaften ist die Arbeit der von Klüver geleiteten Forschungsgruppe COBASC (Computerbased Analysis of Social Complexity). Die Mitglieder dieser Forschungsgruppe modellieren komplexe Prozesse, also auch Dynamiken sozialer Natur, mittels Computersimulationsverfahren, welche naturanalog konzipiert sind (vgl. Stoica-Klüver u. a. 2009). Naturanalog heißt hier, dass z. B. Optimierungsprozesse anhand evolutionärer Algorithmen errechnet werden. Auf diese Weise können beispielsweise pädagogisch wünschenswerte Zusammensetzungen von Schulklassen oder sonstigen sozialen Gruppen am Vorbild biologischer Optimierungsprinzipien erzeugt werden.

---

[54] „Eine Trajektorie ist dann gewissermaßen der Weg des jeweiligen Systems durch den Zustandsraum, der in den Naturwissenschaften zuweilen auch als Phasenraum bezeichnet wird. Gemeint ist damit ein abstrakter Raum, der durch bestimmte Zustandsvariable oder Zustandsparameter „aufgespannt" wird" (Klüver u. a. 2006, S. 86 – 87). Man könnte also auch von einer Verlaufsbahnkurve sprechen.

Auf einer solch hohen Verallgemeinerungsstufe sind die Prinzipien der speziellen Relativitätstheorie sicherlich auf den Versuch dieser Arbeit übertragbar,
die soziale Realität so vorzustrukturieren, dass im Rahmen von Erhebungen und
theoretischen Aussagen lokale Objektivitäten berücksichtigt und globale Gesetzmäßigkeiten formulierbar werden.

Die Analogie, die ich in der vorliegenden Arbeit heranziehe, beschreibt jedoch bzw. modelliert, im Gegensatz zu dem Erdbeben / Epilepsie - Beispiel und
den Arbeiten der Gruppe COBASC, nicht Prozessverläufe naturanalog, sondern
vielmehr Prinzipien methodisch-vorstrukturierender, also kategorial „einrah-
mender" Natur. Meiner Ansicht nach spricht nichts dagegen, kategoriale Strukturen ebenso naturanalog darzustellen, wie es im Rahmen der Modellierung von
Dynamiken bereits erfolgreich praktiziert wird. Ich denke sogar, dass es zwingend nötig ist, das Herleiten sozialer Kategorien theoretisch zu präzisieren.
Streng genommen sind Prozesse, insbesondere soziale, nämlich auch nur dann
realitätsadäquat zu modellieren, wenn der Prozessverlauf auf der Basis einer
angemessenen kategorialen Vorstukturierung sozusagen „startet". Und gerade
wenn man Struktur als Spezialfall von Prozess definiert, liegt der Schluss nahe,
diesen Sonderfall mit ähnlichen Analogieprinzipien, wie bei den vorgestellten
Naturanalogien, beschreiben zu können. Letztlich müssen die Ergebnisse der
Prozessanalysen nämlich immer auch empirisch validierbar, messbar sein, und
meine Invarianzhypothese soll ein Instrument sein, mit dem diese Analysen auf
einen validen statisch-kategorisierenden Kontext bezogen werden können. Was
im Rahmen von Prozessmodellierungen passieren kann, wenn dieser Kontextbe-
zug nicht theoretisch und empirisch hergeleitet wird, sondern fraglos vorausgesetzt wird, beschreibe ich in Kapitel 6.

Um die Analogie nachvollziehen zu können werde ich im Folgenden die
historische Entwicklung der Speziellen Relativitätstheorie und deren Grundprinzipien rudimentär darstellen und die Prinzipien auf die zuvor im Rahmen der
sozialen Bezugssysteme aufgestellten Postulate analog beziehen.

4.1 Die spezielle Relativitätstheorie: Entwicklung und Grundprinzipien

Angaben von Wegen, Geschwindigkeiten und Beschleunigungen haben nur
Sinn, wenn man das Bezugssystem kennt. Bei einem Wechsel des Bezugssystems sind die kinematischen Größen umzurechnen – zu transformieren. Transformationen beschreiben demnach Bewegungen in unterschiedlichen Bezugssystemen, sie beschreiben also eine Bewegung im Fall des Wechsels von System S
in S'. Befinden sich die Systeme relativ zueinander in Ruhe, dann bleiben Stre-
cken, Geschwindigkeiten, und Beschleunigungen unverändert.

Anders, wenn sich die Systeme zueinander gradlinig und gleichförmig bewegen, also zwischen beiden eine konstante Geschwindigkeit besteht. Solche
Systeme heißen Inertialsysteme.

In der klassischen Mechanik beschreibt die sog. Galilei-Transformation eine
Bewegung in zwei Inertialsystemen, zwischen denen nur geringe Geschwindig-
keitsunterschiede bestehen. Zu beachten bei der Galilei-Transformation ist, dass
beim Übergang von S in S' folgende Größen invariant sind: Längen, Zeiten und
Beschleunigungen.

In der zweiten Hälfte des 19. Jahrhunderts standen Physiker vor dem Problem der Diskrepanz, dass die Gesetze der klassischen Mechanik invariant gegenüber Galileo-Transformationen sind, die der Maxwellschen Elektrodynamik
jedoch nicht; umgekehrt sind letztgenannte invariant gegenüber Lorentz-
Transformationen, die in der damals noch unbekannten relativistischen Mechanik Bewegungen bei einem Übergang zweier Systeme mit einer hohen Relativgeschwindigkeit beschreibt. Diese Diskrepanz wird durch die spezielle Relativitätstheorie aufgelöst, indem sie die in der Newtonschen Mechanik benutzten
„klassischen" Begriffe von Raum und Zeit korrigiert (vgl. Rebhan 2001, S. 743).

Zu der Zeit der noch vorhandenen genannten Diskrepanz waren Physiker
der Ansicht, dass es so etwas wie einen durch seine Gleichmäßigkeit ausgezeichnetes Trägermilieu für alle anderen Körper geben müsse; den sog. „Äther".
Maxwell schrieb in einem Artikel mit dem Titel „Äther":

> „Es kann keinen Zweifel daran geben, dass die interplanetaren und interstellaren
> Räume nicht leer sind. Vielmehr müssen sie von einer materiellen Substanz oder ei-
> nem Körper ausgefüllt sein, der sicher der größte und wahrscheinlich der gleichmä-
> ßigste aller Körper ist, den wir kennen" (Maxwell 1861)

Die beschriebene Diskrepanz zwischen klassischer Mechanik und Elektrodynamik hatte ihren tieferen Grund demnach darin, dass in der Elektrodynamik ein
ruhender Äther angenommen wurde, in der klassischen Mechanik jedoch
gleichwertige Inertialsysteme. Dort werden mittels der Galilei-Transformation
jedoch lediglich Bewegungen beim Übergang zweier Systeme mit kleiner Relativgeschwindigkeit beschrieben.

Durch die Korrektur der klassischen Mechanik durch Einstein ergab sich
später, dass man auch im Kontext der Mechanik mittels der Lorentz-
Transformation Bewegungen in zwei Inertialsystemen, zwischen denen eine
hohe Relativgeschwindigkeit zu konstatieren ist, beschreiben kann. Das heißt,
dass die Gesetze der Mechanik somit auch für den Fall gelten, wenn Systeme
sich mit hoher Geschwindigkeit gegeneinander bewegen. Die Newtonsche Mechanik wurde demnach insoweit relativistisch abgeändert, als dass sie invariant
gegenüber Lorentz-Transformationen wurde. Hier ergibt sich dann das Phäno-

men, dass Längen und Zeiten bei Transformationen nicht invariant sind. Beim Übergang zweier Systeme mit hoher Relativdevianz ist beispielsweise eine Längenkontraktion zu messen, was bedeutet, dass sich alle Längenabmessungen des Systems S' verkürzen, wenn aus dem System S das System S' betrachtet wird. Entscheidend dabei ist: Würde man S' als Beobachtersystem auswählen so würden von dort aus ebenfalls alle Abmessungen von Wegen in S verkürzt erscheinen. Für Zeitmessungen ist das Phänomen der Zeitdilatation beschreibbar, alle Zeitmessungen eines anderen Systems erscheinen im jeweils anderen System gedehnt, die Zeit vergeht aus dieser Perspektive demnach langsamer.

Diese Gleichwertigkeit der Systeme, auch im Fall hoher Relativgeschwindigkeiten war, bevor Einstein die spezielle Relativitätstheorie aufstellte, noch nicht erkannt worden, was dazu führte, dass man die beschriebenen Varianzen, auf den Einfluss des Äthers zurückführte. Man glaubte an eine absolute Zeit und absolute Längen, die den Maßstab für alle anderen lokalen Systeme darstellen sollten. Als verändernder Faktor wurde ein sog. Ätherwind vermutet, der die Anziehungskräfte zwischen Molekülen verändert und die Maßstäbe deformiert, den Gang der Uhren verändert (vgl. Ehrenfest 1913).

Einstein schlug jedoch einen anderen Weg zur Lösung des Problems ein, dass es zu der Zeit keine gemeinsam gültige Transformation für die Newtonsche Mechanik und die Maxwellsche Elektrodynamik gab:

„Wenn die Gesetze des Elektromagnetismus wegen ihrer hervorragenden experimentellen Bestätigung als richtig aufgefasst werden müssen, und wenn andererseits die Naturgesetze in allen Inertialsystemen in gleicher Weise gelten sollen, musste zwangsläufig die Newtonsche Mechanik korrekturbedürftig sein" (Rebhan 2001, S. 751).

Einsteins Leistung bestand demzufolge darin, dass er 1. die Richtigkeit der Maxwell-Theorie nicht anzweifelte und 2., dass er das damals etablierte Äthermodell nicht akzeptierte. Einstein leite in der Folge aus den beiden folgenden grundlegenden Postulaten die spezielle Relativitätstheorie ab:

„Relativitätspostulat: Alle Naturgesetze nehmen in allen Inertialsystemen   dieselbe Form an (Rebhan 2001, S. 751).

„Postulat der Konstanz der Lichtgeschwindigkeit: Die Vakuumlichtge- schwindigkeit hat in allen Inertialsystemen stets denselben Wert" (Rebhan 2001, S: 751).

In der klassischen Mechanik unterscheidet sich aber - im Gegensatz zur Elektrodynamik - die Ausbreitungsgeschwindigkeit von Licht in verschiedenen Inertialsystemen, und zwar um deren Relativgeschwindigkeit. Folglich ist nur die Elektrodynamik mit beiden Postulaten verträglich und die klassische Mechanik musste aufgegeben werden.

So entstand eine relativistische Mechanik auf der Grundlage des Verständnisses, dass alle Inertialsysteme auch bei hohen Relativgeschwindigkeiten gleichwertig bleiben – die Gesetze der Mechanik wurden auf diese Weise invariant gegenüber Lorentz-Transformationen[55]. Es ist somit, wie bereits beschrieben, auch bei hohen Geschwindigkeiten reine Konvention, welches System S und welches System S' sein soll, also welches als ruhendes Beobachtersystem und welches als dagegen bewegtes, beobachtetes System betrachtet wird. Die Lorentz-Transformationen erhielten auf diese Weise in der Relativitätstheorie einen rein operativen Charakter und verloren, durch die Aufgabe des Äthermodells, ihre System bewertende Komponente. Mittels dieser relativistischen Abänderung der klassischen Mechanik war es möglich die Mechanik und die Elektrodynamik zu einer kovarianten Theorie zusammenzufassen, da sie nun beide invariant gegenüber der Lorentz-Transformation waren.

Die gemessenen Varianzen bei hohen Relativgeschwindigkeiten wie die Kontraktion der Längen und die Verlangsamung der Zeit in bewegten Systemen, waren fortan nicht mehr mit dem Einfluss einer absoluten Bewegung des Äthers erklärbar, sondern ergaben sich schlicht aus den Methoden der Messung an sich. Alle Varianzen sind demzufolge *gemessene* Veränderungen, die in gegenseitiger Weise Veränderungen aufweisen, sodass die Beobachter in den verschiedenen Systemen zu widerspruchsfreien Ergebnissen kommen, wenn sie ihre Messergebnisse miteinander vergleichen. Die Idee des Äthers als absoluter Maßstab aller Dinge wurde somit aufgegeben[56].

4.2 Die Situation der Sozialwissenschaften analog zur theoretischen Physik

Im Folgenden soll die momentane Situation in den phänomenologisch orientierten Sozialwissenschaften, was die Entwicklung der Aussagen zur Vorstrukturierung der sozialen Realität angeht, analog zu der Anfangssituation der oben beschriebenen Entwicklung in der theoretischen Physik beschrieben werden.

Gegenwärtig ist in diesem Zusammenhang zu konstatieren, dass zumindest die pädagogikrelevanten Bereiche der Sozialwissenschaften sich zwangsweise mit normativ „abweichendem" Verhalten beschäftigen müssen. Die entsprechen-

---

[55] Die relativistische Abänderung der Mechanik und die daraus resultierenden Gesetze enthalten die Gesetze der Klassischen Mechanik als Spezialfall, also für den Fall kleiner Relativgeschwindigkeiten.

[56] Die Notwendigkeit der Aufgabe des Äthermodells wurde experimentell durch die Ergebnisse des bekannten Michelson - Morley Experiments untermauert.

den Analyseansätze sind Frustrations-, Desintegrationstheorien, Subgruppentheorien und Theorien, die Devianz aus politischen Überzeugungen ableiten. Mit berücksichtigt werden müssen aber auch methodische Ansätze, die im Kontext der Kategorienbildung einen fundierten theoretischen Rahmen haben. Insbesondere sind hier subgruppentheoretisch orientierte Milieuanalysen zu nennen, die gegenstandsnah empirische Ergebnisse erzeugen sollen. Da dieses methodische Vorgehen zum einen theoretisch reflektiert eingerahmt ist und zum anderen bei der Interpretation der empirisch erhobenen Daten soziale Interaktion bewertet wird, ist es in diesem Zusammenhang auch als Analyseansatz zu betrachten.

Die genannten Ansätze haben alle gemeinsam, dass sie bei Übergängen mitstarker „Devianz" entweder von einem ausgezeichneten Bezugssystem ausgehen, oder aber ausschließlich gleichwertige Bezugssysteme beschreiben, zwischen denen nur eine geringe (Relativ-) Devianz zu konstatieren ist.

Insofern ergibt sich in den phänomenologischen Sozialwissenschaften, wenn man im Modell der Bezugsysteme verbleibt, ein ähnliches Problem, wie in der theoretischen Physik des späten 19. Jahrhunderts, im Zusammenhang des Widerspruchs zwischen klassischer Mechanik und Elektrodynamik:

Es sind zwei grundsätzlich verschiedene Bewertungsperspektiven bei der Beobachtung „fremder" Bezugsysteme und deren Sinnhaftigkeit zu konstatieren, die sich widersprechen, bzw. disharmonieren.

Hierzu folgende Beispiele aus der Gewaltforschung, die besonders anschaulich sind, da Gewaltinteraktionen wohl mit die deutlichste Abweichung von zivilisatorischen Normen darstellt:

Protest (auch gewalttätiger) als Ausfluss politischer Überzeugung oder aus Gründen von Desintegrationserfahrungen (vgl. Heitmeyer 1992 u. Beck 1986) ist, was die Sinnhaftigkeit des Interaktionsentwurfes angeht, nur gering oder gar nicht deviant zu bildungsbürgerlichen Beobachterbezugssystemen. In entsprechenden Erklärungsmodellen, in denen Gewaltverhalten unreflektiert für alle Gewalttäter in einer Protesthaltung begründet wird, wird den deviant Interagierenden demnach ein Sinnzusammenhang „übergestülpt", der für die Beobachterperspektive durchaus gültig ist, jedoch nicht immer für die Interagierenden: er/sie schlägt ja nur, weil er protestieren will gegen die Missstände in einem System. Insofern werden hier rein lokal normative Aussagen zu allgemeingültigen Gesetzen erhoben, in dem in dieser Interpretation eine überall gleiche normative Sinnhaftigkeit angenommen wird. Dies ist aber nicht der Fall, weil es viele Bezugssysteme mit lokal gültigen Sinnhaftigkeiten gibt. Desintegrations- und Protesttheorien sind somit nicht falsch, sondern sie sind als Sonderfälle innerhalb einer allgemeineren Betrachtungsperspektive zu sehen und sind folglich nicht generell gültig.

Aus der Sicht des Beobachtersystems „Sozialforscher" sind Bezugssysteme, wie z. B. Abiturienten oder jungen Studenten[57], solche Spezialfälle – sie wollen am Beobachtersystem teilhaben und wollen systemimmanent verändern. Hier ergibt sich aber die Situation, dass die normative Devianz nur gering ist und die Transformation zwischen beiden Bezugssystemen mit „klassischen" beobachternahen, also zumeist bildungsbürgernahen Erklärungsmodellen invariant funktioniert.

Erklärungsansätze, die von ungerichteten, wenig intentionalen Gewaltmotiven ausgehen, wie Frustrations-Aggressionstheorien (vgl. Dollard u. Dammschneider 1973), aber auch milieuanalytische Ansätze (vgl. Bohnsack 1993 u. Bohnsack u. a. 1995) beschreiben hingegen Übergänge zwischen stark devianten Systemen, die aber nicht das Prinzip der Gleichwertigkeit der Bezugsysteme wahren. Hier besteht das Problem folglich darin, dass zwar lokale Sinnzusammenhänge, die teilweise erheblich voneinander abweichen (insbesondere von der wissenschaftlichen Beobachterperspektive), erkannt werden, diese aber nicht als gleichwertig beschrieben werden, was den intentional-erfolgsorientierten Charakter der Interaktionsmotivation angeht. Gewalt wird hier nicht als mehr oder weniger intentional eingesetztes Mittel zur Erlangung von Interaktionserfolg bewertet, sondern vielmehr als Folge defizitärer Sozialisationskontexte.

Gegenüber Transformationen, die Interaktionen in gleichwertigen Bezugssystemen mit niedriger Devianz beschreiben, sind die zuletzt genannten theoretischen Ansätze folglich nicht invariant, weil hier Interaktionen beim Übergang zwischen Systemen mit hoher Devianz beschrieben werden, wobei von einem ausgezeichneten System, einem „Sinnäther" ausgegangen wird, zu dem sich alle anderen Systeme „niederrangig" verhalten.

Große normative Abweichungen im Verhalten von Menschen sind im Alltag allenthalben festzustellen, sowohl für professionelle Beobachter und Analytiker, aber auch im Rahmen von ganz persönlichen Bewertungen fremder Interaktion. Pädagogen und Sozialarbeiter müssen auf der Basis dieser Erkenntnis tagtäglich ihren beruflichen Alltag gestalten. Deshalb können sich theoretische Aussagen der Sozialwissenschaften und methodische Verfahren nicht ausschließlich auf gleichwertige, kaum voneinander abweichende Systeme beziehen. Subgruppentheorien, Milieuanalysen und etablierte Typisierungsverfahren belegen dies und verweisen zudem darauf, dass diese Abweichungen durchaus aggregier-

---

[57] Ich gehe hier von dem Fall aus, dass Sozialwissenschaftler Beobachter sind und tendenziell bildungsbürgerlich sozialisiert wurden. Daraus ergibt sich dann auch die „Nähe" zum beobachteten Bezugssystem „Abiturient" oder „Student".

bar sind, also auf Bezugssysteme bezogen werden können und nicht nur als temporäre Einzelphänomene zu sehen sind.

Das Problem in der Folge ist jedoch, wie in der theoretischen Physik vor der Korrektur der newtonschen Mechanik, dass, wie beschrieben, versucht wird, die Phänomene mit hoher normativer Devianz mit Theorien, die sich ausschließlich auf ein bevorzugtes System der Konformität beziehen, zu erklären. Daraus entsteht, ähnlich wie damals in der theoretischen Physik die Situation, dass versucht wird, die Vorstellung eines ausgezeichneten Äthersystems, eines normativen Trägersystems aufrecht zu erhalten und die Abweichungen aus absolut-globalen Einflüssen zu erklären.

Subgruppentheorien, Milieuanalysen und Frustrations-Aggressionstheorien sind nämlich prinzipiell nichts anderes, als der damalige Versuch in der Physik, die Varianzen von Längen und Zeiten bei hohen Geschwindigkeiten auf den Einfluss des Äthers zurückzuführen; übertragen bedeutet dies, dass alle stark abweichenden Interaktionen, alle Sinndefizite, mit dem nicht Partizipieren können an einem bevorzugten Normsystem, einem absoluten „Wunschsystem" zu begründen wären. Alle derartigen theoretischen Konstrukte gehen somit von scheinbar ausgezeichneten Sinnzusammenhängen und davon defizitär abweichenden Kontexten aus. Aus diesem Verständnis heraus ergeben sich inhaltliche Erklärungsmodelle wie: Er/Sie schlägt ja nur, *weil* er an bevorzugten gesellschaftlichen Sinnkollektiven nicht teilhaben kann und folglich an einem absolut defizitären Kontext partizipiert, oder: Er/Sie ist frustriert und die Frustration kanalisiert sich irrational und wenig intentional gesteuert in Gewaltverhalten.

Insofern gehen die genannten Theorien von einem exklusiv Interaktionserfolg ermöglichenden sozialen Äthersystem aus und das schon genannte Problem der Leitdifferenz im Kontext der theoretischen „Einrahmung" empirischer Forschungsvorhaben bleibt somit prinzipiell bestehen. Im Kontext dieser Erklärungsmodelle ist die Leitdifferenz jedoch anders zu bewerten, als im Zusammenhang mit beobachternahen Protestmodellen, da Milieuanalysen die Leitdifferenz methodisch reflektiert einsetzen und nicht fraglos voraussetzen. Hier wird nämlich die hohe Devianz bereits berücksichtigt und nicht beobachternah erklärt. Deshalb arbeiten theoretische Modelle, die Gewalt generell als Protestform beschreiben, wie die von Heitmeyer, mit einer fraglos unreflektierten Leitdifferenz und Bohnsack hingegen mit einer methodisch reflektierten Leitdifferenz. Das bedeutet, dass die unreflektierte Leitdifferenz, wie ich diese Form der Fehlkategorisierung nennen möchte, die normativen Selbstverständlichkeiten des Forschers unreflektiert als „globale Objektivität" voraussetzt.

Protesterklärungsmodelle und somit auch die unreflektierte Leitdifferenz entsprächen somit analog dem Versuch, Systemübergänge mit hoher Relativgeschwindigkeit gar nicht als solche zu klassifizieren, sondern einfach den Spezialfall der Gültigkeit der Gesetze der klassischen Mechanik als allgemeingültig zu erheben. Im Rahmen dieser Lesart wird z. B. Gewalt als Mittel der beobachternahen (reflektiert protestierende) Auseinandersetzung mit Normen interpretiert. Die starke normative Abweichung, die vielen Spielarten der Gewalt zugrunde liegen kann, wird so, wie bereits erwähnt, völlig ignoriert.

Die methodisch reflektierte Leitdifferenz entspricht analog dem Äthermodell, da hier die starke normative Abweichung erkannt wird, aber von einem ausgezeichneten Trägermilieu ausgegangen wird (vgl. Kapitel 4.3). Hier wird die normative Abweichung als lokale Objektivität erkannt, nicht jedoch die Gleichwertigkeit der lokalen Bezugssysteme, was die Intentionalität der Interaktionssteuerung angeht. Die beobachteten Systeme werden immer als weniger rational, weniger intentional gesteuert wahrgenommen (vgl. Kapitel 5).

Ich halte diese vorstrukturierenden theoretischen Ansätze und die entsprechenden Forschungsergebnisse auf der Basis einer Leitdifferenz, ganz gleich welchen Typs, für den Fall großer Devianz für schlicht ungültig, da sie entweder die hohe Devianz verkennen und somit fraglos Gültigkeit für alle inertialen Bezugsysteme beanspruchen oder aber von der Idee eines bevorzugten Normmaßstabes ausgehen.

Die Unzulänglichkeit dieser Erklärungsmodelle in normativ stark abweichenden Handlungsfeldern der Pädagogik wird zum einen durch die langjährigen Beobachtungen meiner Arbeitskollegen und mir bestätigt. Es reicht allem Anschein nicht, Menschen schlicht ein Partizipieren an pädagogisch wünschenswerten Bezugssystemen anzubieten oder in Aussicht zu stellen. Wären diese Menschen schlicht Frustriert und darauf aus, am pädagogisch Wünschenswerten teilzuhaben, dann würden sie diese Angebote umgehend dankbar annehmen – sie tun dies aber nicht! Sie wollen ihr Verhalten gar nicht ändern und sie wollen auch nicht die gewünschten Normen annehmen; und deshalb ist pädagogisches Handeln bzw. soziale Arbeit in Handlungsfeldern mit hoher Devianz der Interagierenden auch so ein ungemein schwieriges Geschäft. Man ist hier nicht gut beraten, wenn man dem bildungsbürgerlichen Trugschluss Glauben schenkt, dass die Menschen, mit denen man in diesen Handlungsfeldern Tag ein Tag aus zu tun hat, nur sehnsüchtig darauf warten würden, an den angebotenen Normen teilhaben zu dürfen[58].

---

[58] In der stationären Jugendhilfe trifft man häufig auf junge Menschen, die mit so etwas wie (scheinbar) allgemein gewünschten Lebensplaneckpfeilern nichts anzufangen wissen. Diese jungen Menschen denken beispielsweise nicht im Entferntesten daran, irgendwann einer beruflichen Tätigkeit nachzugehen. Ganz gleich welche Brücken man zu bauen versucht und welche Angebote man macht, die Antwort ist nur allzu oft: „Ich geh doch nich arbeiten, Herr Herrmann, es gibt doch Hartz 4, in meiner Familie hat noch nie jemand gearbeitet und wir sind alle immer gut zurechtgekommen. Ich häng lieber mit den anderen ab, mach nen paar Geschäfte nebenbei und am Wochenende is sowieso immer geil Randale im Station angesacht – davon muss man sich auch ers mal nen paar Tage erho-

Zum anderen beschreiben Forscher wie Bohnsack bereits das Problem der unreflektierten Leitdifferenz mit ihrer verfälschenden Wirkung (vgl. Bohnsack u. a. 1995, S. 8). Somit sind milieuanalytische (vgl. Bohnsack 1993) Forschungsansätze und ihre Methoden, wie z. B. teilnehmende Beobachtungsverfahren bereits Versuche Sinnzusammenhänge und Normmaßstäbe bezugssystemabhängig zu erfassen und nicht aus einer die eigenen Normen verallgemeinernden Beobachterperspektive. Allerdings wird auch hier noch an der „Ätheridee" festgehalten, indem immer noch ein ausgezeichnetes System vorausgesetzt wird; alle davon abweichenden Normbezüge sind lokale Normmaßstäbe, die zwar Interaktionserfolg ermöglichen, aber zu diesem bevorzugten System deviant sind und deren Sinnhaftigkeit defizitär erscheint, weil diese Normen nicht von der gleichen Art, wie die in dem scheinbar ausgezeichneten Normsystem sind. Dies wird bei Bohnsack im Zusammenhang seiner Bewertung rituell-habituellen Handelns von Jugendgruppen deutlich:

> „Die gemeinsam entfaltete Handlungspraxis vollzieht sich auf dem Wege des situativen Aktionismus, des Sich-Einlassens auf und Verstrickens in gemeinsame Aktionismen: vom gemeinsamen Musikmachen bis hin zu gemeinsam inszenierten Randale- und Gewaltaktivitäten. Sie folgen prinzipiell nicht dem Modell intentional und zweckrational geplanten Handelns und bergen somit in vielfältiger Hinsicht Abweichungs- und kriminalitätspotentiale" (Bohnsack u. a. 1995, S. 12).

Im Rahmen dieser Lesart wird fraglos angenommen, dass nicht kommunikatives, nicht perspektivenreziprokes und aktionistisch-rituell gesteuertes Interagieren per se nicht intentional, nicht zweckrational sei. Dies ist aber keineswegs der Fall. Bereits bei Schütz, der ein weitaus weniger kommunikationszentriertes Modell von Lebenswelt als Habermas konzipierte, wird deutlich, dass habituell-egologisches Interagieren immer auch intentional ist. Es mag durchaus ein vergleichsweise deterministischer Entwicklungsverlauf vorliegen, wenn man z. B. die Genese von Gewaltbereitschaft betrachtet; ist diese Norm jedoch einmal als Maßstab „Schlagen ist normal" etabliert, dann wird innerhalb dieses Sinnzusammenhangs genau so intentional und geplant interagiert, wie in allen anderen Bezugssystemen auch.

Insofern ist auch in den milieuanalytischen Ansätzen eine defizitäre „Sinnverzerrung", eine Leitdifferenz erkennbar, die aber, wie bereits angemerkt, reflektierter eingesetzt wird, ohne sich freilich selbst als kategorial problematisch zu „enttarnen". Das Problem bei milieuanalytischen Vorstrukturierungen wie bei Bohnsack ist demnach, dass mit ihrer Hilfe zwar von unterschiedlichen lokalen

---

len. Wenn sie mir also helfen wollen, könn sie ja mir beim Hartz 4 – Antrag helfen" (so ein jugendlicher Heimbewohner im Kontext der Zielformulierung im Rahmen eines Hilfeplangespräches).

Normsystemen ausgegangen wird, die Sinnhaftigkeit der entsprechenden „abweichenden" Normen aber (defizitär) an einem absoluten Normaßstab gemessen wird. Daraus resultiert, dass alle Interaktionen in beobachteten Bezugssystemen nur in der „therapeutischen" Rückschau einen Sinn ergeben, da es dort ausschließlich „Weil-Motive" zu geben scheint und somit von einer Abstinenz von rational geplanten „Um-zu-Motiven" ausgegangen wird. Dies ist aber, wie erwähnt, keinesfalls in der Form haltbar.

Was zu konstatieren ist, dass in eher habituell geprägten Bezugssystemen tendenziell weniger über die Interaktionsplangenese, also über die „Weil-Motive" reflektiert wird, als in eher kommunikativ geprägten. Dies ist aber nicht mit einer weniger rationalen Planung gleichzusetzen.

Lässt man die Idee des ausgezeichneten Trägermilieus also wirklich konsequent fallen, dann ist somit die Erklärung für die Sinndefizite denkbar einfach: Die Abweichungen sind nicht anhand der Auswirkungen eines ausgezeichneten moralischen Normmaßstabes zu erklären, sondern, wie bereits postuliert, vielmehr auf der Basis vieler verschiedener normativer Bezugssysteme, die nicht voreinander ausgezeichnet sind, und auf der Grundlage, dass der Sinnzusammenhang des Systems S' aus einem System S „gemessen" wird.

Auf diese Weise wird klar, dass eine relativistische Sicht auf die Normsysteme der sozialen Realität – insbesondere was die Gleichwertigkeit dieser Systeme angeht - es überhaupt erst möglich macht, Fälle großer Devianz realitätsadäquat darzustellen. Derzeit befinden sich die Sozialwissenschaften, im Kontext des Widerspruchs zwischen den beobachternahen Sinnerklärungen und den milieuanalytischen Ansätzen, analog zur theoretischen Physik auf der Stufe, als dort die Äthertheorie bereits „Risse" bekam aber immer noch aufrechterhalten wurde. So nahm der holländische Physiker Lorentz an, dass es in bewegten Systemen „lokale" Zeiten geben müsse. Die absolute Zeit war hingegen jene Zeit, die im absolut ruhenden Äther galt und die lokalen Zeiten waren lediglich jene, die in Systemen galten, die sich relativ zum Äther bewegten. Milieuanalytische Ansätze sind folglich prinzipiell nichts anders, als das Kategorisieren des Sozialen in ein Ausgezeichnetes Trägersystem mit darin von diesem System defizitär abweichenden normativen „Lokalitäten".

Das Wissen um die Notwendigkeit eines norm- bzw. sinnkategorisierenden Theorems[59] ist, wie milieuanalytische Ansätze und deren Methodeninstrumente zeigen, auch in den Sozialwissenschaften bereits etabliert. So sind große Unter-

---

[59] Ein meines Erachtens nicht gangbarer Weg stellen rein empirisch angelegte, also theoretisch nicht eingerahmte Forschungen dar, wie sie bisweilen im Kontext der qualitativen Sozialforschung gefordert werden, um so objektivistischen „Vorstrukturieungsfallen" zu entgehen. Glücklicherweise werden diese Postulate zumeist nicht in der geforderten Strenge umgesetzt; glücklicherweise deshalb, weil die so erzeugten Daten so gut wie nicht zu interpretieren sind.

schiede zwischen normativen Modellen kaum zu leugnen und finden immer wieder empirische Bestätigung, insbesondere dort, wo Menschen mit besonders verschiedenen Interaktionsarten aufeinander treffen; so wie beispielsweise in sozialpädagogischen Handlungsfeldern. Diese Beobachtungen verweisen somit unweigerlich auf die operative Gegenstandsadäquatheit von Übergängen mit hoher Devianz und die damit verbundene Sichtweise, Gewalt als Ausfluss verschiedener normativer Modelle zu beschreiben.

Insofern erscheint es sinnvoll, den operativen Übergangscharakter der Analyseansätze beizubehalten, die von vielen normativ teilweise stark abweichenden Modellen ausgehen, und diesen in das Prinzip der Gleichwertigkeit der beobachternahen „klassischen" Erklärungsansätze zu integrieren. Alle Erklärungsansätze zu deviantem Verhalten, die nur Übergänge mit geringer Devianz beschreiben, werden so, in Abhängigkeit eines Bezugssystems, zu Spezialfällen innerhalb dieser verallgemeinernden Kategorisierungsaussage.

Als Folge der Relativierung von normativen Sinnzusammenhängen und der Berücksichtigung von Übergängen bei stark voneinander abweichenden Systemnormen, sind die anfangs aufgeführten Bewertungswidersprüche aufhebbar. Allerdings ist man momentan, wie bereits erwähnt, noch weit davon entfernt, ein solches „harmonisierendes" Theorem klar zu formulieren.

Diese Arbeit ist ein Versuch dieses Problem mit Hilfe der Analogie zur speziellen Relativitätstheorie der theoretischen Physik anzugehen. Dieser Ansatz ist, so aberwitzig er auf den ersten Blick aussehen mag, nichts weiter als die Umsetzung einer bewährten Lösungsstrategie, die versucht bei vorhandenen Problemen nach ähnlichen bereits gelösten Problemen zu suchen und die prinzipiellen Lösungsmuster zu übertragen – ob die konkreten Probleminhalte ähnlich sind oder sich deutlich unterscheiden ist hier, um dies nochmals zu unterstreichen, völlig irrelevant.

Im Folgenden werde ich die sowohl für die Begrifflichkeiten der speziellen Relativitätstheorie, als auch für deren Prinzipien sozialwissenschaftliche Analogien aufführen, um zuvor Geschildertes zu konkretisieren und zu strukturieren.

4.3 Die zentralen Begriffe der SRT und ihre analogen Entsprechungen

Im Rahmen dieses Kapitels werden zentrale Begriffe der speziellen Relativitätstheorie und die analog entsprechenden Begriffe im Kontext sozialer Alltagsnormen und sozialen Alltagsinteragieren vorgestellt.

Zunächst möchte ich jedoch auf die beiden Begriffe Äther und Ätherwind zurückkommen, für die es durch die Einführung der speziellen Relativitätstheorie keinen Wirklichkeitsbezug mehr gibt.

Äther: Wie bereits erwähnt, sollte der Äther eine gleichmäßige, stationäre materielle Substanz sein, die im Planetensystem ruht oder sich gleichförmig gegen dieses bewegt und sich durch diese absolute Ruhe bzw. absolute Gleichförmigkeit vor allen anderen auszeichnen sollte. Die inhaltlich-begriffliche Entsprechung in den Sozialwissenschaften lautet wie folgt:

Gesamtgesellschaft, Gesamt- oder Hauptkultur, soziales Trägermilieu, Objektive Moral: Dies alles sind Begriffe, die in etwas dem damaligen Ätherbegriff entsprechen, da auch sie Systeme beschreiben, die vor allen anderen (Subsystemen) ausgezeichnet sind. Hier wird eine Vorstellung von einem normativen Konformitätssystem offenkundig, alles was davon abweicht ist normativ deviant. In diesem Zusammenhang ist zumeist die schiere Anzahl der an der Norm Partizipierenden auschlaggebend für die Bevorzugung des Systems. Die schlichte „Masse" von Bezugssystemen kann aber kein Argument für die normativ exponierte Stellung sein. Dies hieße, dass in allen anzahlmäßig kleineren „Subsystemen" tatsächliche Sinndefizite und weniger Interaktionserfolg konstatierbar sein müssten – dies ist aber, wie schon beschrieben, nicht der Fall! Die entsprechenden „ätheranalogen" Denkmodelle zu normativ stark abweichendem Verhalten sind, wie erwähnt, Frustrations-Aggressions-Erklärungsansätze und Milieuanalysen. Die unbewusste Unzufriedenheit, der Mangel an Interaktionserfolg durch das Nicht-Teihaben-Können, führt in dieser Lesart zu der erkennbaren unintentionalen Devianz. Die objektivistische und *methodisch reflektierte* Leitdifferenz ist hier kategorial vorstrukturierendes „Theorieinstrument" im Kontext empirischer Forschung.

Ätherwind: Das Michelson-Morley-Experiment (1881) führte dazu, dass die Idee eines Äthers erheblich in Zweifel gezogen wurde. Der argumentative Ausweg war, dass Fitzgerald (1889) und Lorentz (1892) unabhängig voneinander vorschlugen, dass der Äther die zwischenmolekularen Kräfte beeinflussen müsse. Hiermit war eine dynamische Beeinflussung derart gemeint, dass sie zu einer Kontraktion aller materiellen Körper in der Richtung parallel zur Ätherbewegung führt (vgl. Rebhan 2001, S. 746). Für die genannten Varianzen wurden Hilfsgrößen wie die „Ortszeit bzw. „Lokalzeit" eingeführt. Diese Hilfsgrößen machen es möglich die entsprechenden Lokalitäten, die entsprechenden Bezugssysteme immer noch als einem Äther untergeordnete Systeme zu klassifizieren.

Genau hier lässt sich die Leistung Einsteins, die er mit seiner speziellen Relativitätstheorie vollbrachte, in der Entwicklung der theoretischen Physik verorten. Er interpretierte die von Lorentz eingeführte Hilfsgröße der Ortszeit als Zeit schlechthin. Diese Interpretation macht es möglich, von lokalen Zeiten auszugehen, die aber als gleichwertige Zeiten gesehen werden und somit zum Begriff

Zeit zusammengefasst werden können. Die Vorstellung einer überall gleichen Zeit, einen Äther und einen Ätherwind benötigt man in dieser Lesart nicht mehr. Die sozialwissenschaftliche Entsprechung des Ätherwindes sieht wie folgt aus:

Nichtteilhabeeinfluss einer objektiven Moral, eines ausgezeichneten Trägermilieus auf „lokale" soziale Milieus: Die beobachtbaren normativen Abweichungen und Sinndefizite bei gleichzeitig feststellbarer Möglichkeit dennoch Interaktionserfolg zu erzielen führen dazu, dass „lokale" Sinnzusammenhänge erkannt werden. Devianz ist somit nicht mehr nur aus dem beobachternahen Gefühl der Desintegration heraus erklärbar. Aber diese „lokalen" Systeme werden in diesem Verständnis, lediglich aus dem Nicht-Partizipieren-Können „ausgewählt", woraus sich somit ein defizitärer Sinn ergibt. Die Leitdifferenz wird somit reflektiert „aufgeweicht", indem die Notwendigkeit der Vorstrukturierung in lokale, interaktionserfolgsstiftende Sinnkollektive beschrieben wird. Insbesondere die milieuanalytischen Arbeiten von Bohnsack u. a. (1993 u. 1995) folgen diesem Prinzip der methodisch bewussten Aufweichung der Leitdifferenz, wodurch sie sich von den gesellschaftskritisch orientierten Protesttheorien z. B. von Heitmeyer abgrenzen.

Die Tatsache, dass Bohnsack in Bezug auf die Interaktionssteuerung der verschiedenen Systeme von empirisch herzuleitenden bezugssystembezogenen „milieuspezifischen Selbstverständlichkeiten" ausgeht, unterschiedet seine Sicht aber auch von Dollard und Dammschneider (1973) und deren Frustration-Aggression-Erklärungen. Letztgenannte gehen von ungerichteter, völlig unintentionaler und eher affektiver Gewalt als reiner Frustrationsreizreaktion aus, die sich aber auch aus der Unzufriedenheit über die Nichtteilhabe an einem bevorzugten System speist.

Das Prinzip einer Leitdifferenz und eines ausgezeichneten sozialen Normmilieus bleibt jedoch auch bei Bohnsack bestehen, weil durch die Annahme, dass die lokalen Systeme nur als Interaktionserfolg stiftender „Ersatz" für das Trägermilieu „ausgewählt" wurden, diese lokalen Systeme und deren Normmaßstab immer noch als devinat-defizitär gegenüber einem absoluten Normsystem klassifiziert werden. Das Defizit der „Lokalnormen" gegenüber der „Trägernorm" ist weiterhin die Annahme eines absoluten Sinnhaftigkeitsefizits und zwar nun in der Form, dass, wie im Kapitel zuvor beschrieben, die rationale Planung von Interaktion in den „lokalen" Bezugssystemen nicht erkannt wird. Die in den Bezugsystemen beobachteten Interaktionen sind dann zwar nicht mehr frustrationsabhängig, wie bei Dollard u. Dammschneider (1973), bleiben aber „niederrangig", weil als unintentional und folglich als unbewusst Defizitär, was die Erreichbarkeit von Interaktionserfolg angeht, eingestuft werden. Hier gilt dann der Grundsatz: „Die Interagierenden, wie z. B. gewalttätige Jugendliche, wissen gar nichts von ihren Defiziten und sind nur aufgrund dieser Unwissenheit in der Lage (niederrangig) Interaktionserfolg zu erzielen". Die entsprechenden Systeme werden dann häufig als Subsysteme, Subkultur, Submilieu und Subgruppen bezeichnet, was sie begrifflich als untergeordnete Systeme klassifiziert.

Die entsprechenden Forschungsrichtungen sind z. B. milieuanalytische Ansätze, wie die von Bohnsack u. a. (1993 u. 1995). In diesem Kontext weißt Bohnsack zwar auf die Notwendigkeit hin, nicht zwischen objektiver Realität und subjektiver Erfahrung zu trennen (vgl. Bohnsack u. a. 1995, S. 8), aber er setzt dies nicht in letzter Konsequenz um, in dem er davon ausgeht, das bildungsbürgerlich-kommunikative Bezugssystem sei vor allen anderen ausgezeichnet, was den Rationalitätsgrad der Interaktionsentwürfe angeht. Es reicht nicht Wissenschaftlern wie Heitmeyer vorzuwerfen (vgl. Bohnsack u. a. 1995, S. 8), dass sie zwischen objektiven „Desintegrationspotentialen" und subjektiven „Desintegrationserfahrungen" unterscheiden (vgl. Heitmeyer 1992), sondern man muss sich darüber hinaus fragen, ob überhaupt eine Desintegration vorliegt[60] – wenn ein anderes gleichwertiges beobachtetes Bezugssystem vorausgesetzt wird, kann diese Frage zumeist mit nein beantwortet werden[61].

Auch kann es bei der Betrachtung stark „devianter" Bezugssysteme nicht darum gehen, zu bewerten, ob das beobachtete System in Bezug auf die Alltagsinteraktionen fremdbestimmt ist oder nicht. Bohnsack beschreibt das Problem der doppelten Stigmatisierung von jugendlichen Hooligans, wenn deren Verhalten nicht nur kriminalisiert, sondern zugleich auch in ein politisches (rechtsradikal staatsfeindliches) Bezugssystem eingeordnet wird:

„Ihr Verhalten wird in einer für sie selbst zunächst kaum durchschaubaren Weise in einen politischen Rahmen gestellt, so dass sie in einen verschärften Prozess der

---

[60] Die Vorstellung einer überall vorrangig geltenden Norm, einer absoluten Sinnhaftigkeit, die sich alle Interagierenden „wünschen" und die vor allen anderen „lokalen" Sinnhaftigkeiten ausgezeichnet ist, ist dermaßen fest im Unterbewusstsein verankert, dass es ungemein schwer zu fallen scheint, die Willkür dieses Axioms zu erkennen. Insbesondere den „Eliten" einer Gesellschaft, zu denen Wissenschaftler ja zumeist gehören, scheint es Probleme zu bereiten, zu erkennen, dass diese Gesellschaft sich aus gleichwertigen Bezugssystemen zusammensetzt, diese also die Gesellschaft selbst sind – möglicherweise auch deshalb, weil man als Wissenschaftler auch nur ein systemimmanent Interagierender ist. Gesetzt den hypothetischen Fall, man könnte diese Bezugsysteme des Alltages „entfernen", würde nichts übrig bleiben – auch kein ausgezeichnetes Trägersystem. Lediglich ein formaljuristisches Gerüst wäre noch zu konstatieren, aber ein solches ist nicht als Bezugssystem, sondern als Funktionssystem zu klassifizieren und würde nach der hypothetischen Entfernung der Bezugssysteme schnell seinen Sinn verlieren.

[61] Das Problem hierbei ist allerdings, dass beispielsweise viele „deviante" Jugendliche die Fremdetikettierung durch Pädagogen als protestierende Desintegrierte nur allzu gern als Selbststilisierung übernehmen, um ihr normatives Modell, was häufig in Konflikt mit dem der Erzieher gerät, zu legitimieren, zu entschuldigen – nur soviel nochmals zum Trugschluss der Abstinenz von rationaler Planung in habituell orientierten Interaktionsbezügen.

Fremdbestimmung und Verlaufskurvenentwicklung hineingeraten" (Bohnsack 1995, S. 35).

Das hier beschriebene Problem führt in der Folge selbstverständlich zu Fremdbestimmung durch Kontrollinstanzen, die diese Jugendlichen nicht nur als Schläger kategorisieren, sondern diesen Menschen zusätzlich eine staatsfeindliche Einstellung unterstellen. *Die* Gesellschaft und ihre Kontrollinstanzen gehören jedoch nicht zum Bezugssystem der angesprochenen Jugendlichen und können somit auch nicht als Maßstabsträger für bezugssystemimmanentes Interagieren herangezogen werden[62]. Im Folgenden erkläre ich, warum das so zu sehen ist.

Bohnsack versucht in diesem Kontext die These vom Jugendlichen, der mit defizitären Mitteln versucht auf die Gesellschaft einzuwirken, aufzustellen und unterscheidet zwischen Protest und Provokation. Protest wird als Ausfluss einer metakommunikativen Verständigung klassifiziert[63], Provokation als ein Mittel, dass Reaktion des anderen aktionistisch-sprachlos erzwingt (vgl. Bohnsack u. a. 1995, S. 34). Die gewalttätigen Jugendlichen bedienen sich des defizitären, sprachlosen Mittels der Provokation. Bei der Provokation geht es demzufolge also nicht um das Verteidigen eigener Normen, sondern um die Normen von anderen Interagierenden aktionistisch zu testen. So entsteht schnell der Eindruck eines fremdbestimmt, defizitären Sinnzusammenhangs innerhalb einer *Sub*gruppe der Sprachlosen.

Anhand dieses Beispiels wird das Problem des Modells des ausgezeichneten Maßstabes, in dem defizitäre lokale Maßstäbe in devianter Weise interagieren offensichtlich. Es wird fraglos vorausgesetzt, dass diese Jugendlichen aus unbestimmter Frustration heraus und zum Zweck der unmotivierten Testung der politischen Überzeugung Anderer auf ein ausgezeichnetes System einwirken wollen würden. Vielmehr ist aber von einem eigenen gleichwertigen Bezugssystem der Jugendlichen auszugehen, in dem die Jugendlichen nach ihren Normen interagieren, ohne stets den Wunsch zu haben einem ausgezeichneten System angehören zu wollen oder dieses verändern zu wollen. Dieser Wunsch ist für den Fall starker „Devianz" nicht anzunehmen. In diesem Zusammenhang muss man konsequenterweise davon ausgehen, dass diese Jugendlichen einem anderen Bezugssystem angehören, das so deviant ist, dass man mit den beobachternahen Erklärungsmodellen von „normaler" jugendlicher Renitenz bzw. defizitären Sinnannahmen, also ganz gleich ob in Protest- oder Provokationsform vorgetragen,

---

[62] Die negativen Folgen gewalttätigen Verhaltens formaljuristisch-funktionaler Natur beeinflussen (kolonialisieren) den Alltag dieser Jugendlichen häufig so spät, dass die „devianten" Normen bereits fest habituiert sind.

[63] Protest ist laut Heitmeyer Devianzmotiv, womit er die Devianz der beobachteten Interaktion völlig verkennt – Protesttheorien sind nicht invariant gegenüber Übergängen zu stark abweichenden Bezugssystemen.

nicht zu realitätsnahen Ergebnissen kommt. Bei Systemen mit starker „Devianz" ist vielmehr von einem eigenständigen, gleichwertigen normativen Modell auszugehen, so dass sich die „Devianz" aus diesem Modell heraus erklärt und nicht aus dem Modell jugendlicher Rebellion im Rahmen einer pädagogisch wünschenswerten „normalen" Sozialisation oder aus einem niederrangigen System[64].

Keine persönliche Identität[65] und somit keine eigenständige politische Überzeugung zu haben, kann somit kein Argument dafür sein, dass der Interagierende fremdbestimmt und irrational, also weniger sinnhaft interagiert. Er kann nur in einem Bezugssystem mit hohem Individualisierungsgrad keine Planungen vornehmen, weil seine Normen bezugssystemorientierter sind – aber ein hoch individualisiertes Bezugsystem darf in diesem Kontext auch nicht als absoluter Sinnhaftigkeitsmaßstab zugrunde gelegt werden, da jugendliche Gewalttäter diesem System nicht angehören und es auch zumeist gar nicht *wollen*. Es geht also nicht um fremdbestimmt oder nicht, sondern darum welches Bezugssystem vorliegt. Innerhalb seines Systems kann der Interagierende sinnhaft geplant interagieren – nur möglicherweise weniger individualisiert.

Um aus milieuanalytischen Ansätzen mit ihrer Vorstellung eines ausgezeichneten Trägermilieus, die aber durch die „Aufweichung" der Leitdifferenz bereits Hilfsgrößen wie „Lokalnormen" bzw. „Lokalsinn" berücksichtigen, ein realitätsadäquates Relativitätsprinzip abzuleiten, bedarf es demnach nur der Erkenntnis, dass man die Hilfsgrößen als Normen und Sinnhaftigkeit schlechthin definiert.

Auf diese Weise entgeht man dem Dilemma entweder einerseits mit dem Leitdifferenzmodell Übergänge bei hoher „Devianz" aber ohne Gleichwertigkeit der Systeme, oder aber andererseits gleichwertige Bezugssysteme zu beschreiben, die jedoch kaum voneinander abweichen.

Gibt man die Leitdifferenz völlig auf und geht davon aus, dass es kein ausgezeichnetes Normsystem gibt, welches festlegt, was objektiv global sinnhaft ist, gelangt man zu einem Modell, was sowohl die Gleichwertigkeit der Bezugssysteme berücksichtigt, als auch Systemübergänge bei großer „Devianz" beschreiben kann.

---

[64] Erst, wenn man das beobachtete soziale Bezugssystem als normativ stark abweichend klassifiziert, aber ebenso die Gleichwertigkeit in Bezug auf die interaktionssteuernden Gesetze erkennt, kann man zwischen wirklichen Gesetzen und bezugssystemabhängigen Normvorgaben unterscheiden. Eine Aussage, die in stark „devianten" Systemen ebenso gültig ist, ist ein Gesetz. Insofern werden in extremen Handlungsfeldern der Pädagogik scheinbare soziale Gesetze oft als bezugssystemabhängige Spezialfälle enttarnt.

[65] Bohnsack erklärt die Devianz bestimmter Jugendlicher zu einem großen Teil aus deren Mangel an persönlichen Habituselementen, was nach Bohnsack dazu führt, dass die habituellen Sicherheiten kollektiv-aktionistisch herbeigeführt werden (vgl. Bohnsack u. a. 1995).

Die Sinnhaftigkeitsdefizite, die gleichwohl auch in dieser Betrachtungsweise mit gleichwertigen Bezugssystemen bei starker „Devianz" nicht aus der Welt geschaffen sind, werden aber so zu bezugssystemabhängigen „Messungsfolgen", die für beide Systeme in gleicher Weise zu konstatieren sind und nicht als ein einseitiges Phänomen eines „absolut" vorhandenen Defizits zu interpretieren sind. Was heißen soll, dass die jugendlichen Hooligans aus ihrem System heraus im System „Sozialforscher" genau die gleichen Sinnhaftigkeitsdefizite „messen", wie umgekehrt auch. Die Praxisbeispiele dieser Arbeit werden zeigen, dass dieser feine Unterschied enorme Folgen auf der operativen pädagogischen Ebene nach sich zieht.

Inertialsysteme: Ein System ist ein Inertialsystem,

> „wenn alle kräftefreien Bewegungen, die ein Massepunkt in ihm ausführt, gradlinig und gleichförmig verlaufen" (Rebhan 2001, S. 751)

Diese Definition schließt demnach lediglich Bezugssysteme ein, die sich relativ zueinander gleichförmig bewegen. Systeme, die durch Kräfte (Beschleunigungen) beeinflusst werden, werden mit dieser Definition ausgeschlossen. Diese Definition ist rein willkürlich und ist insofern unvollständig und vielmehr analytisch vereinfachender Natur, weil die Realität so aussieht, dass alle Systeme durch Kräfte beeinflusst werden. Inertialsysteme werden erst durch das Postulat ihrer Gleichwertigkeit bei hohen Relativgeschwindigkeiten, also im Fall von Lorentz-Transformationen, Begrifflichkeit der speziellen Relativitätstheorie.

Bei niedrigen Geschwindigkeiten, also bei Galilei-Transformationen ist diese Gleichwertigkeit ohnehin gegeben, wobei die Gleichwertigkeit sich auf die in allen Systemen gleich gültigen Gesetze[66] bezieht, nicht aber auf das Postulat der Invarianz der Lichtgeschwindigkeit. Dieses Postulat gilt, wie bereits erwähnt, in der klassischen Mechanik nicht; hier gilt $c = c + v$. Die Lichtgeschwindigkeit von S' ergibt sich also aus der Addition der Lichtgeschwindigkeit in S mit der Relativgeschwindigkeit von S'. Die Entsprechung in meiner Hypothese lautet:

Soziale Bezugssysteme des Alltages: Im 2. Kapitel dieser Arbeit wurde dieser Begriff als zentraler Bezugsrahmen bereits definiert. Wichtig ist bei dieser Entsprechung, dass auch hier sozusagen künstlich von „Einflussfreiheit" ausgegangen wird und die Systeme dynamikfrei normativ voneinander abweichen. Es werden folglich etablierte Normen beschrieben und nicht deren Veränderungs-

---

[66] In der newtonschen Mechanik gibt es kein Bezugssystem, in dem andere Gesetze gelten würden, und dass somit vor allen anderen ausgezeichnet wäre; allerdings ist die Relativgeschwindigkeit mit der sich die dort beschriebenen Systeme gegeneinander bewegen auch gering.

prozess. Somit sind die hier von mir beschriebenen Bezugssysteme auch als Inertialsysteme zu klassifizieren.

Relativgeschwindigkeit: Wie aus dem Vorangegangenen bereits ersichtlich wurde, ist die Relativgeschwindigkeit die konstante Geschwindigkeit, die zu konstatieren ist, wenn sich zwei Bezugssysteme relativ zueinander geradlinig und gleichförmig bewegen. Die Höhe der Relativgeschwindigkeit bestimmt letztlich, welche Transformationen herangezogen werden müssen. Sollen die Gesetze überall die gleiche Form annehmen, beschreibt die Lorentz-Transformation Bewegungen (von Körpern) in zwei Inertialsystemen mit sehr großer Relativgeschwindigkeit. Sehr groß bedeutet hier, dass $v < c_0.$ Das heißt, dass hier die Relativgeschwindigkeit nur kleiner als die Lichtgeschwindigkeit ist. Die Galilei-Transformation beschreibt hingegen Bewegungen bei Systemübergängen mit kleiner Relativgeschwindigkeit. Klein bedeutet hier, dass $v << c_0.$ Das heißt, dass in diesem Fall die Relativgeschwindigkeit *viel* kleiner als die Lichtgeschwindigkeit ist.

Ferner ist zu beachten, dass wenn beim Übergang zu einem anderen Inertilasystem $v << c_0$ ist, dann bleiben Längen und Zeiten invariant[67]. Im Fall von $v < c_0$ sind Längen und Zeiten beim Übergang nicht invariant, d. h. in jedem System erscheint die Zeit eines beobachteten Systems gedehnt – sie scheint also langsamer zu vergehen und Längenabmessungen erscheinen kontrahiert, verkürzt[68]. Das sozialwissenschaftliche Analogon ist wie folgt zu definieren:

Relativdevianz: Als Relativdevianz ist die unveränderte normative Abweichung zwischen zwei sozialen Bezugssystemen zu definieren, wenn diese Systeme sozusagen normativ gegeneinander interagieren.

Die Stärke der Devianz bestimmt auch hier, wie die Übergänge beschrieben werden müssen, um die Interaktion und ihre Sinnhaftigkeit bewerten zu können. Für den Fall niedriger Relativdevianz reichen beobachternahe Prämissen der Interaktionssteuerung zur Bewertung aus, bei großer Devianz müssen Übergangsprämissen hergeleitet werden, die die Gleichwertigkeit von Beobachtersystem (S) und dem System der Beobachteten (S') bewahren, aber dennoch die starke Normabweichung und ihre Folge berücksichtigen.

Die Folge der Abweichung ist, dass die Sinnhaftigkeit der Interaktionen bei einem Übergang mit großer Relativdevianz nicht invariant ist, sie erscheint in der bereits beschriebenen Art defizitär. Insofern ist die *Sinnhaftigkeit* die sozial-

---

[67] Ebenso bleiben Beschleunigungen invariant, Geschwindigkeiten dagegen ändern sich nach Betrag und Richtung (sofern sie nicht mit der x-Richtung zusammenfallen).

[68] Auch Geschwindigkeiten senkrecht zur Bewegung des beobachteten Systems sind nicht invariant gegenüber einer Lorentz-Transformation.

wissenschaftliche Entsprechung für die physikalischen Größen wie *Längen* und *Zeiten*. Die zu bewertende *Interaktion* entspricht der *Bewegung*, des Körpers in den transformierten Inertialsystemen. Somit ist, wie bereits postuliert, auch im Kontext der sozialen Realität zu konstatieren, dass es reine Festlegungssache ist, welches Bezugssystem deviant ist und welches konform: Konforme Interaktionen in einem Bezugsystem S` werden aus einem Bezugssystem S immer als deviante, weniger sinnhafte Interaktionen interpretiert, wenn ein Übergang mit hoher Relativdevianz zu konstatieren ist und umgekehrt. Einen moralischen, normativ ethischen Äther, wie Ernst (2008) ihn vermutet, gibt es in meiner Invarianzhypothese also nicht.

Um die zentrale Bedeutung der Interpretation der Gründe für das Sinnhaftigkeitsdefizit hervorzuheben, hier nochmals die Folgerung aus der Lesart, dass diese Defizite Ergebnis einer reinen kategorialen Messkonvention sind: Nur mit der Herleitung von Übergangsprämissen der beschriebenen Art lässt sich letztlich feststellen, welche Aussagen wirklich allgemeingültige Gesetze sind und welche Aussagen sich auf lokale Sinnzusammenhänge beziehen. Wirkliche Gesetze sind in allen sozialen Bezugssystemen kovariant gültig.

Ruhe: Ein weiteres Charakteristikum der Relativgeschwindigkeit ist, dass die zu ihr gehörende Bewegung an sich nicht in der Form absolut ist, als dass ein System als das absolut ruhende und das andere als das absolut bewegte System definiert werden könnte. Das Beobachtersystem ist immer das System, welches aus der eigenen Ruhe bei dem anderen System die Geschwindigkeit misst. Allerdings können alle Systeme Beobachtersysteme sein und beobachtet werden. Somit ist es eine reine Festlegungssache, welches System ruht oder welches sich bewegt und keine naturgegebene Gesetzmäßigkeit. Hier wieder das sozialwissenschaftliche Analogon:

Konformität: Die normative Konformität, die Angepasstheit ist die Entsprechung zum Begriff der Ruhe und das Gegenstück zu Devianz und deren Entsprechung der Relativgeschwindigkeit. Konform verhält sich ein Interagierender immer dann, wenn er in Form von bezugsystemabhängigen Alltagsinteraktionen interagiert. In diesem Zusammenhang ist entsprechend ebenso das Charakteristikum gegeben, dass Konformität bzw. Devianz nicht absolute Zustände sind, sondern von der reinen Konvention der theoretischen Kategoriebildung abhängen.

Transformationen: In der klassischen und relativistischen Mechanik beschreiben Transformationen Bewegungen in zwei Inertialsystemen zwischen denen eine konstante Geschwindigkeit besteht. Es geht also darum kinematische Größen bei einem Wechsel des Bezugssystems umzurechnen. Prinzipiell wird hier unterschieden in Übergänge mit kleiner und großer Relativgeschwindigkeit. Das Relativitätsprinzip gilt für beide Übergangsgeschwindigkeiten. Auf der sozialwissenschaftlichen ebene bedeutet dies entsprechend:

Kategorialer Systemübergang[69]: Diese Systemübergänge beschreiben Interaktionen des Alltages in zwei normativ voneinander abweichenden inertialen Bezugssystemen. Es geht also darum, Interaktionen auf der Basis verschiedener normativer Gegebenheiten bzgl. deren Sinnhaftigkeit zu bewerten, so wie in der physikalischen Analogie z. B. Längen und Zeiten in verschiedenen, gegeneinander bewegten Systemen gemessen werden. Solche Übergänge benötigt man immer dann, wenn man als Beobachter Interaktionen, die normativ vom eigenen Maßstab abweichen, also zu einem anderen Bezugssystem gehören, einordnen können möchte. Die geschieht alltäglich, in dem wir die Sinnhaftigkeit des Handels anderer bewerten und in sozialwissenschaftlichen Kontexten ist eine kategorialtheoretische Strukturierung der sozialen Realität über die theoretisch etwas ausgesagt werden soll, oder die empirisch erhoben werden soll, unumgänglich. Zumeist handelt es sich bei den beobachteten bzw. thematisierten Bezugssystemen um relativ zum Beobachtermaßstab abweichende bzw. um stark abweichende Systeme. Hier muss dann entschieden werden, ob bei den Beobachtungsübergängen von einer invarianten Sinnhaftigkeit ausgegangen werden kann, oder, ob die Devianz so hoch ist, dass von einer nicht invarianten Sinnhaftigkeit ausgegangen werden muss.

Prinzipiell muss folglich auch hier zwischen Systemübergängen mit niedriger Relativdevianz und denen mit hoher Relativdevianz unterschieden werden. Insofern ist es auch eine zentrale Aufgabe in wissenschaftlich professionellen Zusammenhängen, im Rahmen kategorialer Systemübergänge den Devianzgrad beim Systemübergang festzulegen. Nur allzu oft sind bereits hier Fehler derart zu konstatieren, dass stark auffälliges Interagieren zwar als solches wahrgenommen wird, aber nicht als normativ abweichend eingestuft wird. Gerade habituierte und etablierte Normen werden so häufig als Auffälligkeiten innerhalb der Beobachternorm und somit oft als kritische Auseinandersetzung mit dieser fehlgedeutet. Dabei sind diese Auffälligkeiten, wie z. B. extrem renitentes, gewalttätiges Interagieren, oft schlicht eigenständige normative Modelle der Alltagsbewältigung.

---

[69] In diesem Zusammenhang ist darauf hinzuweisen, dass mit Systemübergängen hier rein analytische Übergänge im Sinne einer Festlegung des Beobachtungsstandpunktes und des zu beobachtenden normativen Kontextes gemeint sind. Reale Bezugsystemübergänge eines Individuums durch Veränderungen im Rahmen seines Sozialisationsverlaufs, also normative Verschiebungen, sind hier nicht gemeint. Diese Unterscheidung wird in Kapitel 5.3 exemplarisch verdeutlicht.

Galilei-Transformation: Die Galilei-Transformation beschreibt Bewegungen in Inertialsystemen mit kleiner Relativgeschwindigkeit ($v << c_0$). Hier gelten die Gesetze der klassischen Mechanik. Wie bereits ausgeführt, sind beim Übergang mit geringer Relativgeschwindigkeit Längen, Zeiten und Beschleunigungeninvariant.

Übergang bei kleiner Devianz: Das sozialwissenschaftliche Analogon zur Galilei-Transformation ist der kategoriale Systemübergang bei kleiner Relativdevianz, also der Übergang zu einem inertialen Bezugssystem mit geringer Relativdevianz. Hier ist die beobachternahe Sinnhaftigkeit invariant, die folglich in allen Bezugsystemen gleich ist. Dies ist beispielsweise für den Fall jugendlichen Protestes gegen politisch-gesellschaftliche Missstände gegeben, wenn dessen Sinnhaftigkeit aus der Perspektive des Bezugssystems „gesellschaftskritischer Sozialforscher" bewertet wird. Hier ist, trotz geringer normativer Devianz, eine gleiche Sinnhaftigkeit voraussetzbar, ausgenommen selbstverständlich, wenn der Protest in eine gewalttätige Form ausufert, die aus der genannten Beobachtersicht als zu missbilligende Auffälligkeit einzuordnen ist.

Bezugsysteme können folglich bei Übergängen mit kleiner Relativdevianz zu Bezugsystemmengen mit gemeinsam geteilter Sinnhaftigkeit zusammengefasst werden, was heißt, dass eine geringe normative Varianz zwischen den Systemen zu konstatieren ist, aber keine prinzipiellen Sinnhaftigkeitsvarianzen. Um das obige Beispiel in diesem Kontext nochmals zu bemühen: Protestinteraktionen sind – wenn das Bezugssystem „gesellschaftskritischer Sozialforscher" als Beobachtersystem vorausgesetzt wird – beobachternahe Modelle. Diese normaiven Modelle beziehen sich, wenn man sie als Sinnhaftigkeitsmenge aggregiert, systemimmanent auf die Beobachternorm, indem sie sich mehr oder weniger reflektiert mit ihr auseinandersetzen.

Lorentz-Transformation: Die Lorentz-Transformation beschreibt Bewegungen in Inertialsystemen mit sehr großer Relativgeschwindigkeit ($v < c_0$). Hier gelten die Gesetze der relativistischen Mechanik, in denen die Gesetze der klassischen Mechanik als Sonderfall enthalten sind. Insofern ist eine relativistische Betrachtungsweise immer eine Verallgemeinerung, in deren Kontext nur die Aussagen als wirkliche Gesetze bestehen bleiben, die in allen Bezugsystemen gültig sind. Die Gesetze der klassischen Mechanik sind für den Fall $v < c_0$ nicht gültig und somit folglich als Spezialfall zu klassifizieren.

Die Lorentz-Transformation macht es jedoch möglich, Übergänge mit sehr hoher Relativgeschwindigkeit zu beschreiben; hält man zusätzlich am Relativitätsprinzip der klassischen Mechanik fest, also an der Aussage, dass alle Gesetze in allen Systemen gleich lauten, dann ist es möglich, Übergänge mit sehr hoher Relativgeschwindigkeit ohne das Ätherprinzip zu beschreiben.

Übergang bei großer Devianz: Das Analogon zur Lorentz-Transformation ist der kategoriale Systemübergang bei sehr großer Relativdevianz. Hier ist die beobachternahe Sinnhaftigkeit *nicht* invariant; sie unterscheidet sich folglich komplementär, je nach Bezugssystem, je nach gleichwertiger Lokalität. Die Sinnhaftigkeit kann demnach nicht gleichzeitig für zwei Bezugssysteme mit sehr hoher Relativdevianz bestimmt werden. Aus dem Blickwinkel des jeweils beobachtenden Systems wird immer ein Sinnhaftigkeitsdefizit „gemessen". So nimmt das Bezugssystem „jugendliche Hooligans" das Bezugssystem „Erzieher" als ein defizitäres virtuelles Sinnkollektiv wahr und vice versa. Diese komplementäre Wahrnehmung kann ich sowohl durch meine Berufserfahrung, als auch durch einige Interviews mit jugendlichen Gewalttätern und Erziehern untermauern (vgl. Auszüge in Kapitel 5).

Das Erkennen der staken normativen Abweichung als eigenes normatives Modell mit eigener, beobachterferner Sinnhaftigkeit, bei gleichzeitiger Akzeptanz der der Gleichwertigkeit[70] der Systeme, die man als Bereitschaft definieren kann, trotz der hohen Devianz, nach übergeordneten Gesetzmäßigkeiten und bezugssystemabhängigen Aussagen zu suchen, ist *die* entscheidende sozialwissenschaftliche Handlungsprämisse für das Bilden gegenstandsadäquater Kategorien. So macht beispielsweise die Bewertung der Sinnhaftigkeit der Interaktion „Schlagen" nur bei Kenntnis des Bezugssystems einen Sinn. Alle anderen Kategorisierungsversuche stellen ein Vermischen allgemeiner Gesetzmäßigkeiten und lokal gültiger Aussagen dar, was letztlich immer entweder zum Problem der Fehlannahme einer überall gleichen Sinnhaftigkeit oder zur Annahme der Existenz ausgezeichneter Alltagsnormsysteme führt.

Gleichwertigkeit physikalischer Inertialsysteme: Gleichwertigkeit bedeutet im Kontext der Klassifizierung von Inertialsystemen, dass alle Naturgesetze in allen Inertialsystemen kovariant die gleiche Form annehmen. Dass das Postulat der Gleichwertigkeit der Inertialsysteme auch im Fall sehr hoher Relativgeschwindigkeit gültig ist, ist das eigentliche Relativitätspostulat. Es wahrt das Relativitätsprinzip der klassischen Mechanik auch bei Systemübergängen zwischen Systemen, die sich mit sehr hoher Relativgeschwindigkeit gegeneinander bewegen und macht somit die Vorstellung von einem Äther unnötig.

---

[70] In sozialwissenschaftlichen Zusammenhängen muss folglich bei Übergängen mit hoher Devianz am Gleichwertigkeitspostulat festgehalten werden. Ohne dieses Postulat sind zwar analytisch-kategoriale Übergänge mit hoher Devianz möglich, doch es kommt zu Fehlinterpretationen, da von unterschiedlichen Sinnhaftigkeitswertigkeiten ausgegangen wird – analog zum „Äthertrugschluss".

Gleichwertigkeit sozialer Bezugssysteme: Mit meiner Invarianzhypothese lässt sich ebenso für soziale Bezugsysteme des Alltages postulieren, dass alle interaktionssteuerenden Gesetze in allen Bezugsystemen gleich gültig sind – auch im Fall von Systemübergängen mit sehr hoher Relativdevianz. Auch dieses Postulat wahrt das fraglos angenommene Relativitätspostulat beobachternaher Übergänge mit kleiner Relativdevianz, nach dem Alltagsprinzip „jeder wird im Rahmen kleiner Normabweichungen, also nach seiner eignen Fasson sinnhaft glücklich", auch im Fall von sehr hoher Relativdevianz, nach dem Prinzip „jeder wird auch bei hoher Normabweichung nach seiner Fasson sinndefizitär (!) glücklich". Das Entscheidende hierbei ist, dass das Sinndefizit als reine Konvention der jeweiligen Kategorisierungsstandpunkte einzuordnen ist!

Das Relativitätspostulat macht es folglich möglich, klar zu unterscheiden, was ein überall gültiges kovariantes Gesetz ist und was als rein normative Gegebenheit zu „enttarnen" ist. Ein global-objektiv gültiges ausgezeichnetes „Normalsystem", in dem anhand höherrangiger Gesetze interagiert wird, wird auch hier überflüssig. Dies gilt sowohl für moralische Aussagen, als auch für Aussagen über den Rationalitätsgrad der Interaktionssteuerung. Somit beziehe ich hier abermals klar Stellung gegenüber der Haltung von Ernst, in dem ich moralische Normen als bezugssystemabhängig klassifiziere. Was wie gesagt nicht heißen soll, dass ich persönlich keine moralische Norm bevorzuge, ganz im Gegenteil verteidige ich das, was mir im ethischen Sinne gut und teuer ist Tag für Tag gegenüber Maßstäben, die davon in einem erheblichen Maße abweichen – das gehört zwingend zu meinem Beruf. Jedoch zu behaupten, diese Norm sei für alle Bezugsysteme des Alltages in ausgezeichneter Weise gültig, ist aus analytischer Sicht reine Willkür! Beruflich werde ich regelmäßig mit Sozialisationsschicksalen konfrontiert, in deren Kontext klar zu konstatieren ist, dass wenn sich die Betroffenen zuvor immer so zivilisiert und friedlich verhalten hätten, wie meine Kolleginnen und Kollegen und ich es ihnen näher zu bringen versuchen, dann hätten viele davon (und ihnen nahe stehende Menschen wie z. B. jüngere Geschwister) schlicht und einfach nicht überlebt – und zwar nicht nur im psychischen Sinne.

Aber auch vermeintlich unintentionale Interaktionen werden durch das Relativitätspostulat als Bewältigungsstrategien des Alltages erkennbar. So ist ein verschobener Tag-Nacht-Rhythmus bei hoch vulnerablen Menschen häufig nichts weiter, als der Versuch sich irritierenden Reizen, insbesondere sozialer Interaktion, zu entziehen und so eine psychotische Episode zu vermeiden[71].

Zur Verdeutlichung dessen, was mit kovarianten Gesetzen gemeint ist, seien hier noch Beispiele angeführt:

---

[71] Hierzu werde ich an späterer Stelle entsprechende Praxisbeispiele und etablierte Erklärungsmodelle anführen.

Die nomologische Aussage „alle Menschen versuchen bezugssystemabhängig Interaktionserfolg zu erzielen", verträgt sich mit allen normativen Bezugssystemen, ebenso wie das Gesetz „je länger ein Interagierender an einem bestimmten Bezugssystem partizipiert, desto länger werden tendenziell die systemimmanenten Ursache-Wirkungsketten, die er im Zusammenhang mit der sinnhaften „Um-zu" Interaktionsplanung abschätzen kann."

Auch der Satz „Normen werden vom Großteil der am Bezugssystem Partizipierenden solange als Interaktionssteuerungsbasis angenommen, wie sie sinnhaft sind. Verlieren die Normen ihre Sinnhaftigkeit in erheblichem Maße, werden sie nicht mehr akzeptiert"[72], ist ein kovariantes Gesetz.

Lichtgeschwindigkeit: Die Lichtgeschwindigkeit hat postulatsgemäß in allen Inertialsystemen denselben Wert. Somit ist die Lichtgeschwindigkeit eine invariante Größe, die gegenüber allen Transformationen einen konstanten Wert hat.

Interaktionserfolg: Der Interaktionserfolg ist insofern die analoge sozialwissenschaftliche Entsprechung zur Lichtgeschwindigkeit, als dass er die invariante Größe ist, die in allen Bezugssystemen, auch in denen, die hochdeviant von der Beobachternorm abweichen, prinzipiell erreichbar ist. Er ist somit ferner, die invariante Bewertungsgröße für die Gleichwertigkeit der Systeme. Die kovariant gültigen Aussagen sind, wie erwähnt, die nomologische Basis für die Gleichwertigkeit der Systeme. Insofern ist die invariante Größe „Interaktionserfolg" auch Teil des kovarianten Gesetzes: Alle Interagierenden versuchen bezugssystemabhängig Interaktionserfolg zu erzielen.

Eine weitere Analogie ist zwischen der aus dem speziellen Relativitätsprinzip abgeleiteten Energie-Masse-Äquivalenz[73] und der Nichttrennbarkeit von „Um-zu" und „Weil-Motiven" herzuleiten.

Energie-Masse-Äquivalenz: Die für diese Arbeit relevante Lesart der Äquivalenzformel $E = mc^2$ lautet: „Energie hat Masse und Masse hat Energie" (Rebhan 2001, S. 828). Masse und Energie sind somit keine trennbaren Größen, sondern sie sind unterschiedliche Manifestationen derselben Sache – sie sind über die

---

[72] Dies gilt auch für zivilisatorisch-moralische Normen. Dies wird bei Welzer (2005) eindrucksvoll untermauert.

[73] Diese Äquivalenz hat Einstein 1905 in seiner Arbeit „Ist die Trägheit eines Körpers von seinem Energieinhalt abhängig?" angegeben. Diese Arbeit beinhaltet die berühmte Formel $E = mc^2$. „Sie bedeutet, dass jede Masse m mit der Energie mc^2 und jede Energie E mit der Masse E/c^2 verbunden ist" (Rebhan 2001, S. 827).

quantitative Verhältnisaussage $E = mc^2$ verbunden. Daraus folgt, dass jeder Masseänderung eine Energieänderung entspricht:

$$\Delta E \sim \Delta m.$$

Um-zu–Weil-Äquivalenz: Anhand dieser analogen Entsprechung möchte ich verdeutlichen, dass es auch in den Sozialwissenschaften begriffliche Größen gibt, die trotz ihrer analytischen Trennung miteinander verbunden sind, in dem sie unter bestimmten Voraussetzungen gewisse Anteile mit der jeweils anderen Größe von gleicher Art teilen können.

Dies habe ich im Detail bereits in den Kapiteln 2.3 und 3.3 beschrieben, deshalb führe ich an dieser Stelle nur zusammenfassend das wichtigste Prinzip der Verbundenheit von „Um-zu" und „Weil-Motiven" auf.

Wie erwähnt, muss diese Verbundenheit, dieser Teilübergang der beiden Größen einerseits auf einer qualitativen und andererseits auf einer quantitativen Ebne formuliert werden.

Auf der qualitativen Ebene ist zu konstatieren, dass der Intentionalitätscharakter der „Um-zu-Motive" immer auch den unbewussten Habituierungscharakter der „Weil- Motive" annehmen kann und umgekehrt.

Auf der quantitativen Ebene bleibt festzuhalten, dass sozusagen das quantitative Potential der Größen, auf die Interaktionssteuerung Einfluss nehmen zu können, einander in der Form entspricht, als dass eine Abschwächung der „Um-zu-Motive" durch entsprechend bedürfnisorientierte Interaktion (also Bedürfnisbefriedigung) zur Folge hat, dass der Einfluss der „Weil-Motive" temporär ebenso entsprechend abnimmt – gerade im Fall von aus dem Bezugssystem „Pädagoge" als deviant bewerteten Interaktionen wird dies deutlich. Das („Störungs"-) Verhalten ist häufig nichts weiter, als eine Bewältigungsstrategie, welche die „Last" der „Weil-Motive" vorübergehend abmindert.

Umgekehrt ist dieser Zusammenhang z. B. klassischerweise als Therapieerfolg beschreibbar, in dem durch die professionelle Abminderung des Einflusses der „Weil-Motive" auch das Potential der „Um-zu-Motive" abnimmt.

Daraus folgt, dass jeder „Um-zu" *(I)* Änderung eine „Weil" *(U)* Änderung entspricht:

$$\Delta U \sim \Delta I.$$

Durch diese Analogie wird deutlich, dass es wenig Sinn macht, zwischen „Um-zu" und „Weil-Motiven" in der Form zu trennen, als dass diese real voneinander zu separieren wären. Eine solche Separierung kann nämlich dazu führen, dass man ganze Teilpopulationen von Menschen in „Weil"- Gesteuerte und „Um-zu"-

Gesteuerte unterteilt. Dies ist aber m. E. keinesfalls realitätsadäquat, da, wie postuliert, innerhalb etablierter Normkontexte immer in einem Interdependenz-zusammenhang von U und I interagiert wird und es kein Bezugssystem gibt, was sozusagen das ausgezeichnete „Elitesystem" rational-intentionaler Interaktions-steuerung wäre. Lediglich bestimmte biographische Gegebenheiten und biologi-sche Dispositionen[74] lassen manche Prozesse der Normetablierung deterministi-scher ablaufen, aber um diese Prozesse soll es wie gesagt gar nicht gehen, son-dern um die Interaktionssteuerung im Kontext etablierter Normen.

Nicht von der Hand zu weisen ist sicherlich auch die Fähigkeit bestimmter Normbezüge, das eigene Verhalten in der Rückschau auf die „Weil-Motive" besser zu reflektieren. Nichts desto Trotz bleibt die grundsätzliche Gleichwertig-keit der Systeme, was die *systemimmanente* intentionale Steuerung angeht, erhal-ten.

Fazit: Die naturanaloge Herleitung von sozialwissenschaftlich relevanten Prinzipien und Begrifflichkeiten zeigt, dass es durchaus möglich ist, auch stark deviantes Interagieren als soziales Phänomen mit Hilfe der Analogie zu grundle-genden Prinzipien der speziellen Relativitätstheorie in Form der vorgestellten Invarianzhypothese gegenstandsangemessen vorzustrukturieren[75]. Mit „vorstruk-turieren" ist hier konkret gemeint, die verschiedenen normativen Bezugsysteme mit ihren Normaßstäben so zu koordinieren, dass keine Bewertungswidersprüche auftauchen, was den kategorisierenden Zugang zu sozialen Phänomenen angeht.

Die Erhaltung des Gleichwertigkeitsprinzips der Systeme auch bei starker Devianz, als Forderung an die Eigenschaft wirklicher Gesetze, versetzt sozial-wissenschaftliche Forschung und soziologische Theorie in die Lage, das Invari-ante in einer häufig als beliebig empfundenen und dargestellten sozialen Realität zu erkennen. Rein normative Aussagen sind dahingegen zu relativeren, da sie vom jeweiligen Bezugsystem abhängen. Dies hält im Kontext sozialwissen-schaftlicher Forschung dazu an, milieuabhängige Aussagen vor dem Hintergrund

---

[74] So gehen Theorien wie das Vulnerabilitätskonzept von Ciompi von einer gesteigerten Anfälligkeit bestimmter Menschen aus, an einer Psychose zu erkranken. Diese leichtere Irritierbarkeit setzt sich aus sozial-biographischen Gegebenheiten und neurobiologischen Dispositionen zusammen.
Aber auch die Genese gewaltbegünstigender Normen ist ein Prozess, der deutlich deterministischer verläuft, als der Prozess der Genese individualisierterer Normkontexte. Der Grad der Intentionalität ist aber gleich, sobald diese Verläufe an Attraktoren, also etablierten Normen „anhalten".

[75] Was außer Frage steht ist, dass gängige Erklärungsmodelle für starke Devianz unzulänglich und ungenau sind, was sich regelmäßig im Scheitern von pädagogischen Handels in entsprechenden Handlungsfeldern manifestiert – hier sind die Fehlerquellen bereits in der Zugangskoordination der Analyse zu verorten. Die zentrale Frage lautet in diesem Kontext stets: „Warum lernen die entspre-chenden jungen Menschen bestimmte Regeln des Miteinanders nicht?". Mir jedenfalls hat die vorge-stellte Analogie in der Praxis ungemein dabei geholfen, extrem renitentes Verhalten zum einen besser aushalten zu können, und zum anderen Hilfe prinzipiell besser umsetzen zu können. Zu diesem Thema jedoch mehr im weiteren Verlauf dieser Arbeit.

des kovariant gültigen allgemeinen Sozialen zu erarbeiten. Diese Erkenntnis macht es möglich, invalide Aussagen und Forschungsergebnisse aufgrund einer fraglos vorausgesetzten Leitdifferenz methodisch zu vermeiden[76].

Die Notwendigkeit der Herleitung milieuabhängiger Aussagen in Zusammenspiel mit dem Gleichwertigkeitsprinzip, führt zu der grundlegenden Aussage der dargestellten Invarianzhypothese, dass jeder beobachtete normative „Irrsinn" lediglich die Folge eines (beobachternahen) „Mess- bzw. Aussagestandpunktes" ist. Diese Erkenntnis nimmt den absoluten und naturwüchsigen Charakter von der intentional-reflektierten Leitdifferenz und macht auch sie methodisch überwindbar, da ihre vermeintlichen Folgen nichts weiter sind, als die Folgen der Wahl der Bewertungsperspektive. In allen Bezugsystemen ist somit auf der Basis der lokalen Sinnhaftigkeit gleichwertiger Interaktionserfolg zu erreichen. Insofern ist auch der Begriff „Invarianzhypothese" einleuchtend, da meine Hypothesse sowohl die Gesetzmäßigkeiten, die beim Übergang der Systeme gültig bleiben, als auch die Invarianz der Größe „Interaktionserfolg" erkennen lässt.

Auf der operativen Ebene inhaltlicher Natur, im Kontext von Forschung und beruflicher Praxiszusammenhänge, hat dies zur Folge, dass extreme Devianz als Ausfluss eigenständiger und gleichwertiger normativer Modelle interpretiert werden kann. Im Rahmen dieser Modelle ist überall – wenn auch normativ andersartig – gleichwertig Interaktionserfolg erzielbar.

---

[76] Milieuanalysen, wie die erwähnten von Bohnsack u. a. (1993 u. 1995), haben, wie beschrieben, die fraglos angenommene Leitdifferenz bereits überwunden, gehen jedoch von „ätheranalogen" Vorstrukturierungsmodellen aus, die ich als intentionale, *reflektierte* Leitdifferenz klassifiziert habe.

Das folgende Schaubild soll veranschaulichen, wie man normative Bezugsysteme des Alltages aus dem Blickwinkel der verschiedenen theoretischen Zu-
gangskategorien als schematische Struktur darstellen kann.

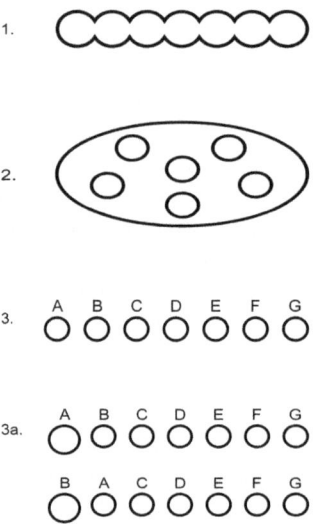

Abbildung 1:   Arten der Bezugssystemstrukturierung

Die kreisförmigen Einheiten stellen in diesem Schema die normativen Bezugsysteme dar.
    Unter 1. sind verschiedene normative Bezugsysteme dargestellt, die aber
nicht scharf voneinander getrennt sind. Diese Darstellungsweise soll veranschaulichen, dass zwischen diesen Systemen nur eine geringe Relativdevianz festzustellen ist und somit beim Wechsel zwischen diesen Systemen keine Sinnhaftigkeitsvarianzen zu konstatieren sind; Die Sinnhaftigkeit bleibt beim Systemübergang invariant und die Systeme sind, gemäß des Relativitätsprinzips, gleichwertig. Diese Übergangsart mit niedriger Relativdevianz ist ein gültiger Spezialfall
eines kategorialen Zugangs zu entsprechenden sozialen Phänomenen. Problematisch wird dieser Zugang erst dann, wenn er Allgemeingültigkeitscharakter erhält
und von einer generellen Sinninvarianz ausgegangen wird. Die Beobachtersinn-
haftigkeiten werden so als allein gültige objektive Gegebenheiten betrachtet, was
zu einer fraglosen Leitdifferenz zwischen dem überall Objektiven und dem „nur"
subjektiv Wahrgenommenen führt. Übergänge mit hoher Relativdevianz können
so nicht angemessen beschrieben werden.

Unter 2. soll schematisch der strukturierende Versuch verdeutlicht werden, Übergänge mit hoher Relativdevianz und den entsprechenden Sinnhaftigkeitsvarianzen darzustellen. Die große, alle andern umschließende Kreiseinheit soll hier ein Trägermilieu, einen „Sinnhaftigkeitsäther" darstellen, der vor allen anderen Bezugsystemen ausgezeichnet ist. Die Sinnhaftigkeit der in diesem „Äthersystem" befindlichen Systeme weicht in absoluter Weise defizitär von diesem ausgezeichneten System ab. Die Sinnhaftigkeitsvarianzen sind folglich in dieser Lesart als absolut gegebene zu verstehen. Ein solcher Realitätszugang kann zwar Übergänge mit hoher Relativdevianz operational vollziehen, bewertet die Systeme jedoch unangemessen stratifikatorisch, in dem er davon ausgeht, dass es eine (reflektierte) Leitdifferenz zwischen der „wirklichen" Sinnhaftigkeit (die Sinnhaftigkeit im absolut konformen Sinnäther) und den entsprechenden „Lokalsinnhaftigkeiten" (die Sinnhaftigkeit im devianten Bezugsystem) gibt.

Diese beiden, hier schematisch veranschaulichten, Ansätze das normativ Fremde und dessen Sinnhaftigkeit kategorial zu bewerten, disharmonieren offensichtlich und ziehen entsprechende Fehlbewertungen nach sich, wie bereit zu Beginn des Kapitels 4 ausgeführt.

Folglich stellt die 3. Darstellung des obigen Schaubildes den Versuch dar, Übergänge zwischen Systemen auch mit hoher Relativdevianz zu beschreiben, bei denen die Bezugsysteme gleichwertig sind und die Leitdifferenz hinfällig wird.

Unter 3. werden die Bezugsysteme deshalb scharf voneinander getrennt dargestellt, um das hohe Abweichungspotential zu verdeutlichen. Allerdings zeigt diese Graphik den unmöglichen Fall, dass man als unbeteiligter Beobachter[77] zeitgleich auf die gleichwertigen Bezugsysteme schauen könnte – die Kreiseinheiten sind gleich groß gehalten, um die Gleichwertigkeit darzustellen.

Der Unterpunkt 3a zeigt insofern eine realitätsnähere Sicht auf die Bezugsysteme, die zwar gleichwertig sind, was aber nicht bedeutet, dass beim analytischen Systemwechsel keine Sinnhaftigkeitsvarianzen wahrgenommen würden. Schließlich wird ja stets aus einem Beobachtersystem bewertet, das nicht als ein unbeteiligtes System ausgezeichnet ist, sondern vielmehr ebenso Gegenstand von Bewertungen ist, da es auch nicht mehr als ein normatives Bezugsystem ist.

Somit stellt die erste (von link nach rechts gesehen) Kreiseinheit unter 3a immer das Beobachtersystem dar, welches größer gezeigt wird, weil aus diesem heraus in den anderen Systemen immer ein Sinnhaftigkeitsdefizit bewertet wird. Da es kein ausgezeichnetes System, also keinen Sinnäther gibt, besteht die Gleichwertigkeit der Bezugsysteme darin, dass es reine Festlegung ist, welches

---

[77] In diesem Fall wäre der Betrachter der Graphik unter 3 ein über den Bezugsystemen „schwebender" Beobachter, den es freilich nicht gibt. Insofern soll dieser Graphik teil zunächst nur die Gleichwertigkeit der Systeme auch bei Übergängen mit hoher Relativdevianz aufzeigen.

System Beobachtersystem ist und welches beobachtet wird. Daraus folgt, dass ebenso die Bewertung konform bzw. deviant zu einer relativen Aussage wird. Im Schaubild wird der Konventionscharakter bezüglich des Beobachtungsstandpunktes entsprechend dargestellt. Es kann die Kreiseinheit A das Beobachtersystem sein, das in allen anderen hoch abweichenden Systemen defizitären Sinn wahrnimmt, es kann aber auch B, oder jedes andere System diesen Standpunkt einnehmen.

Der Schaubildausschnitt 3a verdeutlicht folglich, dass es in der Invarianzhypothese nicht *einen* alltagsweltlichen bzw. lebensweltlichen Kontext, im Sinne „der Lebenswelt" gibt, sondern hier vielmehr von einer mannigfaltigen „Bezugsystemlandschaft" ausgegangen wird. Aus allen dieser normtragenden Systeme heraus werden andere Systeme und deren Normen bewertet und die wahrgenommenen Varianzen sind komplementärer Art. Dies hier nochmals in kritischer Abgrenzung zum Lebensweltbegriff bei Habermas, der zumindest suggeriert, dass es *eine* Lebenswelt gäbe. Devianz kann auf diese Art schnell als absolute Abweichung von einer absoluten Lebenswelt interpretiert werden. Dabei ist Devianz in den meisten Fällen auf den Normaßstab einer normativ andersartig ausgerichteten Lebenswelt bzw. Bezugsystem zurückzuführen, was ich im folgenden Kapitel anhand von Beispielen veranschaulichen werde. Welche normativen Alltagszusammenhänge von einer Mehrheit oder von geistigen Eliten gewünscht werden oder auch als Wunsch vermutet werden, ist im Rahmen dieser Hypothese irrelevant. Kovariant gültig bleiben beim analytischen Systemübergang lediglich die kovarianten Gesetze, die aber nichts über normative Inhalte aussagen.

Zusammenfassend festzuhalten bleibt, dass mittels der der naturanalogen Invarianzhypothese die unreflektierte Leitdifferenz, wie sie z. B. in Protesttheorien zu verorten ist, analog in der Form abgeändert wird, als dass auch die Übergänge mit hoher Relativdevianz, wie sie z. B. in Milieuanalysen und Subgruppentheorien zu finden sind, als *Übergangsoperation* berücksichtigt werden. Auf diese Weise wird das Prinzip der Gleichwertigkeit, also der Relativität mit Übergängen bei hoher Relativdevianz widerspruchsfrei kombiniert. Die milieuanalytische, subgruppentheoretische Darstellung des normativ Fremden als eigenes normatives Modell (reflektierte Leitdifferenz) bleibt so erhalten, allerdings muss das Prinzip des Sinnäthers aufgegeben werden. Das Relativitätspostulat der unreflektierten Leitdifferenz bleibt ebenso erhalten, allerdings muss es sich seinerseits Übergängen mit hoher Relativdevianz „öffnen".

5 Praxisbeispiele

Im Rahmen dieses Kapitels untermauern Praxisbeispiele aus der sozialpädagogischen und sozialpsychiatrischen Praxis meine Invarianzhypothese, in dem ich zeige, dass auch für den Übergang zu diesen als extrem abweichend empfundnen Gegenstandsbereichen die Gleichwertigkeit der Bezugsysteme gewahrt werden kann, ohne ihnen eine realitätsferne Sinnhaftigkeit zu Grunde zu legen. Was aus Beobachtersicht als blanker Irrsinn *gemessen* wird, ist somit methodisch zu überwinden, in dem gegenstandsnah *gemessen* wird.

5.1 Zusammenfassung der methodischen Problemlage

Die Problemlage ist in den vorangegangenen Kapiteln als das Problem der unreflektierten und reflektierten Leitdifferenz beschrieben worden. Beide Formen lassen theoretische Aussagen und empirische Erhebungen gegenstandsinadäquat werden, indem Aussagen und Messungen kategorial falsch eingeordnet werden.

Die unreflektierte Leitdifferenz geht von einem überall gleichen Sinnzusammenhang aus. Draus folgt, dass starke Devianz als solche nicht als eigenständiges normatives Modell gesehen wird, sondern als beobachternahe Erscheinung. Fälschlicherweise wird so die eigentliche Abweichung ignoriert. Ein Übergang mit starker Relativdevianz wird so wie ein Übergang mit nur geringer Relativabweichung klassifiziert. Die lokale Sinnhaftigkeit des „devianten" Bezugssystems wird auf diese Weise außer Acht gelassen.

Beispiele für solche „Übergangsfehler" sind, wie in Kapitel 4 bereits angedeutet, Gewalt in allen Fällen als Protestform gegen Gesellschaftsdefizite zu interpretieren. Im Fall von kollektiv ausgeübter Gewalt im Rahmen von „Gangs" oder Hooligangruppen ist diese Lesart sicherlich nicht valide.

Übergeordnet sind aber auch Theorien, wie die des Kommunikativen Handelns, von Habermas, was die Interaktionsartbewertung angeht, für den obigen Fall nicht anzuwenden und somit der unreflektierten Leitdifferenz zuzuordnen. Nicht in allen Bezugssystemen ist eine vornehmlich auf Verständigung ausgelegte Kommunikation interaktionslenkend. Der methodische Fehler im diesem Kontext ist, anzunehmen, dass eine solche weniger kommunikative Interaktionsart beobachternah zu bewerten. So entsteht der Eindruck einer „kranken", „fehlerhaften" oder defizitären Interaktionsart. Hier ist, auch auf die Gefahr hin redundant zu sein, nochmals darauf hin zu weisen, dass auch tendenziell habituellaktionistisch geprägte Interaktion ein eigens normatives Bezugsmodell ist, was Interaktionserfolg für die partizipierenden ermöglicht – und zwar zu allen anderen gleichwertigen Bezugssystemen. Jeder, der eher eine bildungsbürgerliche Sozialisation genossen hat und dann in die Situation kommt, sich auf tendenziell bildungsferne Interaktionszusammenhänge einzulassen, erkennt schnell, dass hier nicht alles mit klärungsorientierten Diskussionen erfolgreich gelöst werden kann. Als ich als Pädagoge begann in Handlungsfeldern zu arbeiten, in denen Probleme „handfest" angegangen wurden, musste ich erfahren, dass eine kommunikative Lösung gar nicht möglich war, und was noch viel entscheidender ist, gar nicht gewünscht wurde. Kommunikationsferne Interaktion ist hier nicht nur schlichte systemimmanente „Notlösung", weil es keine anderen Interaktionsoptionen gibt, nein Gewaltverhalten ist hier bereits eine eigene Interaktionsnorm, die zudem über das rein kollektiv Sinnhaft-Notwendige hinaus, eine ethische Norm ist: „Ein richtiger Mann löst seine Probleme nicht durch Reden!"

Die reflektierte Leitdifferenz hingegen lässt Devianz als normatives Modell erkennen, erhebt aber ein (meist das Beobachtersystem) Bezugssystem zum vor allen anderen ausgezeichneten Trägersystem. Dies hat zur Folge, dass alle anderen Bezugssysteme als *absolut* niederrangige erscheinen, was die Sinnhaftigkeit der dortigen Interaktionen angeht. Um im zuvor genannten Beispiel zu bleiben, beschreibt die reflektierte Leitdifferenz Gewaltverhalten der angeführten Art als eigenständige, beobachterferne Norm, als „milieuspezifische Selbstverständlichkeit" (Bohnsack u. a. 1995, S. 8); jedoch wird diese Sinnhaftigkeit als defizitärer Normmaßstab eines *absolut* niederrangigen Bezugssystems interpretiert.

Wie zuvor in Kapitel 4 beschrieben, kann man die reflektierte Leitdifferenz analog zur theoretischen Physik als „Ätherproblem" bzw. „Trägermilieuproblem" bezeichnen, da Varianzen der Sinnhaftigkeit als eigene Norm erkannt werden, aber ein Bezugssystem vor allen anderen ausgezeichnet ist. Die unreflektierte Leitdifferenz hingegen ist analog als „klassisches" Problem zu definieren, da hier für alle Bezugssysteme eine gleiche Sinnhaftigkeit angenommen wird – bei Übergängen mit hoher Relativdevianz ist diese Annahme aber nicht valide.

Die zuvor vorgestellte Invarianzhypothese zeigt aber, dass diese Problemlage methodisch überwindbar ist, da sie starke Devianz zum einen als normatives Modell denkbar macht und zum anderen die reflektierte Leitdifferenz als rein methodische Konvention entlarvt: Ein jugendlicher Hooligan nimmt aus seinem System gemessen die Interaktionen des friedliebenden Pädagogen als ebenso sinndefizitär wahr, wie der Letztgenannte die seinen. Die zentrale Erkenntnis der Invarianzhypothese ist also, klar zu erkennen, dass die Annahme einer überall gleichen Sinnhaftigkeit, aber auch die Annahme einer ausgezeichneten Sinnhaftigkeit willkürliche methodische Vorgaben sind.

Starke Normvarianzen sind somit nicht auf ein absolut ausgezeichnetes Trägersystem der Sinnhaftigkeit und der bewussten oder unbewussten Frustration darüber dort nicht teilhaben zu können, zurückzuführen. Sie ergeben sich ganz simpel aus der Festlegung des Beobachtungskontextes.

Die folgenden Praxisbeispiele sollen diese zentralen Aussagen veranschaulichen und zeigen, dass auch erheblich deviant erscheinende Interaktionszusammenhänge als eigene, gleichwertige normative Modelle zu beschreiben sind, deren lokale Sinnhaftigkeit die *wirkliche* Sinnhaftigkeit des jeweiligen Bezugsystems ist.

Ferner soll jedoch auch verdeutlicht werden, dass kovariante soziale Gesetze formulierbar sind, die auch bei Übergängen mit hoher Relativdevianz ihre Gültigkeit behalten.

5.2 Jugendliche Gewalt als normatives Modell

Im Rahmen dieses Praxisbeispiels soll veranschaulicht werden, dass die Gewalt[78] jugendlicher Hooligans eine Alltagsinteraktionsform im Kontext eines sozialen Bezugssystems ist. Gewalt, wenn sie in einem solchen Zusammenhang praktiziert wird, wird auf diese Weise als lokale Sinnhaftigkeit beschreibbar, die (lokalen) Interaktionserfolg ermöglicht und strategisch geplant wird. Aus der Sicht des (Mess-) Standpunktes „Hooligangruppe" werden ferner davon abweichende Normen als sinndefizitär klassifiziert.

Während meiner beruflichen Tätigkeit bin ich mit verschiedensten Formen Jugendlicher Devianz in Kontakt gekommen; die der Gewalt als kollektiv geteilte Sinnhaftigkeit in Form der Teilhabe am Bezugsystem „Hooligangruppe" begegnete mir in der Jugendhilfe jedoch besonders häufig.

Zu Beginn meiner beruflichen Laufbahn war ich in einer Wohneinrichtung für verhaltensauffällige Jugendliche tätig. Dort war kollektiv ausgeübte Gewalt gegen andere jugendliche Bewohner und Mitarbeiter an der Tagesordnung. Mit Gewalt meine ich hier, eng definiert, Angriffe auf die körperliche Unversehrtheit zum Zweck der kollektiven Opferunterdrückung. Viele der dort lebenden Jugendlichen waren bereits vor ihrem Einzug in die besagte Jugendhilfeeinrichtung Mitglieder von Hooligangruppen bzw. anderen gewaltaffinen Kollektiven. Häufig waren die im Kontext dieser Gruppen begangenen Gewalttaten Grund für die Unterbringung in einem Wohnheim der Jugendhilfe.

---

[78] Gewalt soll hier als ausgeübte, „personale" (Galtung 1977) Gewalt, als körperlichen Übergriff gegen den Willen des Opfers verstanden werden; die Aspekte psychischer „Gewalt oder „struktureller" (Galtung 1977) „Gewalt", sollen im Kontext dieser Arbeit nicht relevant sein

Besonders eindrücklich war für mich die Begegnung mit dem Jugendlichen TOM[79], da er und sein Weltbild bei mir die ersten Zweifel bezüglich der Vollständigkeit der gängigen Erklärungsansätze für gewalttätiges Verhalten aufkommen ließen. Die Ansätze zur *Genese* der Gewaltaffinität waren hier jedoch nie Gegenstand meines Zweifelns, da diese Erklärungsmodelle[80] gültig sind und durchaus verhältnismäßig deterministische Prozesse beschreiben. Was bei mir immer wieder Hilflosigkeit auslöste, war die Frage: Warum ist es für diese Menschen allem Anschein nach so schwer, trotz aller angebotenen Hilfen, ihr sozialisiertes Gewaltverhalten wieder zu verlernen?

Letztlich verfestigte sich bei mir die Ahnung, dass die Gewaltinteraktionen als solche normative, folglich sinnhafte Interaktionen sein müssen – die Interagierenden müssen somit von dieser Art des Interagierens profitieren und zwar in Form von Interaktionserfolg. Die durchaus gültigen „Weil-Erklärungen" zur Gewalt- und Weltbildgenese reichen demnach nicht aus, um die Frage nach der Veränderungs- bzw. Lernresistenz der betreffenden Jugendlichen zu beantworten. Jugendliche wie TOM sind somit nicht nur über ihre Defizite und die Unzufriedenheit darüber zu erklären, sondern zudem darüber, wie sie sich sinnhaft, im Sinne von „Um-zu-Motiven" in ihrer Realität „eingerichtet" haben.

Das heißt, dass die von Erzieherseite wahrgenommenen Sinnhaftigkeitsdefizite, wie der Mangel an Kommunikationsfähigkeit, häufig auf eine gelungene Anpassungsleistung im Kontext eines bestimmten Sozialisationsmilieus zu interpretieren ist. Insofern stimme ich mit Erklärungen überein, die unter anderen Faktoren, den Mangel an Kommunikationsfähigkeit als Gewaltursache klassifizieren, entscheidend ist jedoch zu erkennen, dass dieses *gemessene* „Defizit", in solchen Bezugsystemen nicht als solches erlebt wird, sondern als Überlebensnotwendigkeit und in der Folge als ethische Norm.

Im Folgenden möchte ich die Erklärungsansätze zur Gewaltnormgenese am Beispiel von Jugendlichen wie TOM darstellen und anhand dessen verdeutlichen, dass diese Form der Gewalt ein eigenständiges normatives Modell ist, dass zu allen anderen normativen Bezugsystemen gleichwertig ist. Diese Verdeutlichung am Beispiel von Gewalttätigkeit soll das Postulat der Gleichwertigkeit bei hoher Relativdevianz untermauern. So ist körperliche Gewalt, aus der Sicht eines Pädagogen, doch eine besonders stark abweichende Interaktionsnorm.

---

[79] Der Jugendliche heißt selbstverständlich nicht wirklich TOM; den Namen habe ich zum Zweck der Anonymisierung geändert.
[80] Die hier gemeinten Erklärungsansätze werde ich im Weiteren darstellen.

5.2.1 Gewaltnormgenese

Die im Kontext der erwähnten Jugendlichen gültigen Erklärungen für die Genese gewalttätigen Verhaltens habe ich bereits im Rahmen meiner Dissertationsschrift (vgl. Herrmann 2008) zusammengefasst. Im Folgenden soll diese Zusammenfassung die Entstehungsmechanismen gewalttätiger Devianz nachvollziehbar machen. Ich möchte aber bereits jetzt darauf hinweisen, dass diese Erklärungsmodelle (a. – f.) streng genommen lediglich Geneseverläufe thematisieren, nicht aber den Sonderfall der Interaktionssteuerung im Kontext temporär etablierter Bezugsysteme – und temporär kann in bestimmten Fällen einen Bewertungszeitraum von Jahren bedeuten.

a. Gewaltverhalten wird durch Adoleszenzkrisen begünstigt. Dieser Zusammenhang ist sicherlich nicht von der Hand zu weisen, viele Statistiken unterstreichen dies. Jugendliche sind in der Kriminalstatistik überrepräsentiert (vgl. Bohnsack 1995, S. 5). Auch dass die Phase der Adoleszenz – bezogen auf die Lebensspanne eines Menschen - eine verstärkt krisenbehaftete ist, in der es mit höherer Wahrscheinlichkeit als in anderen Lebensphasen zu deviantem Verhalten kommen kann, wird in der Literatur immer wieder dargestellt (vgl. Oerter/Montada 2002, S. 258-317 u. Schenk–Danzinger 2002, S. 251-315).

b. Gewaltverhalten ist ein Phänomen, das fast ausschließlich bei Männern zu beobachten ist. Diese Männer sind gemäß Wirkungszusammenhang a) junge Männer, die sich in der Phase der Adoleszenz befinden. Diesen Zusammenhang von Geschlechtszugehörigkeit und Gewaltverhalten bestätigen Kriminalstatistiken deutlich (vgl. Bohnsack 1995, S. 5 u. Oelemann/Lempert 1997). Die „männliche" Sozialisation in der Herkunftsfamilie von Gewalttätern bietet eine Erklärung für diesen statistischen Zusammenhang (vgl. Oelemann/Lempert 1997 und Kersten 1993).

c. Gewaltverhalten wird wahrscheinlicher, wenn Gewalt am eigenen Leib erfahren wurde. Dieser Zusammenhang ist das Ergebnis der Arbeiten von Weidner und Mahlzahn, die das Persönlichkeitsprofil aggressiver Jungen und Männer thematisieren (vgl. Weidner / Mahlzahn 2000).

d. Das Erlernen von Gewaltverhalten an Modellen, Vorbildern, ist ein weiterer Faktor, der Gewaltverhalten wahrscheinlicher macht. Vorbilder in der Herkunftsfamilie oder im näheren sozialen Umfeld, im Herkunftsmilieu, die sich gewalttätig verhalten, werden von Kindern und Jugendlichen in deren Verhalten kopiert (vgl. Bandura 1979).

e. Eine höhere Wahrscheinlichkeit, deviantes Verhalten an den Tag zu legen haben somit, und Lamnek untermauert dies, auch Jugendliche aus sog. „Randmilieus" (vgl. Lamnek 1982). Diese Milieus setzen sich zu einem hohen Anteil aus jugendlichen Mitgliedern zusammen, die aus bildungsbürgerlicher, zivilisatorischer Sicht als deviant zu bezeichnen sind. Erst eine große Dichte von „negativen" Vorbildern machen diese mit erhöhter Wahrscheinlichkeit sozialisatorisch wirksam, machen Devianz zum zu erlernenden „Handwerkszeug".

f. Brüchige Kindheitsbiographien, die mit dem „Verlust übergreifender, milieuspezifischer habitueller Sicherheiten" (nicht wissen wo man „hingehört", im Sinne davon, dass man keine Übereinstimmungen zwischen seinem persönlichen und einem möglichem kollektiven Habitus zu finden vermag) und „Brüchen im Bereich der Kontinuität des Familienalltags" wie Scheidung der Eltern, familiäre Todesfälle, insbesondere Selbstmorde (vgl. Bohnsack u. a. 1995, S. 32) einhergehen, scheinen die Gewaltwahrscheinlichkeit ebenfalls erhöhen.

All diese Gewaltursachen sind sicherlich sinnvoll und valide. Problematisch ist allerdings, dass jede einzelne Erklärung allein keine annähernd sichere Aussage über die Wahrscheinlichkeit des Auftretens von Gewaltverhalten liefert. Selbst im Ursachenbündel kann zwar von einer weiter erhöhten Wahrscheinlichkeit gesprochen werden, aber es gibt genügend männliche Jugendliche, bei denen die Ursachen a. – f. zu konstatieren sind, die aber trotzdem nie gewalttätig werden, so dass auch das Vorhandensein von ganzen Ursachenbündeln keine wirklich ausreichenden Erklärungen bietet.

Die Frage in diesem Zusammenhang ist: Was ist das „Zünglein an der Waage", das bei z.B. zwei Jugendlichen mit annähernd gleicher Ursachensituation verursacht, dass der eine gewalttätig wird und der andere nicht?

Die Ergebnisse der Arbeiten von Bohnsack u. a. (1995), Wild (1995), Kühnel/Matuschek (1995) und Neidhardt (1981) liefern eine Erklärung über den Wirkungszusammenhang von Ursachen, Motiven und bestimmter gruppendynamischer Prozesse einerseits und gewalttätigem Handeln andererseits, die sich im Konsens der Expertenrunde als sinnvolle Erklärung heraus kristallisierte.

Diese Erklärung setzt bei den Ursachen a) und f) an. Brüchige Biographieverläufe mit dem Verlust habitueller Sicherheiten und Adoleszenskrisen haben zur Folge, dass zum einen Gemeinsamkeit gesucht wird und innerhalb der potentiellen Gemeinschaft versucht wird,

> „die Alltagsexistenz (mit allen Schwierigkeiten der Adoleszenz, wie z.b. Identitätssuche und Planung der beruflichen Existenz) zu negieren, sich ihr vorübergehend in möglichst umfassender Weise zu entziehen" (Bohnsack u. a. 1995, S. 25).

Dies sind jedoch zwei Motive, die nicht ernsthaft als abweichend zu bezeichnen sind, zumindest nicht, wenn mit abweichend gewalttätig gemeint ist. Viele Jugendliche haben diese Motive, finden sich jedoch in Musikgruppen etc. wieder, die sich völlig gewaltlos verhalten.

Die zwangsläufig folgende Frage war also: Wie entsteht dann Gewalt in Gruppen oder wie entstehen Gruppierungen wie z.b. Hooligangruppen, wenn keine ernsthaft devianten Motive im Vorfeld festzustellen sind? Hier muss zunächst geklärt werden, wie die „Auswahl" (aus der Sicht eines nach Gemeinsamkeit suchenden Jugendlichen) von Cliquen überhaupt abläuft. Die Expertenrunden stimmten hier Bohnsack zu, der dazu ausführt:

> „Dort, wo Gemeinsamkeiten sozialisationsgeschichtlich nur bruchstückhaft gegeben sind, werden diese also gleichsam inszeniert Die derart inszenierte Praxis – sei es des Musikmachens, sei es der körperlichen Auseinandersetzung, des Kampfes – verbindet allein schon deshalb, weil sie ihre eigene – wenn auch episodale – Sozialisationsgeschichte entfaltet.....Der kollektive Aktionismus ist also das Medium, innerhalb dessen erprobt werden kann, inwieweit und in welcher Hinsicht die persönlichen Stilelemente sich zu kollektiven Stilen verdichten und Steigern lassen. Eine derart entfaltete habituelle Übereinstimmung resultiert aus dem Prozess des „Machens" selbst (so ist die Suche nach Gemeinsamkeit keine theoretisch-reflexive, sondern passiert spontan aus der Handlungspraxis) und führt – wenn ihre Emergenz nicht befriedigend gelingt – auch zu einer Neukonstellation der Clique oder zu einem Cliquenwechsel" (Bohnsack u. a. 1995, S. 17 u. 18).

Bleibt die Frage: Warum scheinen manche Jugendliche nur in Gruppen kompatibel zu sein, in den sich die Aktionismen auf körperliche, kämpfende Aktion beschränken? Jugendlichen, die Gemeinsamkeit ausschließlich in gewalttätigen Gruppen finden, geht es nicht darum

> „an die persönliche Identität und Biographie des einzelnen anknüpfend, d.h. auf dieser Basis, Übereinstimmungen im kollektiven Handeln, also habituelle Übereinstimmungen herzustellen und somit zugleich kollektive wie auch persönliche Habituselemente auszubilden" (Bohnsack u. a. 1995, S.26).

Die persönliche Identität tritt vielmehr in den Schatten der körperlichen Aktionismen. Dies lässt Rückschlüsse auf ein mangelhaftes Wissen über die eigene Biographie und eine nur unbefriedigend ausgebildete Identität der beteiligten Jugendlichen zu, auf die ich später noch eingehen werde. Die kollektiven Gewalttaten entstehen somit in einem Milieu, das keine biographischen Vorraussetzungen benötigt – hier kann man Teil eines Ganzen sein, ohne über eine biographisch entwickelte und gefestigte Identität zu verfügen. Die Identitätsabsicherung erfolgt in diesem Fall demnach aus dem kollektiven Handeln heraus.[81]

Die Motive gewalttätig zu werden, entstehen also direkt aus der Handlungspraxis: „ich muss mich schlagen, um dabei zu sein – dann weiß ich auch wo ich hin gehöre, wer ich bin." Die „primären Motive" (Neidhard 1981) „Der Wunsch nach Gemeinsamkeit" treten vollständig hinter das „sekundäre Motiv" (Neidhard 1981): „Ich schlage mich, um dabei zu sein." zurück.

Dieses sekundäre Motiv ist als abweichend zu betrachten und untermauert Beckers zentrale These, dass nicht abweichende Motive abweichendes Verhalten erzeugen, sondern dass abweichende Aktionismen, die durch nicht abweichende Motive herbeigeführt wurden, zu abweichenden Motiven führen (vgl. Becker 1971).

Neidhard beschreibt diese Eigendynamik als „gruppendynamisch anwachsende Kohäsion der Verfolgten. Sie empfinden sich als Schicksalsgemeinschaft" (Neidhard 1981).

Auf dem Nährboden dieser Dynamik, dieser Schicksalsgemeinschaft und den für die Kohäsion der Gruppe notwendigen (körperlichen) Aktionismen entstehen also erst abweichende Motive. Gewalttätiges Verhalten und seine Motivation entstehen demnach aus den Gruppenaktionismen, ebenso wie - gesamtgesellschaftlich betrachtet - regelkonformes Verhalten durch Regelhabituierung im Rahmen des Zivilisationsprozesses (vgl. Elias 1989).

Die Zugehörigkeitsregeln Gewalt begünstigender Gruppenkontexte werden von ihren Mitgliedern habituiert und befolgt. Dieser Habituierungsprozess an sich ist somit nicht als deviant zu bezeichnen, vielmehr bleibt die Frage: Ist es tatsächlich die brüchige Biographie allein, die Jugendliche in die Arme gewalttätiger Gruppierungen treibt?

Diese Frage hat Bohnsack klar beantwortet: Das Problem ist nicht die brüchige Biographie allein, sondern vielmehr dokumentiert sich das Problem im

---

[81] Wild unterscheidet in diesem Kontext in seiner Dissertation über „Fußballfans und Hooligans" (1995) die Motive sich gewalttätigen Gruppen anzuschließen milieuspezifisch in die „Suche nach Zusammengehörigkeit", die „Suche nach Zugehörigkeit" sowie die „Suche nach kommunikativer Eingebundenheit". Im fall der hier thematisierten Jugendgruppe trifft wohl einen Mischung der drei von Wild unterschiedenen Motive zu. Letztlich dienen alle drei Motive der kollektiven Absicherung der Identität.

Schweigen über einschneidende, teils tragische Veränderungen des Lebensalltages. Persönlicher Stil, der notwendig ist, um zu wissen, wo man möglicherweise unter Gleichen ist, um dann persönliche und kollektive Habituselemente auszubilden, ist somit

> „an die kommunikative, vor allem: methaphorische, d.h. erzählerische oder beschreibende Vergewisserung der eigenen Kindheitsgeschichte in deren Einzigartigkeit gebunden" (Bohnsack u. a. 1995, S.33).

Diese Vergewisserung hat aber bei den meisten Gewalttätern nicht stattgefunden. Diese Behauptung wird durch folgendes gestützt: In Interviews, die Bohnsack mit Hooligans führte, ist eine fast völlige „Eliminierung der familienbezogenen Kindheitsgeschichte" (Bohnsack u. a. 1995, S. 33) zu konstatieren. Gleiches konnte ich in von mir durchgeführten Interviews mit gewalttätigen Jugendlichen feststellen. Hierbei geht es wohlgemerkt um den Teil der Kindheitsgeschichte, der durch kommunikative Rückversicherungen die Einzigartigkeit der Identität sicherstellt.

Es fehlen Gewalttätern also die ganz speziellen erzählerischen Rückmeldungen, die jedem „Normalsozialisierten" verdeutlichen, wer er als einzigartige Person ist: „Weißt du noch damals, als wir uns in der Situation x in unserer gemeinsamen Geschichte befanden, du hast so aufbrausend reagiert, was aber nur gut gemeint war, du hattest schon immer ein wildes Temperament aber auch ein gutes Herz...." oder: „Dein Vater klang in dieser Situation y sehr hart, aber er hat es ja nicht so gemeint, du weißt doch wie er ist, und du weißt auch wie du bist, du kannst ganz schön provokant sein....".

Erinnerungen an erfahrene Situationen in der Kindheitsgeschichte: „Und mein Vater hat meine Mutter und mich immer geschlagen..." oder: „Und dann hat sich mein Vater von meiner Mutter scheiden lassen....", sind hier also nicht mit familienbezogener Kindheitsgeschichte gemeint.

In Rahmen meines Berufsalltages ist mir diese Besonderheit des Fehlens von kommunikativ vermittelten Kindheitserinnerungen aus ihrer Praxis ebenfalls häufig begegnet. Eine Ausbildung einer Identität mit einem hohen Einzigartigkeitsgrad ist somit für jugendliche Gewalttäter nicht möglich gewesen.

Deshalb ist die Wahrscheinlichkeit, dass ein so sprachlos sozialisierter Mensch so etwas wie z.B. aggressiven Nationalstolz ausbildet und Gewaltaktionismen in einem Kollektiv begeht, sehr hoch, weil dieses Kollektiv „zur (vermeintlich) letzten Bastion sozialer und persönlicher Identifizierung" (Bohnsack u. a. 1995, S. 37) wird, indem „die Geschichte der Nation wie eine Familiengeschichte konstruiert oder inszeniert wird" (Bohnsack u. a. 1995, S.37).

So entstehen kollektiv orientierte Identitäten, denen die Ausbildung von Einzigartigkeit vorenthalten wurde. Die Entscheidungsfreiheit, ja der Entscheidungszwang, der Zwang sein Leben ganz individuell zu gestalten, der in westlich-kapitalistischen Gesellschaften zweifellos gegeben ist und für den Großteil ihrer Mitglieder ein hohes Maß an Wohlstand und Zufriedenheit bringt, kann eine solch facettenarme Persönlichkeit in gewaltaffine Gruppierungen zwingen. In diesen Gruppierungen ist die kollektive Identifizierung anhand von Gewaltaktionismen möglich und dies macht den Reiz dieser Kollektive für diesen Persönlichkeitstyp aus.

Fazit: Erst wenn zu einer brüchigen Biographie, Adoleszenzkrisen und einem brüchigen Familienalltag das Problem hinzukommt, dass diese Krisen nicht durch eine reflexiv-kommunikative Identitätsabsicherung auf der Basis der familienbezogenen Kindheitsgeschichte des Einzelnen kompensiert werden, kann man von einer stark erhöhten Wahrscheinlichkeit sprechen, dass Jugendliche mit dieser Problematik innerhalb entsprechender Gruppen gewalttätig werden.

Die Ursachen a) – f) und eine mangelhafte Kommunikationssituation in der Herkunftsfamilie und eine damit einhergehende mangelhafte Persönlichkeitsentwicklung in Kombination mit der fatalen Gruppendynamik, die durch das Motiv der Suche nach Gemeinsamkeit in Gang gesetzt wird, machen das Entstehen von Gewalt sehr wahrscheinlich. Die Ursachen a) – f) in Kombination mit mangelhafter Kommunikation innerhalb der Herkunftsfamilie sind demnach verantwortlich dafür, dass eine gewalttätige, aktionistische Gruppe zur Identifizierung ausgewählt wird – hier wird ein dynamischer Prozess beschrieben.

Die Zugehörigkeitsregeln *innerhalb* gewalttätiger Gruppierungen: „Schlage mit, wenn du dazugehören willst", lassen dann Gewalt als normatives Modell entstehen, dass dann „ethisch verklärt" wird und temporäre *(statische!)* Gültigkeit hat. Aus der Gruppierung ist dann für ihre konform interagierenden Teilnehmer ein Bezugssystem geworden, welches in der Folge virtuell-normativ auf das Interagieren einwirkt und zwar in den verschiedensten Interaktionssituationen.

Der eben ausgeführte Wirkungszusammenhang zeigt eindrucksvoll, wie das Zusammentreffen von potentiell Gewalt begünstigenden Ursachen und kovarianten Motiven wie dem Wunsch und in Folge der Suche nach Gemeinsamkeit zu einer fatalen „Suchdynamik" führt, deren Ergebnis in einem gewaltaffinen Bezugssystem mündet und somit Gewaltverhalten hoch wahrscheinlich macht.

In Heimgruppen der Jugendhilfe verfestigt sich beispielsweise die Gewaltnorm häufig, weil dort normative Gemeinsamkeit willkürlich herstellt wird, indem zu viele merkmalsgleiche Jugendliche, was die Ursachen a- f. angeht, in einer Gruppe künstlich zusammengeführt werden.

Eine solche Unterbringungsstrategie reproduziert die Sozialisationseinflüsse des Herkunftsmilieus der jugendlichen Gruppenbewohner, in dem das virtuell vorhandene Bezugssystem und seine Norm sich auch in der realen Interaktionssituation wieder finden lassen.

Der normative Modelleinfluss der Peers, die im Kontext der Jugendhilfe zumeist aus bildungsfernen, kommunikationsschwachen Herkunftsmilieus stammen, ist so stark (vgl. Oerter/Montada 2002, S. 310), dass die Interventionsmöglichkeiten des Erziehungspersonals als gering zu bezeichnen sind.

So ist es nicht verwunderlich, dass sich die Verhaltensauffälligkeiten der einzelnen Gruppenbewohner in einem solchen Milieu normativ verfestigen und nicht abschwächen. Dies verdeutlicht ein weiteres Mal, dass ungünstige Gruppenzusammensetzungen die dort arbeitenden Pädagogen fesseln. Das, was sich den Pädagogen als Verhaltensauffälligkeit offenbart, ist jedoch für den einzelnen Gruppenbewohner „normal" regelkonform, weil er es nie anders kennen gelernt hat - es ist sein Normmaßstab.

In der Institution Heim bekommt er ein Sozialisationsmilieu geliefert, dass nahtlos an das Herkunftsmilieu und dessen Normen anschließt, dieses sogar in idealtypischer Weise, in konzeptioneller Reinform abbildet, da dort wenig „positive" Peer-Vorbilder vorhanden sind. Die Erzieher, deren Normmaßstab und Verhalten, werden seitens der Bewohner als fremdartig und deviant empfunden. Dies führt dazu, dass die Kohäsion der Gewalttäter sich noch erhöht: In der Fremde, die keine geeigneten Integrationsangebote macht, ist der Zusammenhalt der sich fremd fühlenden Individuen oft stärker als in deren Herkunftsmilieu.

Insofern bleibt festzuhalten, dass die Dynamik der Gewaltgenese ein recht deterministischer Prozess ist, deterministischer jedenfalls als die Genese von Normen im Kontext weitaus individualisierterer Interaktionsteilnehmer. Die beschriebenen Jugendlichen sind diesem Entstehungsprozess demnach weitaus ausgelieferter, als Jugendliche, die viel mehr Wahlmöglichkeiten haben und mit diesen auch umzugehen wissen.

Der Trugschluss, dem man hier leicht erliegen kann, ist jedoch, anzunehmen, dass ein deterministischer Prozess gleichzusetzen ist mit einer fremdbestimmenden Interaktionssteuerung innerhalb eines bereits etablierten Normkontextes. An dieser Stelle ist nochmals darauf hinzuweisen: Einmal in einem Bezugssystem „angekommen" interagieren alle Partizipierenden immer auch anhand rational-intentional gesteuerten Mechanismen – auch jugendliche Gewalttäter! Menschen scheinen sich somit immer Bezugssystem „auszuwählen" in deren Rahmen sie Interaktionswünsche auch erfolgreich umsetzen können – in denen intentional interagieren können. Nur haben einige Menschen wegen ihres Sozialisationsschicksals nur ganz begrenzte Möglichkeiten ein Bezugssystem zu „finden", in dem sie intentional interagieren können; Hooligangruppen und ähnlich gewaltaffine Kollektive bieten hier eine fatal optimale Identifizierungs- und Normierungsplattform an. Der hier einmal etablierte Normmaßstab wird dann als virtuelle Norm als Interaktionssteuerungsregelwerk in die verschiedensten Interaktionssituationen getragen. Wie bereits erwähnt ist diese Norm gerade in Heimgruppen häufig weiterhin erfolgreich, sinnhaft, weil die Situationsteilnehmer ähnliche Normhintergründe habituiert haben – die Regeln des Personals sind hier nicht relevant.

5.2.2 Das Weltbild von TOM

In diesem Unterkapitel möchte ich veranschaulichen, dass die Gleichwertigkeit der Bezugssysteme nicht nur ein von einem ausgezeichneten Standpunkt aus künstlich egalisierendes Postulat ist, sondern tatsächlich „gelebt" wird. Zwar wird in Bezugssystemen nicht in der Form methodisch ausgefeilt gemessen und ausgewertet, wie in professionellen, wissenschaftlich analytischen Funktionskontexten, was aber nicht heißt, dass überhaupt nicht erhoben, im Sinne von beobachtet, und bewertet würde[82]. Auch der gewalttätige Jugendliche TOM erliegt nämlich genau demselben Trugschluss wie dies im Rahmen der unreflektierten und reflektierten Leitdifferenz geschieht und begeht somit Interpretationsfehler, was die Bewertung der Beobachtung von erheblich devianten Interaktionsnormen angeht!

Für TOM ist nämlich sein Weltbild, sein normatives Modell das Maß aller Dinge, an welchem er andere Normen bewertend „misst". Ich werde im Folgenden zeigen, dass auch Jugendliche wie TOM – genau wie Sozialforscher und Erzieher auch - sowohl den „klassischen" Kategoriefehler begehen, in dem sie Abweichung ignorieren und eine überall gleiche Sinnhaftigkeit voraussetzen, oder aber die Abweichung erkennen, dann aber von einer absolut abgewerteten Sinnhaftigkeit des normativ Fremden ausgehen. Insofern sind die Praxisbeispiele in diesem Kapitel Beispiele für Alltagsinterpretationen. In Kapitel 5 werde ich ein Beispiel für ein professionell-analytisches Vorgehen zur Modellierung des Sozialen vorstellen, das aber ganz ähnliche Kategoriefehler aufweist, wie das im weitern Kapitelverlauf vorgestellte Weltbild von TOM.

Als Beispiel für eine Alltagsinterpretation des Fremden, des Abweichenden möchte ich TOMs normative Idee von Männlichkeit heranziehen. Für TOMs Weltbild ist es charakteristisch, dass sich die soziale Realität dichotom in durchsetzungsstarke „Macher" einerseits und passive „Schwache" aufteilen lässt. Dieses Bild beinhaltet ebenfalls ein entsprechendes geschlechtsspezifisches Rollen-

---

[82] Diese Alltagsbewertungen und die Tatsache, dass die Fremdbewertung sozialer Interaktion nicht nur Wissenschaftlern vorbehalten ist, habe ich bereits in Kapitel 2.1.3 erwähnt.

bild. „Richtige" Männer sind „Macher", die ihre Interessen in diesem Weltbild ganz legitim auch mit Gewalt durchsetzen. Diametral entgegengesetzt davon unterscheidet sich TOMs Idee „Frau". Frauen ist es hier „von Natur" aus nicht möglich, sich als stark und durchsetzungsfähig zu erweisen; sie sind vielmehr passiv und schwach. Hier ein Auszug aus einem der Interviews, die ich mit TOM führte:

> Tom: „Zum Beispiel früher bei den Urmenschen haben die Frauen Kinder erzogen und Essen gemacht, die Männer sind auf die Jagd gegangen. Ist ja auch Natur, sagt mein Vater, ist ja doch logisch. Guck Dir die Weiber mal an, nix in den Armen, so richtig hart arbeiten können die doch gar nicht."

Weiter führt TOM aus:

> „Ja, also guck mal, das ist so. Es gibt Männer, so wie meinen Vater, die cool sind und wissen was Sache ist. Die sind deswegen auch die, die was zu sagen haben, und das können diese Mannweiber, diese Emanzen nicht haben, weil die halt nicht einsehen wollen, dass es eben die natur ist, dass die Frau kocht und sich um die Blagen kümmern muss. Der Mann bringt die Kohle nach Hause, weil der besser malochen kann; das ist eben die Natur."

Für TOM kommt es einem Naturgesetz gleich, also einer Aussage, die für alle Bezugssysteme gültig ist, dass das Konzept „Frau" ein dem des Konzeptes „Mann" untergeordnetes ist. Situationen, die diese (Unter-) Ordnung irritieren, müssen, gemäß TOM, korrigiert werden:

> Interviewer: „Hat dein Vater Deine Mutter auch durch Schläge „in die Schranken weisen" müssen?"

> TOM: „Ja ab und zu schon, wenn die Mudder richtig Theater gemacht hat, dann schon. Ich mein, mein Vater hat hart gearbeitet und war voll gestresst, wenn er nach Hause gekommen ist. Wenn er dann noch so ein Rumgezicke ertragen muss, dann kann einem schon mal die Hand ausrutschen. Normal. Würde ich auch machen."

Männer, die TOMs Ordnung stören, lehnt er ebenso ab, weil sie sich eben nicht wie „richtige" Männer verhalten, sondern vielmehr wie die „defizitären Frauen". Insbesondere seine Erzieher und Therapeuten auf der Heimgruppe erlebte er (für ihn) in einer irritierenden Art und Weise.

> TOM: „Diese Psychotherapeuten und Sozialschwuchteln mit ihren Birkenstockschuhen; was wollen die eigentlich? Ich kann die alle wegboxen. .....Einen wie unseren Hauspsychologen kann ich nicht ernst nehmen, hab ich selbst gesehen, der

konnte nicht mal einen Kasten Wasser in den 3. Stock tragen; voll der Schwächling mit seinem Zöpfchen sieht der aus wie ein Weib. So wollen die Emanzen alle Männer haben."

Männer, die habituell nicht sozialdarwinistisch eingestellt sind und Frauen weniger abwerten, als er und seine Vorbilder aus seinem sozialisationsrelevaten Bezugssystem, wie z. B. sein Vater, klassifiziert TOM wie folgt:

> „Und so einen Mann der das mitmacht, und sich Birkenstocks anzieht, voll keine Muskeln hat, so mit Brille und dünn, der dann auch noch voll putzt, das ist eine Hausschwuchtel."

Tom selbst ordnet sich in diesem Weltbild natürlich der Menge der „richtigen" Männer zu und bewertet von diesem Beobachterstandpunkt aus alle anderen Konzepte von „Mann" bzw. „Frau".

In Bezug auf die „Hausschwuchteln", die in seinem Bewertungsschema keine Männer sind, erkennt TOM klar die große Abweichung zu seiner eigenen Idee von „Mann". Diese Idee setzt er als absoluten und ausgezeichneten Maßstab und die „untergeordneten" fraugleichen Mannideen der Erzieher und Therapeuten sind im Rahmen dieser Lesart lokale, defizitäre Sinnhaftigkeitsphänomene. Insofern begeht TOM in diesem Kontext den „Ätherfehler" der reflektierten Leitdifferenz, indem er die Abweichung und das andere Mannmodell zwar als zu dem seinen verschieden erkennt, aber von einem vor allen anderen ausgezeichneten Sinnhaftigkeitsmilieu ausgeht.

Interessant war aber auch seine Beziehung zu mir. Ich arbeitete damals als Pädagoge mit TOM zusammen und schien nicht in sein einfaches, dichotomes Ideenschema zu passen. Da ich damals wettkampfmäßig Kraftsport betrieb und auch im Umgang mit den teilweise sehr oppositionellen Jugendlichen zwar wohlwollend, aber doch tendenziell autoritär umging, ordnete TOM mich klar der Ordnungsklasse „Richtiger Mann" zu. Was ihn allerdings beschäftigte, ja geradezu beunruhigte, war die Tatsache, dass ich putzte, kochte, mich mit Kindern und Jugendlichen „abgab" und mich ebenso kritisch zu seinen Rollenkonzepten verhielt, wie meine Kolleginnen und Kollegen.

In einem weitern Interview eröffnete er mir dann seine Bewertung meiner Person, was die Klassifizierung „Richtiger Mann" oder „Falscher Mann" angeht.

TOM: „Ja Herr Herrmann bei ihnen is das so ne Sache, sie sind schon nen richtiger Mann, sieht man ja auch, müssen sich aber hier den ganzen Schwuchteln son bisschen anpassen; versteh ich ja auch, sie müssen ja auch Geld verdienen und müssen da halt ab und zu auch so tun, als ob sie mit diesen Schwuchteln und Emanzen unter einer Decke stecken würden. So was das ganze Psychogelaber und unsere Probleme hier angeht, die wir eigentlich gar nich haben. Aber so privat sind sie doch genau so wie ich, mein Vater und meine Kumpels. Sie würden den Schlampen hier doch auch am liebsten zeigen, wo der Hammer hängt – und diesen Schwulis. Wir sind da gar nich so verschieden, glaub ich. Sie lachen sich doch insgeheim auch über den Therapeuten kaputt, der is doch nich überlebensfähig und total emanzenferngesteuert. Ich glaub auch, dass wenn se dürften sie hier mal so richtig aufräumen würden, so unter den Jugendlichen und den Erziehern."

Interviewer: „Was meinst du mit aufräumen?"

TOM: „Ja ich sach mal so, sie würden hier schon mal für Ordnung sorgen, wie son richtiger Mann, nich nur mit Gelaber – da würden –glaub ich– auch schon mal nen paar Köpfe rollen."

Hier beging TOM dann den „klassischen" Fehler, wie er auch im Rahmen der unreflektierten Leitdifferenz zu konstatieren ist: Er versuchte ein Konzept von „Mann", das erheblich von dem seinen abweicht[83], als eines zu definieren, dass mit zu der Menge von Bezugssystemen gehört, zwischen denen es nur Übergänge mit niedriger Relativdevianz gibt; sich also zu seiner Idee „Mann" beobachternah verhält. So glaubte TOM nicht nur, dass ich eigentlich genau so denke wie er selbst, sondern er schien auch insgeheim die Hoffnung zu hegen, dass ich seine Ordnung wieder herstelle (s. o.).

An diesem Alltagsbeispiel und den beschriebenen Interpretationsfehlern durch die Leitdifferenz wird eine grundlegende Problematik (interpretativ-phänomenologischer) sozialwissenschaftlicher Forschung offenbar, in der sie sich deutlich von den klassischen Naturwissenschaften unterscheidet. Der zu beobachtende Gegenstand, also die Interagierenden *selbst*, „erheben" und „bewerten" Tag ein Tag aus die Interaktionen anderer und bewerten diese nach deren Sinnhaftigkeit und können somit eigene, komplementäre Beobachterstandpunkte einnehmen (vgl. Kapitel 2.3.1).

Und auch der professionelle Beobachter, der Phänomenologe selbst agiert nicht nur aus seinem funktionalen System heraus, sondern er ist ebenso Teilnehmer im Rahmen von Bezugssystemen; hier erhebt und bewertet auch er nach den ganz alltäglichen Mustern seines Bezugssystems und wird von anderen entsprechend bewertet. Er ist also auch ein Teil dessen, was er zu analysieren gedenkt. Deshalb besteht die Gefahr, dass die Alltagsnormen anhand derer der Sozialwissenschaftler seine Interaktion steuert, seine Bewertungen unreflektiert bzw. reflektiert beeinflussen – hieraus entsteht das bereits mehrfach erwähnte Problem der Leitdifferenz. Die bezugssystemabhängigen Interpretationskonven-

---

[83] Und diese starke Abweichung zu TOMs Rollenbild würde ich doch für mich beanspruchen wollen.

tionen werden kurzum und willkürlich zur wissenschaftlich-funktionalen Bewertungs- bzw. Interpretationsvorschrift erhoben. Somit entsteht hier die Situation, dass das professionelle Interpretieren und Bewerten des Sozialwissenschaftlers durch seine milieuspezifischen Normen geleitet wird, die Rolle „Wissenschaftler", wenn man so will, durch die Privatperson „kolonialisiert" wird. Die Folge ist, dass es zu den beschriebenen Bewertungsfehlern kommt, was die Sinnhaftigkeit beobachteter Interaktion angeht. Die zuvor genannten persönlichen „Störfaktoren" sind jedoch niemals ganz auszuschalten und sind somit als Unausweichlichkeiten zu klassifizieren, die rein methodisch nicht zu überwinden sind. Die vorgestellte Invarinazhypothese macht es aber möglich, trotzdem objektive Aussagen formulieren zu können, weil sie diese „Störfaktoren" als Konventionen komplementärer Art kenntlich macht und ihnen damit den absoluten Charakter nimmt. Diese Sichtweise eröffnet eine ganz andere Reflexionsebene.

Würden sowohl TOM als auch der Sozialwissenschaftler die Willkür einer überall gleichen Sinnhaftigkeit, bzw. das rein Konventionelle, gleichwertige des Normativen erkennen, dann wäre es nur noch ein kleiner Schritt dorthin, die wahrgenommenen Sinnhaftigkeitsdefizite bei Übergängen mit hoher Relativdevianz als schlichte Folge des Interpretationsstandpunktes zu deuten.

Für TOM würde dies bedeuten zu akzeptieren, dass es viele verschiedene, teilweise erheblich voneinander abweichende (lokale) Konzepte von Männlichkeit zu geben scheint, von denen keines vor den anderen ausgezeichnet ist und es somit keinen absolut „richtigen" bzw. absolut „falschen" Mann gibt.

Für den Sozialwissenschaftler würde dies bedeuten, dass er erkennt, dass der häufig defizitär-deterministische Genese- bzw. Ursachenkontext solch rigider Rollenbilder wie bei TOM nicht darüber hinwegtäuschen darf, dass die daraus einmal etablierte Alltagsnorm zu der eigenen und zu allen anderen gleichwertig ist, was die allgemeinen Gesetze der Interaktionssteuerung angeht. In diesen Kontexten wird graduell genauso (mehr oder weniger) intentional und erfolgorientiert interagiert, wie in allen anderen Bezugssystemen auch – was darauf hindeutet, dass Intentionalität und Erfolgsorientiertheit (vgl. Kapitel 2.1.3) tatsächlich, wie postuliert, kovariante Interaktionssteuerungscharakteristika zu sein scheinen, da sie bezugsystemübergreifend gültig sind. Zumindest gelten sie auch für einen Fall, nämlich TOM, der von vielen Menschen tendenziell als deutlich deviant empfunden werden dürfte.

Zusammenfassend kann man demnach konstatieren, dass das Beispiel von TOM zeigt, dass Devianz und Konformität rein konventionelle Kategorien sind, die vom jeweiligen Bezugsystem und der Festlegung welches dieser Systeme das Beobachter- und welches das Beobachtetensystem sein soll, abhängen. Ferner zeigte der Fall TOM mir aber auch, dass man kovariante Aussagen über die Steuerung von Interaktion aufstellen kann. Die Aussage, dass *aus allen Bezug-*

systemen heraus immer auch gleichwertig-komplementäre Bewertungsstandpunkte eingenommen werden, ist somit ein weiteres Beispiel für ein kovariantes Gesetz; eines, was nur allzu häufig unberücksichtigt bleibt. Dieses Defizit wird mittels der Invarianzhypothese aufgelöst: hier wird deutlich, dass auch ein Jugendlicher wie TOM ein eigenes normatives Weltbild mit eigenem Bewertungsstandpunkt generieren kann, was letztlich die gleichen Charakteristika aufweist, wie beispielsweise das eines zivilisierten, reflektierten und sprachlich versierten Philanthropen, dessen Interaktionen vornehmlich durch das gesteuert werden, was man heute „politisch korrekt" nennt.

Vor dem Hintergrund von TOMs Bezugssystem wird nicht nur motiviert und normativ erfolgsorientiert, also normativ sinnhaft koordiniert interagiert, sondern auch normativ ethisch gesteuert, im Sinne von moralisch richtig oder falsch. Für TOM war es zunächst eine Frage der Anpassung seine Angelegenheiten sprachlos-aktionistisch zu lösen, diese Regel gab das Bezugssystem vor, später jedoch entwickelte sich daraus eine moralische Norm:

> TOM: „Einem, den ich sowieso nich leiden konnte, jetzt von den Kollegen, dem hab ich dann ein paar gegönnt ..... So muss man sich die Leute erziehen, nich mit Gelaber und so."

Ferner wird in dem Interview auch die moralische Norm deutlich, dass „richtige" Männer zusammenhalten und gegenseitig die Ehre des anderen verteidigen müssen. So sagt TOM über seine Mutter:

> „Ist doch voll peinlich, die lässt jeden ran. Meine Kollegen machen schon Witze über die. Das ist voll peinlich, vor allem geht es ja um die Ehre von meinem Vater."

TOM schilderte darauf hin einen Gewaltakt gegenüber demjenigen, der Witze über die häufig wechselnden Partner der Mutter machte (s.o). Im Anschluss an diese Schilderung führt TOM aus:

> „Dann war Ruhe. Ist doch logisch, dass ich die Ehre von meinem Vater retten musste."

Der Fall TOM ist also ein exemplarisches Indiz dafür, dass man die soziale Realität, so fremd und deviant sie in Fällen von manchen Bezugssystemen vom Beobachterstandpunkt auch erscheinen mag, immer zum einen mit kovarianten sozialen Gesetzen beschreiben kann und zum andern mit bezugssystemabhängigen Normaussagen.

Abschließend ist erwähnenswert, dass in diesen relativ kurzen Interviewsequenzen alle im Rahmen dieser Arbeit genannten Interaktionstypen anzutreffen bzw. Hinweise auf diese zu finden sind. Diese Tatsache untermauert meine These der prinzipiellen Konstatierbarkeit aller Interaktionstypen innerhalb eines Bezugssystems. Hierzu folgende Beispiele:

> „Weist du, ich brauche so einen Kick, so Abwechslung, Abenteuer, das ist normal, weil so sind auch meine Kollegen vom XY[84] Verein. Als Mann braucht man das halt, sich durchzukämpfen, auch wenn es gefährlich wird, als Hausschwuchtel gehst du da doch voll kaputt."

Dies ist eine Aussage TOMs, die deutlich den habituellen Interaktionstyp als Motivhintergrund erkennen lässt: TOM schlägt sich, weil er dieses Modell von Männlichkeit habituiert hat und, weil seine „Kollegen" vom Verein XY dies auch so tun. Der Aktionismus an sich wird so zum (samstäglichen) aktionistischen Ritual, das Gemeinsamkeit auf die Probe stellt und absichert.

Der Interaktionstyp des normativ ethischen wird bereits weiter oben in der Passage in der TOM von Ehrverteidigung spricht exemplarisch aufgezeigt.

Die Verbindung zwischen zweckrationalem und kommunikativem Interagieren was deren potentiell oszillierende Motivlage angeht, wird in folgender Sequenz unterstrichen:

> „Ja, guck mal du kannst einen körperlich fertig machen uns so zeigen, dass du der Chef bist, oder du machst den halt durch so miese Psychotricks fertig. Beim körperlichen Fertigmachen haust du den Typ einfach weg, bei den Psychotricks treibst du den halt so weit bis er heult und aufgibt. Das klappt besonders gut bei den Weibern, da sagst du nur ein paar Schimpfwörter, und dass sie fett und alt sind und keinen Mann kriegen, weil sie selber Mannweiber sind, dann fangen die doch an zu flennen, ist doch ganz leicht auszurechnen, voll einfach gestrickt, die Weiber."

Hier sind eindeutig zweckrationales und kommunikatives Interagieren als Typen der Interaktionssteuerung zu erkennen, allerdings mit einer Motivlage, die für kommunikatives Interagieren meist nicht angenommen wird, da hier häufig fraglos ein Motiv der Verständigungssicherung durch Perspektiverezjprozität vorausgesetzt wird. Hier wird aber nochmals deutlich, dass die Fähigkeit zur Perspektivenreziprozität eine gänzlich amoralische Kategorie darstellt, da sie sowohl zur Verständigungssicherung und somit zu einem verständnisvollerem Umgang mit dem Fremden[85], als auch zur Unterdrückung von Mitmenschen

---

[84] TOM bat mich den Verein dessen Anhänger er ist, zu anonymisieren.
[85] Was vor einem zivilisatorischen Bewertungshintergrund durchweg als gut im Sinne eines ethischen Wertes an sich bewertet wird.

[86]benutzt werden kann. TOM kann offenbar - von den oben beschriebenen Bewertungsfehlern abgesehen - nämlich äußerst gut zwischen den normativen Hintergründen anderer Menschen differenzieren und erhält damit für sich die Information, wie er effizienter unterdrücken kann.

Insofern ist TOMs Interagieren sowohl mit kommunikativen, als auch mit zweckrational-strategischen, als auch mit habituellen Interaktionsanteilen typisierend zu charakterisieren, ohne dabei außer Acht zu lassen, dass diese Interaktionstypen dann auch noch ethisch-moralisch „veredelt" werden.

Die Tatsache, dass auch bei Jugendlichen wie TOM Hinweise für die Verwendung aller steuernden Interaktionstypen im Rahmen des Alltagsinteragierens festzustellen sind, unterstreicht noch mal exemplarisch die Fehlbewertung devianten jugendlichen Verhaltens, wie z. B. durch Bohnsack. Hier ist zur Erinnerung anzuführen, dass Bohnsack das Abweichungspotential darin begründet sieht, dass die thematisierten Jugendlichen „prinzipiell nicht dem Modell intentional und zweckrationale geplanten Handelns [folgen]" (Bohnsack u. a. 1995, S. 12). Hierzu kann ich nur ausführen, dass mir in meiner 13 jährigen Arbeit mit Jugendlichen, die, was deren Devianzverhalten und deren biographisches Schicksal angeht, durchaus vergleichbar sind mit TOM und den Jugendlichen bei Bohnsack, nie ein Jugendlicher begegnet ist, der nicht auch intentional-zweckrational geplant hätte – nur nicht immer vor dem normativen Hintergrund, den wir annehmen, bzw. gerne voraussetzen würden.

In diesem Zusammenhang offenbart sich eine in sozialwissenschaftlicher Forschung und Theoriebildung häufig anzutreffende Fehlinterpretation, die darin besteht, dass wenn ein interaktionsleitender Typ ausgemacht wird, wie z. B. das habituelle bzw. kommunikative Interagieren, dass dann davon ausgegangen wird, dass nur noch dieser Typ interaktionssteuernd ist. Auf diese Weise entstehen dann schnell Modelle von defizitären Bezugsystemen, deren teilhabende Individuen reaktiv aufgrund dieses Defizits abweichendes Verhalten zeigen: XY ist kommunikativ so eingeschränkt, dass er nur gewalttätig werden kann[87]; XY kann sich schließlich auch nur aktionistisch im Rahmen eines Kollektivs identifizieren, welches XY, wenn er könnte, umgehend gegen ein „zivilisierteres" Bezugsystem eintauschen würde.

Auch auf die Gefahr hin, redundant zu sein: Das Abweichungspotential liegt folglich nicht in einem wie auch immer vermuteten Defizit, sondern darin, dass alle normativen Bezugsysteme immer den gleichen Gesetzen folgen und

---

[86] Was aus zivilisatorischer Sicht durchweg als schlecht im Sinne einer Wertmissachtung an sich bewertet wird.

[87] Sicherlich gibt es Jugendliche, die so eingeschränkt sind, dass sie häufiger als andere affektiv-reaktiv interagieren. Aber 1. heißt das nicht, dass sie nur reaktiv interagieren können und 2. ist reaktives Interagieren kein sinnhaftes Alltagsinteragieren.

gleichwertig sind, was die Möglichkeit des Erreichens von Interaktionserfolg angeht und somit „deviantes" Interagieren sinnhaftes Interagieren sein kann. Die Idee von sinndefizitären lokalen Bezugsystemen, die im Rahmen eines allgemeingültigen Sinnäthers existieren, die aus Bohnsacks Ergebnissen abzuleiten ist, ist somit nicht haltbar.

5.3 Psychische Erkrankungen als normative Modelle

Da psychische Erkrankungen und die zu beobachtenden Symptomatiken häufig noch viel eindrücklicher erscheinen als jugendliches Gewaltverhalten, was den Grad der Devianz angeht, halte ich es für sinnvoll auch in diesem Kontext nach Indizien für meine Postulate zu suchen. Der Fall TOM zeigte für sich bereits ein hohes Maß an Unterschiedlichkeit zu heute gängigen zivilisatorischen Standards; die Interaktionsformen psychoseerkrankter Menschen erscheinen im Vergleich dazu häufig noch abweichender, noch defizitärer was die Sinnhaftigkeit des Interagierens angeht. Gelänge es demnach die aufgestellte Invarianzhypothese auch plausibel auf diese Fälle zu beziehen, würde sie noch fester untermauert.

Zunächst ist aber der Kontext „psychische Erkrankung" näher zu definieren. Zu diesem Zweck stelle ich zum einen das Handlungsfeld vor, auf das ich mich beziehe, und zum anderen beschreibe ich die Hauptformen psychischer Diagnosemöglichkeiten, die im Rahmen dieses Handlungsfeldes relevant sind.

Seit einiger Zeit arbeite ich in einer Wohneinrichtung für psychisch erkrankte Jugendliche und junge Erwachsene. Die dort lebenden jungen Menschen haben alle gemein, dass ihnen bereits ein psychiatrisch relevantes Diagnosebild zugeordnet wurde. Der große Unterschied im Vergleich zu der Wohnform, in der TOM lebte ist, dass die Belegung, was die Störungsformen angeht, weniger homogen ist; TOM lebte mit 11 ähnlich sozialisierten und in der Folge ähnlich interagierenden Jugendlichen zusammen. In der hier beschriebenen Einrichtung leben jedoch Menschen mit den unterschiedlichsten biographischen Hintergründen, die ihre Erkrankung alle recht verschieden verarbeiten. Auch bezogen auf die psychischen Krankheitsformen ist das Haus heterogen belegt, so gibt es hier beispielsweise keine „Spezialgruppen", in denen ein homogener „Diagnosepool" speziell gefördert werden soll.

Hauptziel der Arbeit ist die Verselbstständigung der jungen Bewohner, auf der Grundlage ihrer individuellen Voraussetzungen, was in diesem Fall eine große Zielstreuung nach sich zieht: Bei einem Jugendlichen kann das Ziel lauten, eine Ausbildung abzuschließen und später eine eigne Wohnung zu beziehen. In anderen Fällen sind die Ziele niedriger anzusetzen und können zunächst beispielsweise lauten: Ich schaffe es mich morgens wecken zu lassen, ohne das Personal zu beschimpfen und anzugreifen.

Bezüglich der verschiedenen, in der Einrichtung zu konstatierenden Krankheitsbilder ist auszuführen, dass hier, grob differenzierend, sowohl persönlichkeitsgestörte, als auch an Schizophrenie erkrankte Jugendliche leben.

Mit diesen Diagnosetypen beschreibt man grundsätzlich Interaktionsmuster, die von einem kontext- und situationsangemessenen Interagieren aber auch Erleben erheblich abweichen.

Mit dem Diagnosecluster „Persönlichkeitsstörung" (F60 nach ICD 10) klassifiziert man Menschen, bei denen dauerhaft bestimmte Persönlichkeitsmerkmale überdurchschnittlich ausgeprägt sind. Der Krankheitswert dieses Störungsformenkreises liegt darin, dass die Betroffenen zwar ihren Krankheitsalltag bestens beherrschen, dieser Alltag jedoch nicht mit den normativen Vorgaben kompatibel ist, deren Einhaltung die meisten Menschen dazu befähigt eine Wohnung zu beziehen und zu unterhalten, einem Beruf nachzugehen und eine Familie zu gründen etc..

Der Ausdruck Diagnosecluster weist bereits darauf hin, dass es unterschiedliche Unterformen des Überbegriffs Persönlichkeitsstörungen gibt. Nach ICD 10 werden 10 eigne Unterformen unterschieden (F60.0 – F60.9). Diese an dieser Stelle alle aufzuführen und zu thematisieren würde sicherlich zu weit führen. Die für die Arbeit in der beschriebenen Einrichtung relevanteste, weil hier am häufigsten anzutreffende Unterform ist die sog. emotional instabile Persönlichkeitsstörung des Borderline-Typs (F60.31 nach ICD 10). Die erkrankten Menschen sind häufig gefesselt von Angst- und Wutgefühlen. Um diese Fesselung zu kompensieren, interagieren diese Menschen auf den Beobachter stark abweichend und bizarr wirkend. Die Interaktionen und das Verhalten sind unvorhersehbar, sprunghaft und unangepasst. Nicht selten ist selbstverletzendes Verhalten zu beobachten. In der Einrichtung, in der ich tätig bin, leben z. B. junge Menschen, die sich in emotional belastenden und konflikthaft empfundenen Situationen Schnittverletzungen bis auf die Knochen zufügen. Diese Verletzungen werden von den so handelnden Menschen stets als emotional beruhigend und lindernd beschrieben. Ferner haben Menschen mit einer Borderlinestörung die Fähigkeit Dynamiken in den sie umgebenden sozialen Systemen auszulösen, die den Erfolg der dortigen Interaktionen deutlich stört. So lösen sie gekonnt Streitigkeiten in Gruppen aus, aber auch in den Helfersystemen.

Die beschriebene Symptomatik geht zudem häufig mit einer hohen Komorbidität einher, was bedeutet, dass zusätzlich andere Unterformen der Persönlichkeitsstörungen auftreten und auch eine Affinität zu missbräuchlichem Substanzgebrauch bis hin zur Abhängigkeit zu konstatieren ist. Die auftretenden Angstgefühle sind oft so tief, dass sie paranoiden Charakter bekommen können; manifestes Wahnerleben tritt aber selten auf. Was in Bezug auf den Bezugssystemkontext bedeutet, dass das Interagieren insoweit gestörter Menschen zwar teilweise erheblich von denen nicht Erkrankter Personen abweicht, jedoch bezogen auf den Merkmalskontext „Realitätsbezug" ein Systemübergang mit lediglich geringer Relativdevianz zu konstatieren ist. Es finden zwar bizarre, oft destruktiv wirkende Interaktionen satt, aber nur äußerst selten realitätsverrückte Interaktionen. Nichts desto trotz kann hier von einem eigenen normativen Modell gesprochen werden, in dessen Rahmen es sinnhaft ist, sich beispielsweise selbst zu verletzen. Bezogen auf den Merkmalskontext „Bizarr-Destruktiv" ist somit ein Systemübergang mit hoher Relativdevianz zu konstatieren, wenn dass Beobachtersystem ein „Nichterkranktes" ist. Ein „regelkonformes" Verhalten zieht für die betroffenen Menschen oft Interaktionsmisserfolg nach sich, in Form von erheblicher Verunsicherung der durch die destruktiven Interaktionen geschaffenen Interaktionssicherheit. Sie können nicht nachvollziehen, wie man z. B. Konflikte ohne destruktive Abwehrmechanismen durchstehen kann.

Der Diagnosecluster „Schizophrenie" (F20 nach ICD 10) als Unterordnung psychotischer Störungen fasst symptomatische Erscheinungsformen zusammen, die alle gemein haben, dass bei den Betroffenen Störungen in der Wahrnehmung ihrer Umwelt und des emotionalen Erlebens vorhanden sind. Schizophrene Menschen entwickeln mehr oder weniger stark ausgeprägte Ängste, die häufig paranoiden Charakter haben. Das „Ich-Erleben" ist häufig insofern gestört, als dass die eigenen Emotionen, kognitive Vorgänge aber auch das Interagieren als fremdgesteuert wahrgenommen wird. Diese Wahrnehmungen sind nicht selten Teil eines in sich geschlossenen Wahnsystems, das nach ganz eigenen Interaktionsregeln funktioniert und für den Beobachter nicht real ist. Die Menschen die innerhalb ihres Wahnsystems interagieren, können durch Beobachter nicht davon überzeugt werden, dass eine (oft) große Menge an Beobachtern dieses Wahnsystem, nicht wahrnehmen kann und dieses somit aller Wahrscheinlichkeit nicht real existiert. Diese Wahnsymptomatik kann teilweise für den Beobachter sehr eindrücklich sein: Die Betroffen glauben beispielsweise durch die Blicke anderer „fotografiert" zu werden, dass der Tabakwarenhändler psychoaktive Substanzen in die Zigaretten mischt, dass am Hinterkopf parasitär anhaftende, gallertartige Zellansammlungen das Denken und Interagieren steuern, oder es wird wahnhaft angenommen ein genialer theoretischer Physiker zu sein, der einen Gravitationsantriebe entwickelt hat. In diesem Zusammenhang werden oft kontrollierende Stimmen in form von akustischen Halluzinationen wahrgenommen. All diese das normale Erleben übersteigernde Wahnsymptome werden als sog. Positivsymptome bezeichnet.

Dahingegen werden Symptome, die eine Einschränkung des Erlebens bedeuten, als Negativsymptomatik klassifiziert. Die Einschränkung kann sich auf der Ebene des affektiven Erlebens, der kognitiven Fähigkeiten und auch im Bereich der Motorik manifestieren.

Für den ersten Einschränkungskontext ist eine Verflachung der Affekte typisch. Die Betroffenen wirken dadurch, auch bei Eintritt „normalerweise" emotional bewegender Ereignisse, nicht selten seltsam unbeteiligt und unberührt.

Die prägnantesten Symptome der kognitiven Einschränkung sind zum einen das Verlieren der Fähigkeit längere Ursache-Wirkungsketten abschätzen zu können und zu anderen kommt es häufig zu einer Verarmung der sprachlichen Kompetenz.

Der Bereich der Motorik ist zumeist durch eine mehr oder weniger eingeschränkte Gestik und Mimik gekennzeichnet.

Positiv- und Minussymptomatik können aufeinander abfolgend auftreten. Die Phasenlänge variiert von Person zu Person. Es gibt aber auch Fälle, bei denen nur eine Symptomklasse zu beobachten ist. Für schizophrene Krankheitsverläufe kann allgemein konstatiert werden, dass sowohl die Möglichkeit besteht, dass eine akute Krankheitsepisode eine temporäre Erscheinung bleibt und keine oder nur leichte weiteren Symptome und Beeinträchtigungen in der Folge entstehen, als auch die Option einer schweren Chronifizierung bzw. intervallmäßig auftretender Krankheitsphasen.

Für die Untermauerung der Hypothese dieser Arbeit sollen aber die Fälle herangezogen werden, bei denen auch eine ausgeprägte Wahnsymptomatik zu beobachten ist, da genau die dahinter stehenden Wahnkontexte Paradebeispiele für extrem abweichende[88] Bezugssysteme darstellen. Der Systemübergang bei der Betrachtung wahnhaft schizophrener Interaktionen in den beiden Systemen „Erkrankt" / „Nicht Erkrankt" ist folglich ein Übergang mit hoher Relativdevianz.

Fraglich ist m. E. folglich, ob die Beeinträchtigungswahrnehmungen absoluter Natur sind, oder ob sie schlicht Ergebnisse aus dem Interpretationskontext der Interaktionsbeobachter. Legt am beispielsweise die Verringerung der Fähigkeit Ursache-Wirkungszusammenhänge zu erkennen als Symptom für eine kognitive Einschränkung zu Grunde, so ist zunächst abzusichern, dass ein relevanter Bewertungskontext[89] zu konstatieren ist. Häufig ist das nicht so, da sich das Bezugssystem des Erkrankten diesbezüglich deutlich von dem des helfenden Beobachters unterscheidet. In einem Bezugssystem, in dem sich ein Betroffener

---

[88] Aus der Sicht von nicht an einer Schizophrenie erkrankten Menschen.
[89] Ein valider Kontext für die Bewertung „Kognitive Einschränkung" wäre z. B. eine eindeutig diagnostizierte Demenzerkrankung oder eine Hirnschädigung, die nachweislich eine solche Einschränkung mit sich bringt.

als „Highlander"[90] wahrnimmt, ist es nicht zwingend relevant, den Zusammenhang zwischen einer vorausschauenden Verplanung des zur Verfügung stehenden Barbetrages (Taschengeld) und der Möglichkeit bis zum Monatsende ausreichend Rauchwaren verfügbar zu haben, zu erkennen. In diesem Bezugssystem ist der Interaktionserfolg davon abhängig, wie viele Gegner man sich vom eigenen Leib halten kann, in dem man Gegnerleiber von Gegnerköpfen separiert. Ferner kommt es hier darauf an, zunächst Allianzen unter den potentiellen Gegnern zu bilden, um nicht allein auf sich gestellt zu sein:

> „Noch kämpfen wir gemeinsam, Herr Herrmann, aber es wird der Tag kommen, an dem auch wir uns als Gegner gegenüberstehen, um einen Sieger zu ermitteln und ich werde Ihre Energie in mich aufnehmen, nachdem ich Sie enthauptet haben werde. Es kann nur einen geben! Und derjenige werde ich sein und ich werde die Geschicke der Welt im Sinne des Guten lenken – aber bis dahin werden wir noch viele Schlachten in loyaler Allianz ausfechten."[91]

Offenbar, war der Bewohner, der diese Aussage (und ähnliche) schriftlich tätigte, der festen Überzeugung, gemäß der filmischen Vorlage, als „Highlander" die Welt retten zu müssen. Bis auf diese sporadischen schriftlichen Äußerungen wirkte er affektiv entleert und kognitiv im höchsten Maße eingeschränkt, da er antriebslos, zeitweise mutistisch, schwingungsarm und den Anforderungen des beobachternahen Alltages in keiner Weise gewachsen war. Ein Denkmuster, wie in dem obigen Bewohnerzitat offenbar wird, setzt meiner Ansicht nach jedoch eine gewisse Strategiefähigkeit voraus, sodass von einer kognitiven Einschrän-

---

[90] Ich lernte im Rahmen meiner Berufstätigkeit einen jungen Mann kennen, der in akuten Krankheitsepisoden davon ausging „Highlander" zu sein. Er bezog sich hier offensichtlich auf den Film „Highlander – There Can Be Only One" von Russel Mulcahy aus dem Jahre 1986. In diesem Fantasy Film kämpft der Filmprotagonist, der unsterbliche Schotte Connor McLoed – gespielt von Christopher Lambert, gegen andere Unsterbliche, um letztlich als einziger übrig zu bleiben. Die Unsterblichen sind folglich nicht völlig unsterblich, da sie im Kampf durch Abtrennung des Kopfes sterben. Insofern ist das Ziel im Rahmen dieser Auseinandersetzungen immer das Enthaupten des Gegners. Der Sieger nimmt die „Lebensenergie" des Verlierers in sich auf und wird somit von Sieg zu Sieg immer mächtiger. Unter den Unsterblichen gibt es aber auch Allianzen, so wird Connor McLoed von einem Unsterblichen Namens Ramirez, gespielt von Sean Connery, im Schwertkampf ausgebildet. Der finale Sieger ist dann so mächtig, dass er den „Lauf der Welt" beeinflussen kann. Es wird, selbst anhand dieser kurzen Inhaltsangabe, schnell klar, dass diese Geschichte sich hervorragend dafür eignet, sie in ein aufkeimendes Wahnsystem zu integrieren, bzw. sie beinahe komplett zu übernehmen. Hierzu ist anzumerken, dass der hier thematisierte Heimbewohner nicht der Einzige war, bei dem ich ein zumindest inhaltlich vergleichbares Wahnsystem konstatieren konnte, was von den in der Art erlebenden Heimbewohnern, vor dem Hintergrund des Filmuntertitels „There Can Only Be One", sicherlich tendenziell irritierend aufgenommen worden sein dürfte.
[91] So äußerte sich mir gegenüber ein Wohnheimbewohner schriftlich (Zuschiebung eines kleinen Zettels), scheinbar völlig zusammenhangslos und mitten in einem Gruppengespräch, das der gemeinsamen Planung des Speiseplans für die kommende Woche diente.

kung nicht die Rede sein kann, sondern eher von einer normativen Verschiebung gesprochen werden muss. Die prinzipielle Fähigkeit strategisch denken zu können bleibt also erhalten, lediglich die Bezugsysteme verschieben sich.

Diese Sichtweise ist von entscheidender Bedeutung, denn oft liest oder hört man, dass diese Menschen *ihren* Alltag nicht beherrschen würden. Diese Aussage ist in der Form nicht haltbar, wenn man die Erkrankung als eigenes Bezugssystem, als normatives Modell definiert. Bezogen auf das jeweilige Störungssystem ist das Interagieren der erkrankten Menschen nämlich als alltagstauglich zu bewerten. Dass dieser Alltag beispielsweise mit dem einer Erzieherin oder eines Erziehers nur wenig gemein hat und sogar mit diesem in Konflikt geraten kann, spielt bei der reinen Bewertung der prinzipiellen Alltagstauglichkeit keine Rolle. Es kann also lediglich die Aussage gemacht werden, dass ein psychisch erkrankter Mensch den Alltag, dessen Bewältigung sie oder ihn allgemein gesellschaftsfähig machen würde, nicht beherrscht.

Nicht vergessen darf man in diesem Kontext, dass sich hinter den als defizitär interpretierten Sinnhaftigkeitszusammenhängen häufig ganz eigene normative Modelle „verbergen", in deren Alltagskontexten die „betroffenen" Menschen erfolgsorientiert[92] interagieren können: Enthauptet man in einem wahnhaften Bezugssystem, wie z. B. in der Welt des Highlanders, 2 Gegner, dann führt dies sicherlich zu einem bezugssystemabhängigen Erlebenszustand des Interaktionserfolges. Diese Erkenntnis hat mich sehr vorsichtig werden lassen, was die Verwendung des Bewertungsbegriffes „Entleerung" angeht, da in diesem Zusammenhang ignoriert wird, dass nicht selten der Zustand der Leere noch während der Entleerung wieder mit normativ andersartigen Regelsystemen gefüllt wird, womit wir beim oben genannten Prinzip der normativen Verschiebung sind, das im Folgenden konkretisiert werden soll.

5.3.1 Die Schizophreniegenese als Beispiel für normative Systemübergänge

In diesem Kapitel möchte ich die Genese wahnhafter Schizophrenieverläufe darstellen, da diese Prozesse m. E. ein gutes Exempel für eine normative Verschiebung sind. Bezogen auf die naturanaloge Hypothese dieser Arbeit bedeutet dies, dass anhand bestimmter Schizophrenieverläufe ein *realer*[93] Systemübergang mit hoher Relativdevianz *innerhalb* einer Person verdeutlicht werden kann.

---

[92] Was selbstverständlich nicht die Tatsache in Frage stellen soll, dass es auch Wahnwahrnehmungen gibt, die von den Betroffenen als extrem belastend empfunden werden.
[93] Der schon zuvor in Kapitel 4 angedeutete Unterschied zwischen einem realen Systemübergang oder Wechsel und einem analytischen Übergang als kategorisierende Messvorrausetzung wird weiter unten verdeutlicht.

Ist ein Beobachter dieses Übergangs gegeben, in unserem Fall z. B. ein Erzieher, dann ist ein klassischer Schizophrenieverlauf ein realer Übergang *in* der „betroffenen", beobachteten Person, also beispielsweise eines Heimbewohners, aus seinem beobachternahen Bezugssystem heraus in (s)einen neuen, davon stark abweichenden normativen Kontext.

Zunächst ist es an dieser Stelle nötig, modellhaft darzustellen, wie eine Schizophrenieerkrankung entsteht. In diesem Zusammenhang ist zwischen der Genese der Basiserkrankung aus der Entwicklung eines Zustandes der Prämorbidität heraus einerseits und der Emergenz des Zustandes des akuten Wahnerlebens andererseits, zu unterscheiden. Zu diesem Zweck soll das sog. 3 Phasen-Modell des Schweizer Psychiaters Luc Ciompi (vgl. Ciompi 1982) als Genesemodell zu Grunde gelegt werden. Nach Ciompi besteht ein Kausalzusammenhang zwischen bestimmten biologischen Emergenzauslösern, wie genetischen und pränatalen Faktoren und bestimmten psychosozialen Auslösern, wie z. B. emotional belastenden Familiensituationen und dem Entstehen einer prämorbiden Vulnerabilität. Zwischen den beiden Kategorien der Emergenzauslösung, also den biologischen und psychosozialen Faktoren, ist eine interdependente Beziehung zu konstatieren, sodass das Konglomerat der Auslösefaktoren und ihrer Wechselwirkungen den Zustand der Vulnerabilität generieren. Mit Vulnerabilität ist in diesem Kontext eine erhöhte Sensibilität gegenüber Reizen jedweder Art gemeint, was bedeutet, dass Prämorbidität hier in der mangelhaften Fähigkeit, Reize zu filtern begründet ist. Ein großer Teil der einfließenden Reize – der weitaus größer ist, als bei nicht vulnerablen Menschen - wird somit wahrgenommen und *muss* als Information verarbeitet werden. Hier das 3 – Phasen – Modell als Schaubild:

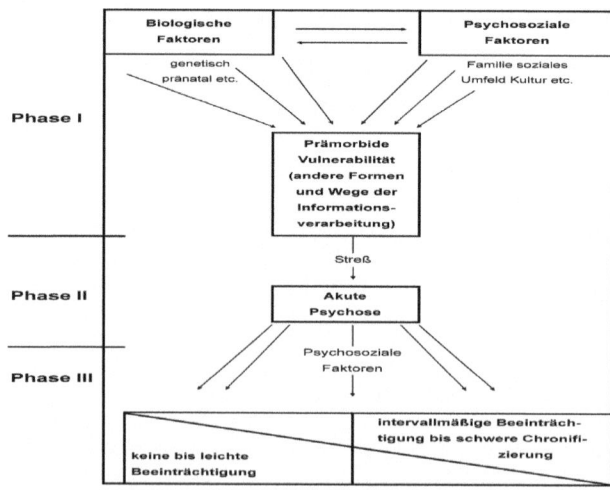

Abbildung 2:
3-Phasen-Modell nach Ciompi

Ist der Status des Reizfiltermangels manifestiert, ist die Phase 1 und damit das Entstehen der prämorbiden Vulnerabilität abgeschlossen.

In Phase 2 zieht für die verarbeitende Person der dauerhafte Zwang zur Verarbeitung einer großen Informationsmasse einen Zustand des Stresserlebens nach sich, wodurch der Wunsch entsteht, Reizen zu entgehen, was aber nicht immer wunschgemäß umzusetzen ist. Insofern können exogen eingeleitete Reize, wie ein Zuviel an sozialer Interaktion, unerwünschten Stress auslösen, was wiederum in einen Erlebenszustand der Frustration münden kann: Der Wunsch exogen eingeleiteten Reizen zu entgehen, wird dauerhaft und zu häufig versagt. Für die Betroffenen entsteht in der Folge eine dramatische Situation, da die Unmenge an zu verarbeitender Information in höchstem Maße ermüdet und irritiert und nun zunehmend auch endogene Frustrationsreize, also der Erlebenszustand von versagtem Interaktionserfolg mit in diesen Kausalzirkel eingreifen. Oft versuchen Menschen in diesem Zustand sich ihrer sozialen Umwelt völlig zu entziehen, indem sie tagsüber schlafen und erst des Nachts aktiv werden. Auch das Tragen von dunklen Brillen, Kompensation durch viel Schlaf und mangelhafte Körperhygiene tragen dazu bei, sozialer Interaktion zu entgehen, um dem damit verbundenen Stress zu entgehen. Insofern sind solche Bewältigungsstrategien nichts weiter, als der Versuch Leidensdruck zu minimieren. Diese Bewältigungsinteraktionen stellen die Variationsbreite der vulnerabilitätsabhängigen Interaktionsoptionen vulnerabler Menschen dar.

Greifen diese Strategien nicht mehr in einem ausreichenden Maße und ist die Kapazität der Frustrationstoleranz erreicht, und dies ist zumeist der Fall, wenn die Reize starke emotionale Zustände[94] auslösen, dann ergeben sich Basissymtome wie Angst, Verunsicherung, Sprachlosigkeit bis hin zur völligen Handlungsunfähigkeit. Hierbei kann die Situation entstehen, dass die Betroffenen selbst zum Ausführen von Automatismen, wie dem Binden von Schuhschleifen, nicht mehr in der Lage sind.

In diesem Stadium angekommen, gibt es zumeist keine Möglichkeit mehr, der akuten Krankheitsepisode, zu entgehen. Dieser Zustand wird akute Psychose genannt; hier sind bei den Betroffenen dann die klassischen, weiter oben bereits exemplarisch beschriebenen Sekundärsymptome, wie Halluzinationen und Wahnerleben, im Sinne eines Wahnsystems mit eigenem Normmaßstab zu kons-

---

[94] Hierbei ist es völlig unerheblich, ob die emotionalen Zustände (zunächst) positiver oder negativer Erlebensnatur sind. Auch das Gefühl des glücklichen Verliebseins, führt letztlich zu einem Wunschversagenszustand, also zur Frustration, weil auch diese Emotion Stress nach sich zieht. Und der Hauptwunsch aller Menschen in als problematisch erlebten Situationen ist nicht Verliebsein, sondern Leidensdruckverminderung. Diese Formulierung ist im Sinne der postulierten Hypothese ein kovariantes Gesetz.

tatieren. Hier erleben sich die betroffenen Menschen häufig wieder als handlungsfähig, da hier die normativen Vorrausetzungen des „alten", vulnerablen Zustands und seiner „Umwelt" keinerlei Gültigkeit mehr besitzen. In den neuen normativen Kontexten geht es auch nicht mehr um die Minimierung von Leidendruck, da die Lebensumstände hier (häufig) nicht mehr als problematisch erlebt werden[95], bzw. wird der Leidendruck und die Basissymptomatik vermindert, weil es nun eine Erklärung für die Basissymptome gibt:

In einer akuten Episode erklärte mir ein junger Bewohner, dass es ihm nun besser ginge, da er ja schließlich jetzt wisse, warum er sich so „komisch" gefühlt[96] habe. Er berichtete, dass er durch einen „schleimigen Zellhaufen" am Hinterkopf „ferngesteuert" werde. Er räumte ein, dass er dies als etwas „störend" empfände, aber schließlich sei jetzt für ihn und seine „Rolle in der Welt einiges klarer".

Der weitere Verlauf, die Phase 3, entscheidet, ob die akute Symptomatik ein einmaliges Ereignis bleibt, oder ob sich eine Chronifizierung manifestiert. Hier sind psychosoziale Faktoren Einfluss gebend entscheidend. Ist eine solche Chronifizierung gegeben, dann ist dies zumeist die Stelle, an der eine psychiatrisch relevante Diagnose gestellt werden kann. Die Summe der sich aus diesem Kontext ergebenden Interaktionsformen, ist die Variationsbreite der Erkrankungsabhängigen Interaktionsoptionen chronisch erkrankter Schizophrener.

Nun da der Genesezusammenhang der Schizophrenie näher beschrieben wurde, soll im folgenden Kapitel das sog. Diabolo Modells nach Nouverté als Beispiel für einen realen normativen Systemübergang innerhalb einer Person und dessen Bewertung durch einen Beobachter herangezogen werden.

5.3.2 Das Diabolo-Modell und seine normative Lesart

Das Diabolo-Modell nach Nouverté (1984) beschreibt das Entstehen einer akuten Psychoseepisode und setzt beginnend in der Phase 1 des zuvor dargestellten Modells von Ciompi, also in der Phase der bereits manifestierten prämorbiden Vulnerabilität an, ohne, wie bei Ciompi, auf deren Genese näher einzugehen.

Der Status der Vulnerabilität zeichnet sich in diesem Modell, wie bei Ciompi auch, dadurch aus, dass die Interaktionsvarianz vulnerabler Menschen von kompensativen Bewältigungsstrategien gekennzeichnet ist: Sie wollen den

---

[95] Was nicht bedeutet, dass das Gesetz der Leidendruckverminderung (vgl. vorhergehende Fn.) außer Kraft gesetzt wird, die Situation ist schlicht und einfach keine Problemsituation mehr.
[96] Er bezog sich hier auf einen Zustand der tiefen Verunsicherung und Antriebslosigkeit, der bei ihm, vor der akuten Situation des Wechsels in sein Wahnsystem, über mehrere Wochen zu beobachten war und den er auch so benennen konnte.

durch Reizstress verursachten Leidensdruck minimieren. Diverse Bewältigungs-beispiele habe ich bereits im Kapitel zuvor aufgeführt. Funktioniert diese Art der Kompensation nicht mehr, verläuft die Morbiditätsentwicklung wie im 3 Phasen-Modell bei Ciompi. Das Modell heißt Diabolo-Modell, da die schematische Darstellung des Erkrankungsverlaufes einem zur Körpermitte hin verjüngten Zylinders entspricht und somit an das Kinderspiel „Diabolo" erinnert, bei dem es gilt einen derart gestalteten Holzylinder auf einem Faden zu balancieren. Man könnte also auch von einer Sanduhr sprechen. Die Ober- bzw. Unterseite des Zylinders dieses Schemas stehen für den Anfangs- bzw. Endzustand des Verlau-fes. Somit steht der „Deckel" für den Zustand der prämorbiden Vulnerabilität und der „Boden" steht für den Zustand einer manifestierten Erkrankung. Der „Körper" selbst beschreibt schematisch den Verlauf der Erkrankung aus dem Anfangszustand heraus, bis hin zum Endzustand. Die verjüngte „Körpermitte" steht für den Zustand der Basissymptomatik und leitet so schematisch den Über-gang in die akute Psychose ein. Hier das entsprechende Schaubild:

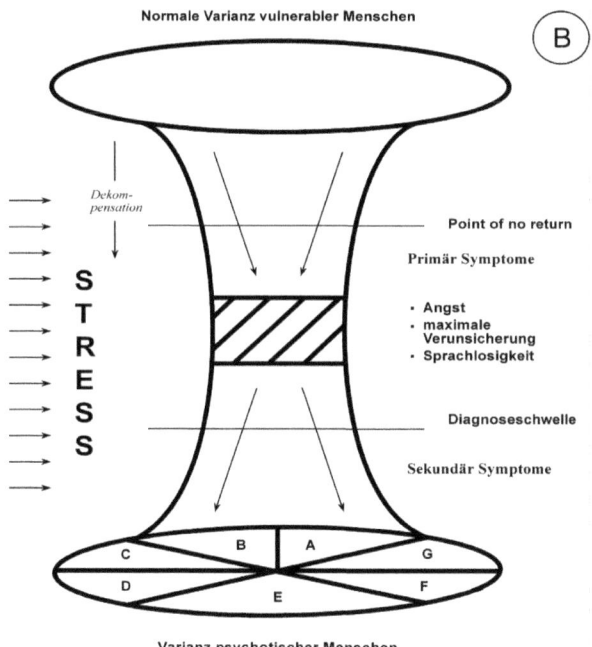

Diablo-Modell (NOUVERTNÉ 1984)

Abbildung 3: Diabolo - Modell nach Nouvertné

Zum Diabolo-Modell ist prinzipiell auszuführen, dass es sich auf Individuen und deren inneres Erleben aufgrund einer anderen Informationsverarbeitung bezieht, ohne die Beziehungen dieser Person zu entsprechenden Sinnkollektiven, also zu normativen Modellen zu berücksichtigen. Da Menschen nicht nur „psychische" sind sondern auch „soziale" Einheiten sind und das Soziale sich nicht auf als Umwelt empfundene Außenreize reduzieren lässt, möchte ich, wie im Kapitel zuvor angekündigt, das Diabolo-Modell als Übergang zwischen verschiedenen voneinander stark abweichenden normativen Bezugsystemen, als normative „Verschiebung" interpretieren. Insofern sollen sich in dieser Lesart die entsprechenden Interaktionsmuster im Anfangs- bzw. Endzustand auf einen normativen Kontext beziehen. Das heißt, dass der Zustand der Prämorbidität mit seinen kompensativ motivierten Interaktionen sich hier auf einen Normzusammenhang bezieht, der mit hoher Relativdevianz vom Zustand eines manifesten Wahnerlebens und den dortigen normativen Bezügen abweicht.

Warum Wahnsysteme prinzipiell als normative Bezugsysteme definiert werden können, habe ich bereits mehrfach angedeutet, möchte dies aber noch einmal verdeutlichen: Wahnerleben bezieht sich nicht immer nur auf rein individuelles Erleben, wie sensorische Halluzinationen, sondern wenn von einem Wahnsystem gesprochen wird, ist ein mehr oder weniger komplett ausgebildetes soziales System mit entsprechenden Normen zu konstatieren. Dass dieses System von allen anderen real existierenden Menschen nicht als Realität wahrgenommen wird, ist hier völlig irrelevant, da die so erlebenden Menschen ihr Wahnsystem als ihre Objektivität wahrnehmen und alles andere eher als „Störungen", die ggf. noch mit in dieses Bezugssystem integriert werden. In diesem Zusammenhang möchte ich noch einmal auf das Beispiel im Prolog zu sprechen kommen. Der Bewohner, der mir diese Zeilen schrieb, war zu diesem Zeitpunkt in einem Zustand der akuten Psychose, in der er sich als omipotentes Genie wahrnahm und mich als nicht erwartungsgemäß funktionierendes (von ihm selbst erschaffenes) Selbstobjekt in seinen Wahn, in sein normatives System „einbaute".

Aus dem Beschriebenen geht hervor, dass der Zustand der Prämorbidität und der Zustand der Erkrankung mit einem ausgeprägten Wahnsystem zwei Bezugsysteme darstellen, die mit hoher Relativdevianz von einander abweichen. Die Besonderheit ist, dass die Verlaufsgeschwindigkeit im Vergleich zu bestimmten Sozialisationsprozessen (wie z. B. bei TOM) ungleich höher ist. Der Verlauf selbst, schematisch gesprochen der „Körper" des Modells, ist also als eine Dynamik zu beschreiben, die durch den Einfluss von Stressfaktoren eingeleitet wird[97]. Somit kann man anhand dieses Beispiels auch möglichen Missverständnissen vorbeugen, in dem es zeigt, dass zwischen einem realen dynamischen Verlauf und einem analytischen Übergang unterschieden werden muss. Ein dynamischer Verlauf beschreibt eine real gegebene (normative) Veränderung, ein analytischer Übergang, wie er als Systemübergang in Kapitel 4 thematisiet wird, hingegen bestimmt den einflussfreien, inertialen normativen Kontext in dem Interaktionen bewertet werden müssen. Bei diesen analytischen Übergängen ist zwischen dem Beobachtersystem und dem System des Beobachteten zu unterscheiden, wobei es gemäß der zentralen Aussage dieser Arbeit, reine Festlegungssache ist, welches der beiden System als Beobachter- und welches als Beobachtetensystem klassifiziert wird. Ein realer Systemübergang ist somit der Verlauf des Wechsels von Bezugsystemen in Bezug auf ein Individuum oder eine Gruppe, im Sinne einer normativen Verrückung. Ein analytischer Übergang legt jedoch vielmehr den Beobachterstandpunkt, den normativen Zusammenhang und den Grad der Devianz fest (vgl. Kapitel 4) und ist analog zu den Transformationen in der theoretischen Physik zu klassifizieren.[98]

Um nicht den Eindruck zu erwecken, der Ansicht zu sein, dass selbst psychische Erkrankungen rein sozial-normativen Ursprungs seien, möchte ich an dieser Stelle hervorheben, dass die realen dynamischen normativen Verrückungen unterschiedlichen Ursprungs sein können. Krankheitscharakter haben sie immer im Rahmen von psychischen Erkrankungen, da die Verrückungen hier ihren Ursprung in der Grunderkrankung haben. Im Zusammenhang mit „abweichenden" Sozialisationseinflüssen sind normative Verrückungen, wie beispielsweise im Fall von TOM, ganz anders als bei den psychischen Krankheitsbildern, vornehmlich soziogen bedingt. Krankheitsverläufe als normative Verschiebung oder Verrückung darzustellen, soll somit nicht bedeuten, dass man diese Erkrankungen auch hauptsächlich soziogen erklären könne. Umgekehrt heißt das aber auch, dass deviantes Interagieren, auch grausamster Art, nicht zwangsweise pathologisch erklärbar ist. Ich habe diesbezüglich in dieser Arbeit zuvor schon auf Harrower (1976) verwiesen, die die Frage „Were Hitlers Henschmen Mad?" klar mit *nein* beantwortete.

Legt man sich im Fall von vulnerablen Menschen fest, dass sie und ihre normativen Bezüge beobachtet werden und z. B. das Betreuungspersonal eines Wohnheims als Beobachtersystem festgelegt wird, stellt man schnell fest, dass

---

[97] Die schmalste Stelle des Diabolo-Modells stellt insofern die bildhafte Wendestelle im dynamischen Verlauf des Bezugsystemwechsels und die Deckel repräsentieren, genau wie die kreisförmigen Darstellungen in Abb. 1 , verschiedene inertiale Bezugssysteme.

[98] Bei der hier in der Folge vorgenommenen exemplarischen Darstellung eines analytischen Übergangs zwischen der beobachternahen Bezugssystemmenge und dem beobachteten (Wahn-) Kontext wird das Relativitätspostulat beim Übergang mit hoher Relativdevianz bereits impliziert.

sich zwar eine gewisse Normvarianz ergibt, ohne dass aus dem Beobachtersystem jedoch prinzipielle Sinnhaftigkeitsdefizite festgestellt werden können. Die prämorbiden Menschen versuchen mit den Stressfaktoren beobachternah umzugehen, in dem sie sie vermeiden, um so an beobachternahen Bezugsystemen erfolgreich teilnehmen zu können. Der Interaktionsentwurf des Partizipieren Wollens an einem Bezugssystem im Rahmen einer beobachternahen Bezugssystemmenge führt folglich zu kompensativen Interaktionen: Ich schlafe z. B. über die maßen viel, um Basissymptome zu vermeiden und in der Folge z. B. arbeitsfähig zu bleiben; oder ich entziehe mich sozialer Interaktion über weite Teile des Tages, um die mir wichtigen Sozialkontakte ertragen zu können. Der sinnhafte Interaktionsentwurf dahinter ist in keiner Weise vom festgelegten Beobachtersinn abweichend.

Anders beim analytischen Übergang zwischen Beobachtersystem und Wahnsystem. Hier werden aus dem Beobachtersystem ganz erhebliche Sinnhaftigkeitsdefizite in Bezug auf die Interaktionsentwürfe und umgesetzte Interaktionen wahrgenommen: So ist der Interaktionsentwurf bzw. das Motiv „Ich enthaupte, um Interaktionserfolg zu erzielen", aus dem Beobachtersystem bewertet, kein sinnhafter Entwurf.

Das heißt, dass der Beobachter eines Erkrankungsverlaufes vom prämorbiden in den wahnhaften Zustand aus seinem System S die Interaktionen des beobachteten Menschen in den Systemen S' und S'' bewerten muss. Wenn S'' das Wahnsystem darstellt, weicht es bei der hier vorgenommenen Festlegung des Beobachterstandpunktes mit hoher Relativdevianz von der Bezugssystemmenge (S; S') ab. Das führt zu dem Schluss, dass zwischen den Systemen S und S', also dem Beobachtersystem und dem Vulnerabilitätssystem ein analytischer Übergang mit kleiner Relativdevianz zu konstatieren ist und zwischen diesen beiden Systemen einerseits und dem System S'' andererseits ein analytischer Übergang mit hoher Relativdevianz. Konkret bedeutet dies, dass der beobachtete Mensch in seinem prämorbiden Zustand dem Beobachter normativ weitaus „näher" ist, als im Zustand der akuten Psychose.

Umgekehrt gilt dies gemäß des Gleichwertigkeitspostulates genauso: legt man das Wahnsystem als Beobachtersystem fest, werden die Interakionsentwürfe und Interaktionen des Betreuersystems häufig als nicht sinnhaft bewertet:

„Frau M., warum sind sie immer so ausgleichend und ekelerregend friedfertig? Wir stehen doch vor Herausforderungen, die mehr Mumm und zupackendes Verhalten gebieten. Die Mächte des Bösen können Sie nicht mit ihrem sozialpädagogischen

Gewäsch ausmerzen. Stellen Sie ihr sinnloses Gebaren ein und helfen Sie mir tatkräftig im Kampf gegen die Dämonen!"[99]

In diesem Bewohnerzitat wird wie zuvor beim Fall TOM offenbar, dass 1. die Bewertung sozialer Interaktion nicht Wissenschaftlern bzw. Pädagogen vorbehalten ist, sondern, dass dieses Bewerten der Sinnhaftigkeit fremder Interaktion Teil des alltäglichen Interaktionsgeschehen innerhalb von Bezugsystemen ist, und 2. diese Sinnbewertungen anderer Bezugsysteme immer aus einem Bezugsystem *heraus* vorgenommen werden und somit das Bewertungsergebnis allein von der Festlegung des Beobachterkontextes abhängt. In diesem Zusammenhang möchte ich die Bewertung der Kollegin M. nicht vorenthalten. Frau M. kommentierte die Interaktionsituation mit D. wie folgt[100]:

„D. war heute wieder total psychotisch und in seinem Wahn gefangen; hat von Dämonen gesprochen und wollte, dass ich R. im Hafen ertränke. Völlig irrsinnig. D. ist schon ein bemitleidenswerter Mensch – eine schlimme Vorstellung so fernab von allem Realen zu sein uns so völlig sinnentleert vor sich hin zu vegetieren. Komisch, dass der Leidensdruck noch nicht so hoch ist, dass er sich in die Klinik einweisen lässt. Der kommt doch gar nicht mehr zurecht"

Frau M. bewertet die Interaktionssituation aus ihrem Bezugsystem heraus völlig anders als D., was die Sinnhaftigkeit des Interaktionsentwurfes „Mitbewohner im Hafen ertränken" angeht. D. sah vor dem Hintergrund seines Bezugssystems einen Sinn darin, seinen dämonischen Mitbewohner „auszumerzen" und bewertete seinerseits die Ablehnung der Mithilfe durch Frau M. als „sinnloses Gebaren".

Frau M. hingegen bewertete ihrerseits den Interaktionsentwurf von D. als „sinnentleert" und brachte ihr Mitgefühl zum Ausdruck, da sie bei D. einen hohen Leidensdruck vermutete, da er „doch gar nicht mehr zurecht kommt".

Ich bin mir ganz sicher, dass D. dies ganz anders sah und sich seinerseits möglicherweise für sich die Frage gestellt haben mag, wie Frau M. mit ihrem friedfertigen Opferhabitus in dieser Welt voller Dämonen überhaupt 30 Jahre alt werden konnte. Jenseits von dieser Spekulation bleibt festzuhalten, das D. die

---

[99] So der jugendliche Heimbewohner D. zu einer meiner Kolleginnen, Frau M. (zumindest sinngemäß; ich notierte mir diesen Ausruf direkt im Anschluss an dessen Äußerung, ohne jedoch die Garantie dafür übernehmen zu können, dass dies der exakte Wortlaut ist). Weiter ist erklärend hinzuzufügen, dass dieser Bewohner an einem anderen Bewohner offenbar etwas „Dämonisches" wahrnahm und von der Betreuerin verhältnismäßig drastische Maßnahmen einforderte (Versenkung des als Dämon wahrgenommenen Bewohners im nahegelegnen Duisburger Hafenmund).
[100] Für die Niederschrift dieses Zitates gilt Gleiches, wie für die des Bewohnerzitates, womit ich für die Exaktheit der Wiedergabe auch hier keine Garantie abgeben kann.

Interaktionen von Frau M. als „sinnlos"[101] (vgl. zuletzt angeführtes Bewohnerzitat) bewertete, was eine völlig andere Bewertungsqualität bedeutet, als das schlichte Negieren der Bewertung anderer Interaktionsteilnehmer – die Tatsache, dass psychotische Menschen die Bewertungsrückmeldung ihrer sozialen Umwelt ignorieren bzw. nicht teilen ist in psychiatrischen Kontexten fest habituiert, nicht jedoch in der vollkommenen, umgekehrten Konsequenz derart, dass psychotische Menschen ihrerseits genau die gleichen Bewertungen vornehmen, wie (behandelnde, betreuende) nicht psychotische Menschen. Diese Bewertungsqualität zeichnet sich dadurch aus, dass ihr ein viel intentionalerer, entwurfhafterer, folglich sinnhafterer Charakter zuzuschreiben ist, als dem schlichten Reagieren auf eine Bewertung durch die Umwelt.

Abschließend bleibt festzuhalten, dass Frau M. die Interaktionen des Bewohners D. aus ihrem Bezugssystem bewertete und hierbei dem Trugschluss erlag, dass das bei D. wahrgenommene Sinnhaftigkeitsdefizit die Folge des nicht partizipieren Könnens an einem absoluten Sinnäther war. Frau M. beging hier folglich den Fehler der reflektierten Leitdifferenz, die zwar, im Gegensatz zur unreflektierten Leitdifferenz, keinen überall gleichen Sinn annimmt, jedoch von einem Sinnäther ausgeht, in dem defizitäre Sinnlokalitäten existieren[102].

Frau M. steht hier nur exemplarisch für viele Pädagoginnen und Pädagogen, die ihr Handlungsfeld und die dort zu betreuenden Personen in ähnlicher Art (fehl-) bewerten. Somit erscheint es mir angebracht, im folgenden Kapitel näher auf pädagogische Grundhaltungen als Ausfluss bestimmter normativer Kontexte einzugehen, um so die Bewertungsquelle, also das Entstehen einer solchen Grundhaltung bzw. Grundverständnisses, welche *eigentlich* funktional[103] professionalisiert sein sollten, beschreiben zu können.

Abschließend bleibt festzuhalten, dass die Fehlbewertung der Frau M. nicht darin begründbar ist, dass sie Sinnvarianzen wahrnimmt; täte sie dies nicht, wäre sicherlich zu überprüfen, ob sie nicht auch an einer psychischen Erkrankung leidet. Die Fehlbewertung der Frau M. liegt vielmehr darin, den komplementären Charakter der Bewertungsergebnisse und die Gleichwertigkeit dieser Ergebnisse nicht zu erkennen. Somit bedeutet das Relativitätspostulat eben nicht das Erzeugen von „gönnerhafter" Gleichwertigkeit, die dem „abweichenden" Gegenüber eine eigene (defizitäre) Bewertung abspricht. Die Gleichwertigkeit der Bezugsysteme besteht somit darin, dass die voneinander abweichenden Normaßstäbe immer von den gleichen kovarianten Gesetzen grundlegend gesteuert werden.

---

[101] Sic!

[102] Erstaunlich ist, dass D. dem gleichen Trugschluss erlag.

[103] Im Sine der Funktionssysteme bei Luhmann und in Abgrenzung zu den normativen Bezugsystemen des Alltages mit ihrem „lebensweltlichen" Charakter.

5.4 Pädagogische Grundhaltungen als Ausfluss normativer Modelle

In diesem Kapitel möchte ich zeigen, dass pädagogisches Interagieren immer durch bestimmte kollektiv geteilte Grundhaltungen zu einem bestimmten Handlungsfeld bestimmt wird. Anhand dieses Beispiels soll veranschaulicht werden, dass professionelle Kontexte, z. B. in Form von pädagogischen Einrichtungen, die als Teile funktionaler Systeme im Luhmannschen Sinne zu klassifizieren sind, durch die „lebensweltlichen" Kontexte der normativen Bezugsysteme beeinflusst werden. Das dahinter stehende Grundprinzip ist nichts anderes, als die Dialektik zwischen Lebenswelt und System, bzw. Person und Rolle, wie dies bereits durch Habermas konzeptionell beschrieben wurde[104]. Im Kontext dieses Kapitels werde ich wieder Praxisbeispiele in Form von Gesprächs- bzw. Textauszügen aus dem Handlungsfeld der Heimerziehung anführen, welche die Rolle-Person-Interdependenz als Bewertungsquelle aufzeigt.

Als erstes Beispiel möchte ich die Äußerungen der Erzieherin Frau G. anführen, die mit mir gemeinsam in einer Wohneinrichtung der Jugendhilfe arbeitete. Frau G. äußerte sich in einer Fallbesprechung, die die Lebenssituation des 17 jährigen gewaltaffinen Jugendlichen A. und wie man die Hilfe für diesen jungen Menschen weiter gestaltet, zum Thema hatte, wie folgt:

„A. ist für mich ziemlich rechtsgestrickt und will alles dafür tun, dass unsere Normen und Werte, also was gesellschaftlich und politisch korrekt ist, bekämpft werden. Alles, was wir für zivilisiert halten, hält er für falsch und wendet sich massiv dagegen; das sieht man ja auch, wenn es hier eskaliert; erst sind es die Hitlergrüße und dann wird er doch auch körperlich ziemlich massiv, weil wir das so nicht tolerieren können. Er ist durch und durch mit rechtem Gedankengut verseucht und will seine verqueren politischen Ansichten überall durchsetzen – er nutzt ja auch jede freie Minute, um sich mit diesen anderen Jungnazis zu treffen, dass sind die, mit denen er häufig auffällig wird – die prügeln sich doch fast immer mit anderen Jugendlichen, wenn sie zusammen sind; laufen ja auch schon viele anzeigen. Ich glaube, dass A. so nichts für diese Einrichtung ist, weil er eine durch und durch staatsfeindliche Gesinnung hat und eine tickende Zeitbombe ist – wir haben hier ja auch noch 26 andere Bewohner im Hause, die wir schützen müssen. Für den sind wir doch nur irgendwelche Linke, die ausgemerzt werden müssen. Der ist Nazi durch und durch – da muss man sich doch nur mal die typische Kleidung angucken. Untragbar!"

---

[104] Vgl. Habermas 1981a. Habermas bezieht seine Konzeption allerdings nicht auf derart konkrete berufpraktische Situationen, wie dies hier geschehen soll. Eine ähnliche Beziehung der Konzeption der Dualität von Lebenswelt und System von Habermas zu entsprechenden Praxissituationen stellen Klüver u. a. her (vgl. Klüver u. a. 2006).

Frau G. stellte das Verhalten des Jugendlichen A. hier deutlich in einen politischen Rahmen, so dass A. in dieser Darstellung nunmehr nicht nur ein gewalttätiger Jugendlicher war, sondern zusätzlich auch ein politisch überzeugter Täter, dem eine zivilisationsfeindliche Einstellung unterstellt wurde.

Meiner Ansicht nach ist dieser Fall allerdings anders zu bewerten, da die kollektiven Gewaltinteraktionen von A. in keiner Weise politisch motiviert waren. In vielen Gesprächen mit A. kristallisierte sich tendenziell ein ähnliches Sozialisationsschicksal heraus, wie dies bei dem Jugendlichen TOM bereits zu konstatieren war. Auch A. wuchs in einer Familiensituation auf, die durch Gewalterfahrungen gekennzeichnet war. Die Eltern trennten sich, wie bei TOM relativ früh, allerdings verblieb A. kurzzeitig bei der Kindesmutter, bevor er in das Wohnheim aufgenommen wurde. Auch bei A. waren keinerlei Erzählpassagen zu seiner Kindheit festzustellen. In der Aufnahmediagnose durch einen Kinder- und Jugendpsychiater wurde dazu passend A. als ein Jugendlicher mit einer schweren „Identitätsstörung" beschrieben, der dazu neigt, „scheinbar jedes beliebige Kollektiv zur Habitusbildung heranzuziehen". In der Tat war es so, dass A. sich immer über Kollektive versuchte zu identifizieren und es ist davon auszugehen, dass er dies aus Ermangelung persönlicher Habituselemente tat. Allerdings suchte er die Kollektive nie beliebig aus, sondern sie mussten immer Kollektive sein, in denen er sich weitestgehend unkommunikativ kollektiv selbststilisieren konnte. Die Stereotypisierung nationaler Zugehörigkeit und die entsprechenden Gewaltaktionismen sind in diesem Zusammenhang bestens geeignet, habituelle Gemeinsamkeiten zu generieren und abzusichern (vgl. Bohnsack u. a. 1995, S. 33 ff.). Im Fall von A. geht es folglich nicht um politisch motivierten Protest, sondern um die Suche nach Gemeinsamkeit, sodass die Interaktionen von A. auch nicht aus politischen Überzeugungen oder Ideologien abzuleiten sind. Frau G. verkennt hier also völlig die Bedeutung der Ebene der Bezugsysteme, der dortigen normativen Maßstäbe und der Interaktionspraxis, die davon abhängig beobachtbar ist und „stülpt" somit den Aktionismen von A. einen invaliden Sinn über!

In diesem Fall ist m. E. von einem, ein weiteres Mal analog zur theoretischen Physik gesprochen, „klassischen" Fehler zu sprechen, da Frau G. die Devianz von A. und des entsprechenden Bezugssystems ignoriert und eine künstliche Sinninvarianz herstellt. Somit ist in diesem Kontext der sozialisatorische Hintergrund von Frau G. mit zu berücksichtigen, um zu zeigen, dass Frau G. annimmt, dass die ihrem Bezugssystem zugrunde liegende Sinnhaftigkeit überall, also global valide ist.

Frau G. ist eine Frau, die 59 Jahre alt ist und deren entscheidende Sozialisationserlebnisse offensichtlich durch die normativen Ausflüsse der Studentenbewegung Ende der 1960er zu Stande kamen. Renitenz und Widerstand gehörten damals zu den „konformen" Interaktionsformen der politischen, protestierenden und vor allem reflektierten intellektuellen „Linken". Ziel des Protestes waren „abweichende", konservative Bezugsysteme, deren Niederschläge in den funktionalen Systemen, insbesondere im politischen Funktionssystem, entsprechend zu finden waren.

Frau G. nahm bei der Bewertung der Interaktionen von A. an, dass diesen ein zu ihr gleicher Sinn zugrunde lag, also, dass die Renitenz und die Gewaltinteraktionen von A. politisch-ideologisch motiviert waren und somit Ausdruck einer expliziten Auseinandersetzung mit ihrem Bezugsystem darstellten. Doch wie bereits zuvor dargelegt wurde, ist A. völlig unpolitisch und seine Interaktionsentwürfe entsprangen einer völlig andersartigen, in Bezug auf den Normmaßstab von Frau G., relativ stark abweichenden Sinnhaftigkeit. Frau G. erliegt hier folglich dem bei vielen Menschen tief verwurzelten Kategorisierungsfehler eines über alle Bezugssysteme gleich gültigen Sinns. Dass politisch motivierte Gewalt lediglich ein Spezialfall unter vielen anderen, gleichwertigen normativen Motivlagen ist, erkannte Frau G. nicht. Die Fehlbewertung in diesem Fall liegt darin, die Abweichung als solche nicht zu erkennen und A. als Element eines Bezugsystems zu definieren, dass nur mit geringer Relativdevianz vom Bezugsystem von Frau G. abweicht.

Als ein weiters Beispiel möchte ich einen jungen, an einer Schizophrenie erkrankten jungen Mann namens P. vorstellen. P. hatte die Angewohnheit sich nur selten bzw. gar nicht zu waschen und seine Kleidung nicht zu wechseln. Die Folge davon war natürlicherweise ein Körpergeruch, der von den meisten seiner Mitmenschen als äußerst unangenehm empfunden wurde. In den entsprechenden Fallbesprechungen kamen die ihn betreuenden Menschen zu dem einhelligen Bewertungskonsens:

> „P. hat nie gelernt sich zu waschen, weil er aus einem Elternhaus stammt, in dem es mit der Hygiene nicht so genau genommen wurde. Das waren katastrophale Zustände in seinem Elternhaus und er hat diese Zustände verinnerlicht Außerdem ist P. wegen seiner geringen kognitiven Fähigkeiten nicht in der Lage, Hygieneregeln nach zu lernen."

Bewertet man nun diese Bewertung, dann wird offenbar, dass hier eine starke Devianz der Sinnhaftigkeit, was Hygienenormen angeht, seitens der Betreuer konstatiert wurde. Allerdings wurde hier eine künstliche Sinnhierarchie vorausgesetzt, da die mangelhafte Körperhygiene als unmotivierte Defizitinteraktion bewertet wurde und nicht als ein gleichwertig sinnhafter Interaktionsentwurf. Hierzu ist anzumerken, dass diese Lesart durchaus im Bereich des Validen liegen kann, in diesem Fall aber vieles dagegen sprach, wenn man sich etwas in die Interaktionspraxis von P. und seinen Sozialisationshintergrund vertiefte. Im

Rahmen von Gesprächen mit P. wurde man sich schnell bewusst, dass P. sehr wohl die kognitiven Fähigkeiten besitzt, neue Regeln zu erlernen, so kannte er alle Spielfiguren und deren Charakteristika eines Fantasykartenspiels auswendig und konnte vor allem mit den Regeln dieses Spiels erfolgsorientiert umgehen. Ferner ist bei der Beleuchtung seines Sozialisationshintergrundes in Bezug auf Hygieneregeln festzuhalten, dass in seiner Herkunftsfamilie von einer Verwahrlosung der Wohnräume zu sprechen war, allerdings in keiner Weise von einer stark vom „allgemein Üblichen" abweichenden Körperhygiene.

Allerdings war bei P. in den Phasen der nicht akuten Psychose eine deutliche Irritierbarkeit durch die Reize sozialer Interaktion zu beobachten. Dies hatte zur Folge, dass P. gezielt, also hoch motiviert versuchte, diesem unlustvollen Erleben zu entgehen. Offensichtlich entdeckte P. irgendwann den Zusammenhang zwischen einem unangenehmen Körpergeruch und der Abnahme sozialer Kontakte. Dieser Zusammenhang habituierte sich zunehmend und es gehörte fortan zu seinem sinnhaften Interaktionskontingent; bezüglich des Grades der Bewusstheit seines Interagierens ist auf den bereits beschriebene Übergangscharakter von „Weil-„ und „Um-zu-Motiven" zu verweisen. In diesem Zusammenhang möchte ich folgendes Zitat anführen:

> „Aber wenn ich anfange, mich körperlich zu pflegen, dann bin ich nicht mehr ich selber. Also für mich wäre es der Anfang einer (Gottseibeimir) Verberlinerung. Also zum Teufel damit. Wenn ich Dir so unappetitlich bin, dann such Dir einen für weibliche Geschmäcker geniessbareren Freund. Ich aber bewahre mir meine Indolenz, die schon den Vorteil hat, dass mich mancher „Fatzke" in Ruhe lässt, der mich sonst aufsuchen würde."

Dem Urheber dieses Zitates, der es mit der Körperhygiene offenbar ähnlich hält wie P., ist sicherlich kein Mangel an kognitiven Fähigkeiten und insofern auch kein rein defizitär-reaktives Interaktionsplanungsmodell zu unterstellen[105].

Festzuhalten bleibt, dass hier die Interaktionen von P. ohne genaue Kenntnis des Falls, seiner Fähigkeiten und seines Sozialisationshintergrundes bewertet wurden. Zwar wurde die relative Devianz erkannt, allerdings ohne die Gleichwertigkeit der auslösenden Gesetze zu berücksichtigen: Alltagsinteragieren ist bezugsystembezogen *immer* motiviert und niemals einfach nur defizitär zu begründen, da dann auch nicht von Alltagshandeln die Rede sein könnte. Unmotivierte Interaktionen sind nicht sinnhafte bzw. defizitär Sinnhafte Interaktionen, die rein Reaktiv bestimmten Umständen entspringen. Genau so ein rein reaktives Interaktionsmodell wurde hier aber zu Grunde gelegt – allerdings völlig unbegründbar.

---

[105] Das Zitat stammt aus einem Brief Albert Einsteins an seine spätere Frau Elsa Löwenthal (1913).

Somit sind wir beim zweiten tief im kollektiven Bewusstsein verankerten Trugschluss angelangt, nämlich der Vorstellung von einem Sinnäther, der vor allen anderen Bezugsystemen ausgezeichnet ist und der jede Bezugsystemnorm, die von ihm abweicht, als zwangläufig sinndefizitäres System klassifiziert. Die Betreuer nahmen folglich an, dass ein von ihren Hygienenormen abweichendes Interagieren defizitär-reaktiv begründbar sein muss und nicht als eigens normatives Modell, in dessen Rahmen Interaktion als sinnhafter Entwurf geplant wird.

Diese Beispiele zeigen, dass das professionelle (Rollen-) Interagieren deutlich von den zugrunde liegenden persönlichen Bezugssystemhintergründen der erziehenden und bewertenden Betreuungspersonen „interpenetriert" werden, wie Luhmann sagen würde, oder „kolonialisiert" werden, wie Habermas sagen würde.

Die beschriebene direkte Beeinflussung pädagogischer Bewertungsperspektiven durch den persönlichen Alltagshintergrund der als Rollenträger interagierenden Pädagogen ist aber nicht die einzige Dimension der „alltagsweltlichen" Einfärbung funktionaler Bezüge. Hinzu kommt, dass es den im Funktionssystem der pädagogikrelevanten Sozialwissenschaften interagierenden Rollenträgern nicht anders ergeht, als denjenigen im Erziehungssystem. Auch hier werden theoretische Aussagen – insbesondere die Apriori-Konstruktionen der theoretischen Soziologie - durch die normativen Gegebenheiten in den jeweiligen Bezugsystemen des Alltages der entsprechenden Theoretiker erheblich beeinflusst.

Da empirische Forschung, wenn sie redlich praktiziert wird, immer auch einen theoretischen Rahmen vorhalten muss, der die Kategorien des Erkennens vorgibt, sind die dort gewonnenen Erkenntnisse selbstverständlich auch durch alltagsnormative Einflüsse geprägt. Als Beispiel ist hier die bereits vielfach im Rahmen dieser Arbeit zitierte Studie Bohnsacks (vgl. Bohnsack 1995) anzuführen. Seine Studie zu jugendlicher Gewalt innerhalb bestimmter Gruppen ist aus methodischer Sicht hervorragend theoretisch-kategorial vorbereitet. Allerdings begeht er, wie bereits erwähnt, den Bewertungsfehler der reflektierten Leitdifferenz, indem er den jugendlichen Hooligans die rationale Planung ihres Interagierens im Wesentlichen abspricht und die Devianz in diesem *absoluten* Defizit verortet. Er geht folglich von einem bildungsbürgerlichen Sinnäther aus, in dem – vor allen anderen Bezügen ausgezeichnet – kommunikativ-rational interagiert wird. Die Fehlbewertung liegt folglich hier abermals, wie im Fall von Frau M. in der Nichtberücksichtigung des komplementären Bewertungscharakters und der Gleichwertigkeit der Systeme.

Andere Forscher, wie z. B. Heitmeyer begehen, wie bereits ausgeführt, hingegen den Fehler einen überall gleichen Sinn für Gewaltverhalten anzunehmen und bewerten die Gewalt Jugendlicher als ideologischen Protest (vgl. Heitmeyer 1992) – hier liegt der Fehler der unreflektierten Leitdifferenz vor. Diese Lesart ist aber nur ein Spezialfall innerhalb vieler lokal gültiger Erklärungsmodelle für Gewalt und ist beispielsweise auf Hooligans häufig nicht zu übertragen.

Bezogen auf pädagogische Kontexte bedeutet dies, dass nicht nur die fachlichen Inhalte durch die Gegebenheiten der Bezugsysteme der Pädagogen beeinflusst werden, sondern die wissenschaftlich generierten gegenstandsbezogenen Analysen an sich bereits durch die alltäglichen Selbstverständlichkeiten der Wissenschaftler „verfälscht" wurden. So findet Frau G. in den Aussagen Heitmeyers eine wissenschaftliche Bestätigung ihrer Bewertungsgrundhaltung. Die Kollegen, die die Hygieneinteraktionen von P. bewerteten, hingegen werden durch Bewertungsperspektiven, wie die Bohnsacks, gestützt – ein Dilemma, dass eine Reflektion der eigenen Bewertungsperspektive der Pädagogen ungemein erschwert. Dies ist so zu sehen, weil die verfälschenden[106] „milieuspezifischen Selbstverständlichkeiten", um hier einen Begriff von Bohnsack zu verwenden, wenn es um die analytische Bewertung der Sinnhaftigkeit von Interaktion in pädagogischen Bezügen geht, durch ebenso verfälschte wissenschaftliche Aussagen untermauert werden und so nicht weiter hinterfragt werden.

Dieses Bewertungs-Dilemma in den entsprechenden Handlungsfeldern der Sozialpädagogik kann somit nur ein Auslöser und nicht einziges Argument für die Wichtigkeit einer zur Eigenreflexion anhaltenden Vorstrukturierung des Sozialen sein, da es die soziawissenschaftlichen Funktionskontexte ebenso betrifft. Der Vorteil meiner Invarianz-Hypothese ist sicherlich, dass sie das Problem auflöst, dass Alltagshandeln immer nur *entweder* „klassisch", also künstlich sinngleich, *oder* in Form eines Sinnäthers, also künstlich sinnhierarchisch bewertet wird.

Die Invarianz-Hypothese macht es möglich, die verschiedenen lokalen Sinnbezüge als gleichwertig zu betrachten, was die Regeln der *sinnhaften* (!) Interaktionssteuerung angeht, gleichzeitig berücksichtigt sie aber auch analytische Übergänge zwischen Bezugsystemen mit hoher Relativdevianz. Ich bin davon überzeugt, dass wenn die Einsicht aus dieser Hypothese, dass auch das aus Beobachtersicht abweichenste Alltagsinteragieren gleichwertig sinnhaft ist und es reine Festlegungssache ist, welche Interaktion deviant und welche konform ist, die Grundlage für ein besseres Reflexionsverhalten der professionell interagierenden gegeben sein wird.

Dies soll natürlich nicht heißen, dass Pädagogen nur noch als reine Rollenträger fungieren sollten, denn gerade im direkten Umgang mit Jugendlichen ist es sicherlich mehr als wünschenswert, wenn Persönliches mit in den Hilfepro-

---

[106] Mit „verfälschend" ist hier, um dies abermals zu verdeutlichen, nicht das Bewerten aus den eigenen Milieuzusammenhängen heraus an sich gemeint, sondern diese normativen Kontexte als absolute Gegebenheiten vorauszusetzen ist der entscheidende Bewertungsfehler. Aus den normativen Zusammenhängen lassen sich somit, wie bereits mehrfach erwähnt, keine kovarianten Gesetze ableiten!

zess einfließt. Die persönlichen Fähigkeiten der Pädagogen vor dem Hintergrund der normativen Gegebenheiten an denen sie partizipieren, können und sollen in den Prozess des analytischen Bewertens und des Helfens bzw. Erziehens mit einfließen – ich denke sogar, dass die Rolle-Person-Interdependenzen in einer Weise untrennbar sind, dass es gar keine andere Möglichkeit gibt, als stets auch als professionell Handelnder *aus* einem Bezugssystem heraus zu bewerten. Insofern ist es m. E. auch als Wissenschaftler unmöglich, eine völlig bezugsystemneutrale Bewertungsposition einzunehmen. Allerdings bin ich auch der Auffassung, dass die normativen Gegebenheiten des eigenen Bezugssystems in der Analyse von Interaktion fehl am Platze sind, wenn sie eine *absolut* sinndefizitäre Bewertung fremder Interaktion nach sich ziehen. Die Beobachtersystemnormen dürfen lediglich operativen Charakter haben, um in Abgrenzung an sie das normativ Fremde zu definieren.

6 Auswirkungen wissenschaftlicher Fehlkategorisierungen

In diesem Kapitel möchte ich ein Forschungsprojekt vorstellen, an dem ich selbst im Rahmen meiner Diplomarbeit bzw. Dissertation beteiligt war. Für die vorliegende Arbeit ist der Forschungsprozess dieses Projektes an sich interessant, da anhand seines Verlaufs, die Folgen einer Fehlkategorisierung sozialer Interaktion und deren Sinnhaftigkeit in wissenschaftlichen Zusammenhängen, besonders deutlich veranschaulicht werden können.

Letztlich haben mich die Kategorisierungsprobleme der angeführten Forschungsarbeit dazu gebracht, genauer über die Frage nachzudenken, welcher Art von theoretischer Struktur Sinn- und Norm kategorisierende Hypothesen prinzipiell folgen müssen, um deren Gültigkeitsbereich, was ihren Verallgemeinerungsgrad angeht, einordnen bzw. überprüfen zu können.

6.1 Vorstellung der Forschungsarbeit

Sowohl im Rahmen meiner Diplomarbeit (2003), als auch meiner Dissertation (2008) behandelte ich unter der Betreuung der Forschungsgruppe COBASC (Computer Based Analysis of Social Complexity, bestehend aus den Mitliedern: Jürgen Klüver, Christina Soica-Klüver und Jörn Schmidt) aus folgendes Thema: die Modellierung und exemplarische Anwendung von bestimmten Computersimulationsprogrammen in einem Handlungsfeld der Sozialpädagogik, einem Wohnheim für verhaltenauffällige Jugendliche. Ziel der Arbeit, war nicht vornehmlich inhaltlich Neues über den beispielhaften Gegenstand einer Jugendheimgruppe zu erfahren, sondern vielmehr die besagten Programme auf deren prinzipielle Tauglichkeit als experimentelles Methodeninstrument im Kontext der Sozialwissenschaften zu überprüfen.

Das hauptsächlich verwendete Programm, ein so genannter Zellularautomat, sollte einerseits prognostizieren, wie sich die Heimgruppe nach bestimmten Prämissen ausdifferenziert und andererseits, welches Maß an Aggressivität sich aus dieser Differenzierungsdynamik in der aus ohnehin gewaltaffinen Mitgliedern bestehenden Gruppe ergibt.

6.1.1 Computersimulationen in den Sozialwissenschaften

Simulationsprogramme, wie diese, die im Rahmen dieser Arbeit thematisiert werden, ermöglichen es, sich mit der komplexen Dynamik sozialer Systeme experimentell zu beschäftigen. Zu diesem Zweck werden Variablen in Beziehung zueinander gesetzt. Dabei soll der Einfluss bestimmter unabhängiger Variablen auf abhängige Variablen überprüft werden. Auf diese Weise wird die Entwicklung der zu untersuchenden, sozialen Systeme simuliert und letztlich prognostiziert.

Diese Prognosen sind freilich, wie z.b. bei der Wettervorhersage, nur Wahrscheinlichkeitsprognosen. Eine mögliche Prognose könnte z.b. so lauten: Immer wenn die unabhängige Variable (Gruppenstruktur) genau so ist wie festgelegt oder gemessen, dann erhält man (bei festgelegten, gleich bleibenden Simulationsregeln und gleichem Anfangszustand), immer die gleiche, entsprechende abhängige Variable (Gruppenentwicklung).

Die einzelnen Simulationsprogramme, mit der sich die Forschergruppe um Klüver beschäftigt, sind Genetische Algorithmen, neuronale Netze sowie Zellularautomaten, um hier nur Einige zu nennen. Kopplungen dieser Programme miteinander werden als Hybride Systeme bezeichnet (vgl. Goonatilake und Kebbal 1995).

Der Vorteil dieser Programme ist, dass ihre Funktionslogik recht einfach zu verstehen ist und bei deren Anwendung keine tief greifenden Fähigkeiten in Mathematik oder Informatik vorausgesetzt werden. Nichtsdestotrotz ermöglichen sie, wie in den Naturwissenschaften, eine strenge, mathematische Analyse (vgl. Stoica/Klüver 2003).

Die für diese Arbeit relevanteste Besonderheit im Forschungsdesign der Computersimulationsprogramme ist sicherlich deren Eigenschaft, dass sie im Gegensatz zu den meisten klassischen mathematischen Modellen erfolgserprobte methodische Prinzipien klassischer sozialwissenschaftlicher Forschungsdesigns berücksichtigen kann.

Gemeint ist hiermit konkret, dass die Analysebasis der Computersimulationen nicht, wie bei herkömmlichen mathematischen top down Analysen unter Verwendung von Differentialgleichungen, das System oder die Gruppe als „Ganzes" ist (vgl. Langton 1988). Ein solch globaler top down-Modellierungsansatz ist jedoch nur bei Systemen gegenstandsadäquat, bei denen die einzelnen Systemereignisse *direkt* in der globalen Ebene aufgehen. Bei naturwissenschaftlichen Systemen ist dies zumeist der Fall, deshalb funktioniert hier auch die Modellierung von Systemen mittels Differentialgleichungen. Im Fall einer so direkten Verbindung zwischen der besonderen und der allgemeinen Ebene kann

das System also problemlos global als Ganzes durch klassische Gleichungs-
systeme beschrieben werden.

In diesem Zusammenhang sind die Lotka-Volterra-Gleichungen zur Darstellung von Räuber-Beute-Systemen ein bekanntes Beispiel für top down Modellierungen. Die individuellen Verhaltensweisen der einzelnen Systemelemente
(einzelne Tiere) müssen hier nicht weiter berücksichtigt werden; lediglich das
Systemverhalten als Ganzes ist von Interesse.

Für sozialwissenschaftliche Problemstellungen und deren Modellierung ist
es aber ungemein wichtig, konkrete lokale Wechselwirkungen zwischen den
Einzelelementen berücksichtigen zu können. Dies hat den Grund, weil hier die
globale Systemebene erst aus lokalen Interaktionen emergiert, ohne dass hier ein
direkter, streng deterministischer Kausalzusammenhang zwischen der globalen
Ebene und den einzelnen Interaktionen hergestellt werden kann. Allgemein kann
man soziale Systeme auch wie folgt charakterisieren:

> „Such systems contain no rules fort he behavior of the population at the global level,
> and the often complex, high-level dynamics and structures observed are emergent
> properties which develop over time from out of all the local interactions among low-
> level primitives. ... These emergent structures play a vital role in organizing the be-
> havior of the lowest-level entities by establishing the context which those entities
> invoke their local rules and, as consequence, these structures may evolve in time."
> (Langton 1988, xxvii)

Hier haben die sog. „bottom up" Computermodellierungen den folgenden ent-
scheidenden Vorteil: Die Analysebasis der Computeranalyse ist vielmehr die
Ebene der einzelnen Systemelemente (vgl. Langton 1988), oder konkret auf diese
Arbeit bezogen, die Ebene der Gruppenmitglieder und deren konkreten Inter-
aktionen untereinander. Dies wird vor allem bei der konkreten Anwendung der
Simulationsprogramme im rahmen dieser Arbeit deutlich.

Für die Simulationen im Rahmen dieser Arbeit bedeutet dies konkret: Aus
qualitativ ermittelten Simulationsprämissen, die bestimmen welche einzelnen
(Interaktions-) Entscheidungen die Jugendlichen auf der Basis empirisch ermit-
telter Werte treffen, emergiert das Gruppenverhalten und letztlich die Gruppenstruktur.

Eine bottom up Modellierung bei der Simulation von realen sozialen Gruppen hat also den Vorteil, dass es auf der Ebene der einzelnen Individuen und
deren Intentionen und Entscheidungen ansetzt. Allerdings sind auch hier allgemeine, strukturelle Zuordnungen zu diesen Interaktionsentscheidungen im Vorfeld zu berücksichtigen, da die emergierten Globalstrukturen im Gegenzug wieder die einzelnen Interaktionen determinieren. Es ist zwischen den Ebenen also
eine kausale Rückkopplung zu konstatieren.

Bestimmte sozialisatorische, milieuspezifische Vorprägungen veranlassen die einzelnen Individuen Entscheidungen zu treffen. Die Kategorien der Entscheidungen, anhand welcher mit bestimmten anderen Mitgliedern mehr oder weniger interagiert wird, hängt davon ab, welcher Normmaßstab in der Bedürfnisgemeinschaft der Gruppenmitglieder vorliegt.

Wenn beispielsweise der Normmaßstab der Sympathie oder Antipathie für die Interaktionsentscheidungen gewählt wird und festgelegt wird, dass alle Mitglieder Interaktionen mit Mitgliedern bevorzugen, die sie mögen, dann werden die Interaktionsentscheidungen der künstlichen Akteure auf dieser „qualitativ"-konzeptionellen Grundlage getroffen. Dies wird bei der Beschreibung der der kategorialen Vorstrukturierung der verwendeten Programmtypen noch klarer.

Demnach macht es methodisch gesehen Sinn, geisteswissenschaftlich orientierte Methoden mit Computersimulationen zu kombinieren, weil hermeneutisch-qualitative Analysen traditionell auf der lokalen Ebene der Einzelinteraktionen ansetzen. Die Ergebnisse solcher phänomenologischer Analysen sind somit für die empirisch abgesicherte Kategoriebildung im Rahmen von formalen bottom up Modellierungen unverzichtbar. Insofern hängt die Validität der Simulationsergebnisse entscheidend von der interpretativ-phänomenologischen Kategorisierung des sozialen Gegenstandes ab, um hier den Zusammenhag mit meiner Invarianzhypothese zu verdeutlichen.

6.1.2 Zellularautomaten

Das im Rahmen der formalen Analyse der Jugendgruppe mittels einer Computersimulation verwendete Programm nennt sich Zellularautomat (ZA). Der Mathematiker John von Neumann entwickelte Modellierungstechniken dieser Art bereits Ende der fünfziger Jahre, also lange bevor Zellularautomaten (im Folgenden ZA genannt) im Zuge der Forschungen im Bereich des „Künstlichen Lebens" (vgl. Langton 1988; Langton et al. 1992; Langton 1994) bekannt wurden. Von Neumanns grundlegendes Forschungsproblem in diesem Kontext war, wie bereits in Kap. 2.2 angedeutet wurde, eine mathematische Darstellung lebender Systeme zu entwickeln; seine erfolgreiche Lösung dieses Problems sind die ZA.

Anwendung finden ZAen derzeit in vielen Wissenschafts- und Technikbereichen (vgl. Gerhard/Schuster 1995). Insbesondere sei an dieser Stelle kurz auf sozialwissenschaftliche Experimente verwiesen (vgl. Axelrod 1987, Rumianek/Samson 1992, Novak/May 1993, Hegselmann 1994 und Klüver u. a. 2006).

Die Funktionsweise eines Zellularautomaten lässt sich recht einfach erklären. Das Programm eines ZA arbeitet mit einem *Gitter* von „Zellen" (vgl. Gerhard/Schuster 1995, S. 18), die zumeist als Quadrate dargestellt sind. Somit hat jede Zelle exakt 8 „Nachbarn", das heißt, dass zu jeder Zelle genau 8 Anlieger-zellen gibt – an den vier Kanten und den vier Ecken der Zelle jeweils eine. Diese Anliegerzellen bilden die Umgebung der Zelle. Die Umgebung mit 8 Anlieger-zellen wird als *Moore-Umgebung* bezeichnet, eine Umgebung, die so definiert wird, dass nur die vier an den Kanten der ersten Zelle anliegenden Zellen als Umgebung gelten, wird als *von Neumann-Umgebung* bezeichnet.

Die so dargestellten Zellen befinden sich in bestimmten Zuständen, jeder Zelle wird ein Zustandswert zugeordnet. Im einfachsten, binären Fall, sind die möglichen Zustandswerte eines ZA 0 und 1. Die Regeln eines ZA, welche die Simulation lenken, indem sie die Voraussetzungen für den Übergang in einen anderen Zustand festlegen, lauten, allgemein formuliert, zumeist so:

Wenn eine Zelle einen genau bestimmten Zustandswert hat und die auf dem Gitter angrenzenden Zellen ebenfalls genau bestimmte Zustandswerte haben, dann verändert sich der Zustandswert der Zelle in einen anderen Wert.

Die Zustandswertveränderung der Zelle hängt dabei somit von ihrem eige-nen Zustandswert und denen ihrer Anliegerzellen zu einem bestimmten Zeit-punkt ab. Ein Beispiel für eine ZA-Regel könnte so lauten:

Wenn eine Zelle den Zustand 1 hat und wenn diese Zelle mindestens 3 Zel-len in ihrer Nachbarschaft hat, deren addierte Zustandswerte mindestens 2 erge-ben, dann geht die Zelle in den Zustand 0 über. Diese ZA-Regeln sind streng deterministisch, d.h. aus exakt gleichen unabhängigen Variablen entstehen bei der Wiederholung des Simulationslaufs immer exakt die gleichen abhängigen Variablen.

Dem zuvor Geschilderten nach kann das Grundprinzip eines ZA so definiert werden, dass ein ZA-Programm bestimmte Zustandsübergangsregeln in eine „topologische" (Klüver 1995, S. 47) Darstellung übersetzt. Soziale Beziehungen werden auf diese Weise räumlich dargestellt.

Um die kombinatorischen Möglichkeiten eines ZA zu veranschaulichen, sei folgendes angeführt:

Wenn wir ohne Beschränkung der Allgemeinheit als einfachstes Beispiel binäre ZA nehmen, deren Zellenzustände durch 0 und 1 repräsentiert sind, dann haben wir im Falle der Moore- Umgebung $2^8 = 256$ verschiedene Zustände für die Umgebung. Die Umgebungszustände werden hier als geordnete Teilmengen dargestellt, also als Acht - Tupel von z.B. der Form (1, 0, 0, 0, 1, 1, 0, 1). Da die Zelle selbst zwei mögliche Zustände einnehmen kann, erhalten wir insgesamt $_2 2^8$ $= 2^{256}$ mögliche Regeln, was etwa 10^{85} entspricht, also einer Zahl mit 85 Nullen.

Im konkreten Fall der im weiteren Verlauf zu beschreibenden ZA-Simulation lenken die Übergangsregeln einer konkreten sozialen Gruppe die Interaktionsentscheidungen der einzelnen artifiziellen Akteure.

Aus diesen einzelnen Entscheidungen für eine gewisse Interaktionshäufigkeit mit den anderen künstlichen Mitgliedern entsteht eine räumliche top down Übersicht über den Entfaltungsprozess der Gruppendynamik.

6.1.3 Der Simulationsgegenstand

Zum Zweck der Analyse der Jugendhilfegruppe kommt ein von der Forschergruppe COBASC konstruierter Zellularautomat zum Einsatz. Bevor ich jedoch dessen konkrete Anwendung darstelle, möchte ich im Folgenden zunächst die Herleitung der empirischen Basis der Zellularautomatensimulation thematisieren.

Die inhaltliche Sekundärmotivation, eine Jugendhilfegruppe im Kontext einer Methodenreflexion zu simulieren, entstand aus dem generellen Problem in Jugendhilfeeinrichtungen, dass ungünstige Gruppenzusammensetzungen das Gewaltpotential der einzelnen jugendlichen Gruppenbewohner noch deutlich erhöhen können.

Exemplarisch möchte ich hier *Gabis Problem* zur Verdeutlichung heranziehen. Gabis Problem stellt eine typische Problemlage in der stationären Jugendhilfe dar und basiert auf einem konkreten, realen Fall. Durch den Namen Gabi wird hier die spezielle Erzieherin benannt, die dieses Fallbeispiel durchlebt hat. Gabi ist selbstverständlich nicht ihr wirklicher Name.

Gabi ist eine Erzieherin in einer Einrichtung der stationären Jugendhilfe und in diesem Fallbeispiel hat sie Dienst am Wochenende. In der besagten Gruppe innerhalb der Einrichtung für deviante Jugendliche ist es üblich, dass jedes Wochenende immer 4 andere von 12 Jugendlichen turnusmäßig nach Hause beurlaubt werden. Daraus ergibt sich häufig die paradoxe Situation, dass sich das naturgemäß hohe Aggressionspotential der Gruppe, trotz Verringerung der Mitgliederzahl von 12 auf 8, noch deutlich erhöht. Auch Gabi hat an besagtem Wochenende das Pech, dass diese paradoxe Situation eintritt.

Bestimmte Gruppenbewohner, die sonst andere Interaktionskontakte pflegen, kommen so zwangsweise, durch die Beurlaubung ihrer üblichen Interaktionspartner in die Lage mit Bewohnern häufig zu interagieren, zu denen sie sonst weniger Kontakt haben. Haben diese willkürlich zusammengeführten Bewohner ein ähnlich hohes Aggressionspotential und einen ähnlichen sozialisatorischen Erfahrungshorizont, dann bestärken sich diese Bewohner untereinander in ihren aggressiven Interaktionsneigungen. Gabi steht so nun vor der Situation, dass eine bestimmte Gruppe von Jugendlichen andere Jugendliche der Gruppe unterdrückt und körperlich angeht, bis dis Situation eskaliert und Gabi die Polizei verständigen muss.

Ich kann aus langjähriger Erfahrung sagen, dass solche gruppendynamisch begründeten Eskalationen Alltag innerhalb solcher Jugendhilfeeinrichtungen sind. Die Simulationen im Rahmen dieser Arbeit haben demnach, neben dem Interesse der Methodentestung, immer auch das Ziel, solche gruppendynamisch begründeten Problemstellungen der Sozialpädagogik besser zu verstehen, um dann letztlich zu adäquaten Problemlösungen zu kommen. Ein verwendetes Simulationsprogramm ist deshalb auch nach der Protagonistin des angeführten Fallbeispiels benannt (ZAGABI).

Im Zusammenhang der Simulationsvalidierung ist anzuführen, dass um das Simulationsprogramm empirisch testen zu können, es auf der Grundlage von empirischen Daten operieren muss, um so die Simulationsergebnisse empirisch überprüfen zu können. Dies wird in der Form umgesetzt, als dass die Programmprognose direkt mit empirisch erhobenen Daten verglichen wird.

Der Gegenstand der entsprechenden empirischen Untersuchungen, um so eine empirische Simulationsbasis zu erhalten, ist die oben im Zusammenhang mit Gabis Problem erwähnte Heimgruppe der „stationären Jugendhilfe", in der ich als pädagogischer Mitarbeiter tätig war. Die Gruppe besteht aus 12 Jugendlichen, wovon 10 männlichen Geschlechts und 2 weiblichen Geschlechts sind. Das Alter der Mitglieder liegt zwischen 13 und 18 Jahren.

Des Weiteren ist zu konstatieren, dass bei jedem Bewohner dieser Heimgruppe Verhaltensauffälligkeiten zu beobachten sind. Diese äußern sich bei einem großen Teil der Jugendlichen in Form von Fremdaggression und Gewaltverhalten und bei dem anderen, kleineren Teil in Form von Depression und Autoaggressivität.

Im Rahmen einer Betrachtung gruppendynamischer Prozesse innerhalb solcher Gruppen bedeutet dies konkret, dass es in der vorgestellten Gruppe bei geringfügigen Änderungen der Gruppenzusammensetzung (durch z.B. Heimfahrten, Mitgliederwechsel oder Zimmerwechsel von einzelnen Mitgliedern bei 2-Bettzimmern etc.) zu problematischen Gruppenkonstellationen und in Folge dessen zu krisenhaften Situationen kommt. Solche Krisensituationen untergraben die erzieherischen Bemühungen um ein einigermaßen angenehmes Zusammenleben aller Gruppenmitglieder.

Diese Problematik wirkt sich in erster Linie negativ auf die schwächeren und weniger devianten Gruppenmitglieder aus, da die Arbeit der Gruppen-Erzieher so fast ausschließlich auf Deeskalationsbemühungen reduziert wird. Das bedeutet, dass sich die Erzieher zwangsweise mehr mit den devianten Gruppenmitgliedern beschäftigen als mit den weniger negativ auffallenden Jugendlichen.

Aber auch die sich aggressiv verhaltenden Jugendlichen berauben sich, durch ihr Verhalten, selbst der individuellen, pädagogisch-therapeutischen Zu-

wendung. Dies ist so, weil Zuwendungen in Form von Deeskalationsbemühungen seitens der Erzieher im strengen Sinn keine pädagogisch-
therapeutischen Handlungen darstellen.

6.1.4 Einsatz des Zellularautomaten

Das zuerst getestete Programm heißt ZA12[107]. Der ZA12 simuliert 12 jugendliche Heimbewohner, durch Zellen dargestellt, die sich in einem Feld von 10*10
Zellen (Gitternetz) befinden.

Die die Heimbewohner repräsentierenden Zellen positionieren sich auf diesem Feld anhand von erhobenen emotionalen Zuordnungen in Form von Sympathiewerten, die in einer sog. MORENO-Matrix[108] erfasst werden, in die Nachbarschaft von Zellen, zu denen eine möglichst positive Sympathiezuordnung vorliegt.

Das heißt konkret, dass jeder Jugendliche dieser Gruppe einen emotionalen
Zustand erreichen will, der hier als optimales Wohlbefinden für das jeweilige
Mitglied definiert wird.

Bei der Simulation geht der ZA12 konkret von folgenden, auf der „Homans-
Hypothese" basierenden Prämissen aus, welche die Simulation der Jugendgruppe
lenken:

1. Jedes Jugendgruppenmitglied bevorzugt für das Erlangen eines möglichst
    hohen Wohlbefindens eine Umgebung, in der sich möglichst viele Mitglie-
    der befinden, zu denen es positive Gefühle hat, da eine solche Umgebung
    für das Mitglied das optimal mögliche Wohlbefinden verspricht. Homans
    stellte in diesem Zusammenhang die These auf, dass „Personen, die häufig
    miteinander in Interaktion stehen, dazu tendieren einander zu mögen" (Ho-
    mans 1972, S. 125).
2. Homans spricht im Kontext des hier verwendeten Begriffs des Strebens
    nach Wohlbefinden, etwas allgemeiner formuliert, von „Motiven des Ei-
    gennutzes" (Homans 1972, S.112). Eine Optimierung des persönlichen
    Wohlbefindens, durch Vorteil verschaffende, „eigennützige" Interaktions-
    entscheidungen, sind nach Homans die „Motoren" der Gruppendynamik.

---

[107] Alle hier vorgestellten Programme wurden dankenswerter Weise von der Forschungsgruppe
COBASC konstruiert und von Jörn Schmidt implementiert.

[108] Diese Matrix ist nach dem Sozialpsychologen J. l. Moreno benannt, der in den 30er Jahren des
letzten Jahrhunderts das Instrument der Soziometrie entwickelte und in diesem Zusammenhang mit
solchen Matrizen arbeitete (vgl. Moreno 1996). Die hier verwendete MORENO-Matrix ordnet jedem
der 12 Heimbewohner, jeden erhobenen Sympathiewert aller anderen Mitglieder zu. Dies ergibt dann
132 Sympathiezuordnungen, wenn man die 12 Beziehungen „zu sich selbst" nicht berücksichtigt.

3. Um das Ziel des optimalen Wohlbefindens zu erreichen, durchsucht jedes
    Gruppenmitglied die Gruppe dahingehend, welche anderen Mitglieder dort
    sind. Findet das Mitglied andere Mitglieder, die für das Mitglied das opti-
    mal mögliche Wohlbefinden versprechen, findet mit diesen Vorteil verspre-
    chenden Mitgliedern soviel Interaktion wie möglich statt.

Das inhaltliche Ausdifferenzierungsprinzip, gemäß dem Homans-Prinzip, lautet
demnach zusammengefasst:

*Aus dem Wunsch jedes Gruppenmitgliedes eine möglichst hohe Zufriedenheit zu
erlangen, entstehen Interaktionswünsche und aus diesen entsprechende Interaktionsentscheidungen. Aus den Entscheidungen der einzelnen Mitglieder entsteht
die Gruppendynamik. Der Grad mit dem die eigenen Interaktionswünsche
durchgesetzt werden können, determiniert den Grad des Wohlbefindens oder der
Zufriedenheit eines jeden Mitgliedes. Vorausgesetzt wird hierbei ferner, dass
immer Interaktionen mit Mitgliedern gewünscht werden, die als sympathisch
empfunden werden.*

Die diesen Prinzipien und Prämissen entsprechenden formalisierten ZA12-
Regeln sind deterministisch und legen die Bedingungen für einen Positions-
wechsel auf dem 10*10 Feld fest. Diese Regeln müssen natürlich letztlich in eine
Programmsprache übersetzt werden.[109]

Somit ist bei der Programmkonstruktion generell zwischen 3 Ebenen zu unterscheiden:

1. Zuerst werden qualitative Prämissen und Suchkategorien festgelegt und
    formuliert.
2. Danach werden diese Prämissen in formale ZA-Regeln übersetzt.
3. Zuletzt müssen die ZA-Regeln in eine Programmiersprache übersetzt wer-
    den.

Das bedeutet für die konkrete Programmkonstruktion:

Ein Gruppenmitglied hat, gemäß den beiden Prämissen, ein optimal mögli-
ches Wohlbefinden, wenn es sich in einer Umgebung befindet, in der es von
möglichst vielen anderen Mitgliedern umgeben ist, welche es gut bis sehr gut
leiden kann.

Befindet es sich hingegen in einer Umgebung, in der sich mehr andere
Gruppenmitglieder befinden, die das Mitglied nicht bis überhaupt nicht leiden

---

[109] Die hier vorgestellten Programme wurden allesamt mittels der Programmiersprache „JAVA"
implementiert.

kann oder zu denen es neutrale Gefühle hat, ist das Wohlbefinden entsprechend schlechter.

Die empirisch erhobenen Sympathiewerte in der MORENO-Matrix sind demnach die Basis für das Verhalten der durch Zellen repräsentierten Gruppenmitglieder bei den Simulationsläufen. Der ZA12 berücksichtigt bei der Berechnung des Wohlbefindens nur die Sympathiewerte, die das Gruppenmitglied den anderen Mitgliedern in seiner Umgebung entgegenbringt. Welche Sympathiewerte das Gruppenmitglied von den anderen Jugendlichen der Gruppe erhält, wird bei der Bestimmung seines Wohlbefindens bei den Simulationen mit dem ZA12 allerdings nicht berücksichtigt.

In wieweit die Tatsache, dass der ZA12 bei der Wohlbefindensberechnung nur die anderen Gruppenmitgliedern entgegengebrachten Sympathiewerte berücksichtigt, problematisch in Bezug auf die Realitätsnähe der Ergebnisse der Simulationen ist, wird die empirische Testung zeigen.

Die Werte der Elemente der MORENO-Matrix, ob empirisch erhoben oder als Zufallsmatrix, stellen unabhängige Variablen in Form der Sympathiewertzuordnungen dar. Diese unabhängigen Variablen bestimmen die abhängigen Variablen, nämlich die relativen Positionen der Gruppenmitglieder zueinander, die im Endzustand des Gruppenprozesses eingenommen werden, und den zeitlichen Verlauf des Prozesses, der durch die Trajektorie dargestellt wird. Natürlich sind auch die Anfangspositionen der besetzten Zellen im 10*10 Feld als unabhängige Variablen zu verstehen, wobei offen ist, wie stark diese den Prozess beeinflussen.

Ziel der Simulationen mit dem ZA12 ist, die Trajektorie des Systems, also die Differenzierungsprozesse innerhalb der Gruppe der 12 Jugendlichen zu prognostizieren. Der ZA12 prognostiziert aus den empirischen Sympathiewerten der Soziomatrix räumliche Positionsveränderungen der 12 Gruppenmitglieder im 10*10 Feld und die entsprechenden Wohlbefindensveränderungen der 12 Mitglieder.

Dem ZA12 wurde zu diesem Zweck ein topologisches Äquivalenzprinzip zu Grunde gelegt. Dieses ermöglicht durch die Verwendung der gleichen Forschungskategorie wie bei der Beobachtung in Kap. 4.4, der Interaktionshäufigkeit, überhaupt erst einen Ergebnisvergleich zwischen empirischer Beobachtung und Simulation. Dieses Prinzip lautet:

Sind bestimmte besetzte Zellen im 10*10 Feld direkte, räumliche Nachbarn, so ist dies als Prognose einer häufigen Interaktion zwischen den durch die besetzten Zellen dargestellten realen Gruppenmitgliedern zu interpretieren. Also gilt: Je näher besetzte Zellen aneinander sind, desto größer ist die prognostizierte Interaktionshäufigkeit der entsprechenden realen Jugendlichen:

Räumliche Nähe der besetzten Zellen auf dem Simulationsfeld entspricht der Prognose einer häufigen Interaktion der zugeordneten, realen Individuen.

Der ZA12 prognostiziert also anhand dieses Prinzips, durch die Positionsveränderungen der Zellen, die Interaktionshäufigkeit zwischen den Mitgliedern. Des Weiteren prognostiziert der ZA12 die Wohlbefindensveränderungen der 12 Mitglieder, welche aus den Positionsveränderungen, also aus der Änderung der Interaktionshäufigkeit zwischen bestimmten künstlichen Mitgliedern, resultieren. Das Ziel eines jeden Gruppenmitgliedes, den eigenen Anfangswohlbefindenswert zu verbessern, löst letztlich die Systemprozesse im ZA12 aus.

Ist der Anfangswohlbefindenswert errechnet, sucht das entsprechende Mitglied eine Umgebung mit einem besseren Wohlbefindenswert, der gleichzeitig auch der optimal mögliche sein soll. Der Anfangswohlbefindenswert wird vom ZA12 anhand der Anfangspositionen im 10*10 Feld errechnet.

Wird ein optimal möglicher neuer Wohlbefindenswert gefunden, wechselt das entsprechende Mitglied die Position, und zwar in die Umgebung mit dem optimal möglichen Wohlbefindenswert. Wird keine entsprechende Umgebung gefunden, wird die Position nicht gewechselt und der Wohlbefindenswert bleibt der alte. Wie der Wohlbefindenswert genau berechnet wird, wird an späterer Stelle erklärt.

Da gemäß den Prämissen das Wohlbefinden der Mitglieder abhängig von Sympathiezuordnungen ist und der ZA12 exakte Werte benötigt, wurde der Grad der Sympathie der Mitglieder zueinander folgendermaßen skaliert:

1. Das Gruppenmitglied kann die anderen Mitglieder sehr gut leiden (2),
2. Gut leiden (1),
3. Neutral besetzte Gefühle (0),
4. Nicht leiden (−1),
5. Überhaupt nicht leiden (-2).

Die Werte in den Klammern hinter den Skalierungsaussagen sind die entsprechenden Sympathiewerte, die in der Matrix einzusehen sind.

Im ZA12 werden die zuvor beschriebenen qualitativen Aussagen über die Beziehungen zwischen den Jugendlichen formal umgesetzt.

6.1.5 Ergebnisse, Problemanalyse und Modellmodifikation

Die Abbildungen 4 und 5 stellen die Simulationsergebnisse, also die räumliche Positionierung der Zellen und die WA – Werte, dar. Linksseitig ist dort das

10*10 Feld mit den 12 besetzten Zellen und deren Verteilung zu erkennen. Rechtsseitig sind die Wohlbefindenswerte der einzelnen simulierten Individuen ablesbar (Individuals feeling).

Zentral oben ist die Anzahl der Bewegungen pro Simulationsschritt graphisch dargestellt und darunter das durchschnittliche Wohlbefinden der Gruppe.unter dem 10*10 Feld sind die Ergebnisse der Grafiken exakt als Zahlenwerte aufgeführt. Rechtsseitig unten sind Informationen der aktuellen Simulationseinstellung zu finden, also welche Umgebung „durchsucht" wurde und welche Art der Sympathiezuordnung gewählt wurde.

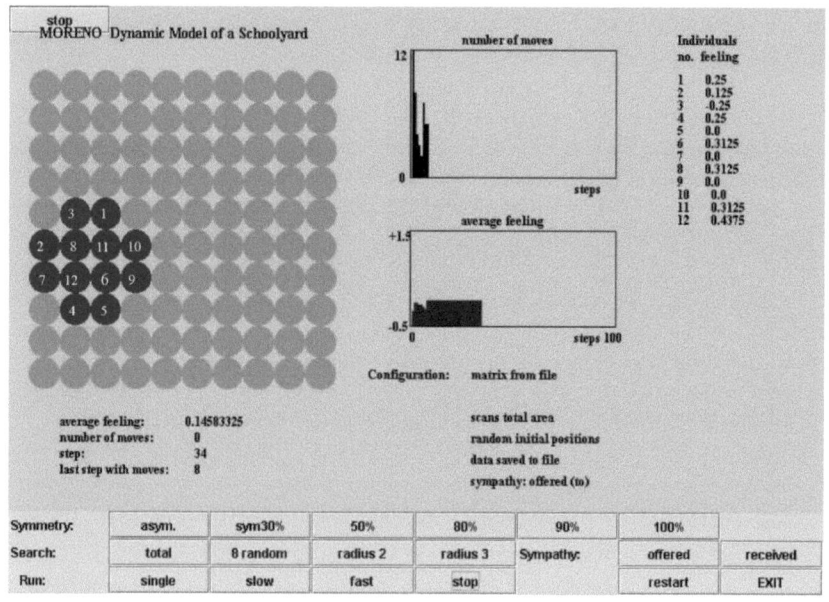

Abbildung 4:   Simulationsergebnis des ZA12

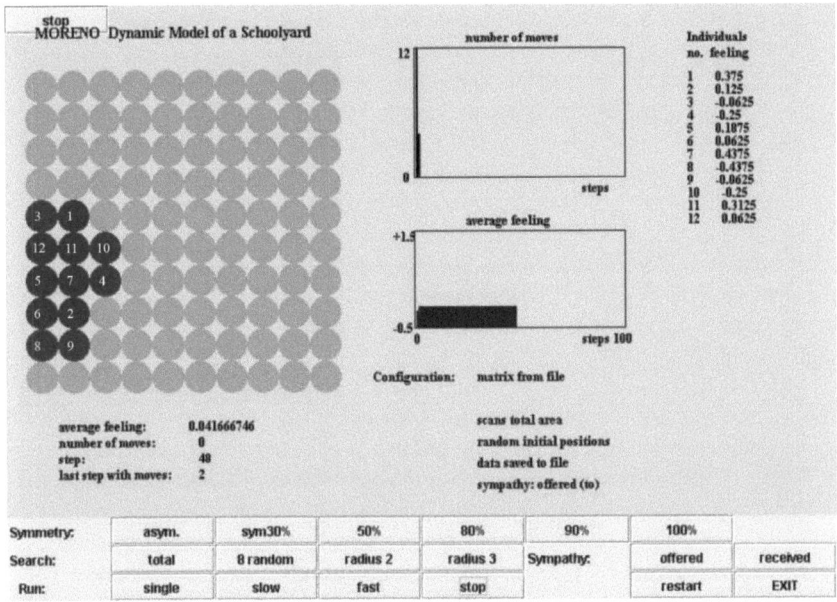

Abbildung 5:   Simulationsergebnis des ZA12

Die Ergebnisse dieser zwei Simulationsläufe in Form der beiden oben stehenden, exemplarischen Bildschirmausdrucke sind charakteristisch für die 100 durchgeführten Simulationsläufe.

Beim Vergleich der Simulationsergebnisse mit entsprechenden Beobachtungen der Interaktionshäufigkeit zwischen den realen Mitgliedern der Gruppe, ergab sich jedoch das ernüchternde Bild, dass die Prognose des ZA12 nicht realitätsnah war.

Die Gruppe stellte sich in der Realität viel ausdifferenzierter dar, mit entsprechenden Außenseiterpositionen und Subgruppenbildungen. Somit bestanden auch die vorhergesagten Wohlbefindenswerte, im Vergleich mit im Rahmen einer Befragung mit erhoben Werten, den empirischen Test nicht.

Die folgende Problemanalyse ergab, dass sich keinerlei Störfaktoren aus der Technik oder den empirischen Erhebungen an sich ergaben, sondern der Fehler vielmehr in der kategorialen Basis, der Homans-Hypothese, zu finden war.

Diese geht globalisierend, mit dem Verallgemeinerungsgrad eines Naturgesetzes, davon aus, dass alle Menschen ihre Interaktionsentscheidungen in Gruppen anhand von Sympathiezuordnungen treffen. Für die hier thematisierte Gruppe Jugendlicher, mit ihrem hohen Anteil gewaltaffiner Mitglieder, hat dieses vermeintliche Gesetz aber keine Gültigkeit: für die jugendlichen Gewalttäter, aber auch diejenigen, die Opfer werden, oder beschützen wollen, hat die Kategorie „mögen oder nicht mögen" keine Relevanz für deren Interaktionsentscheidungen. Dagegen spricht allein schon die Berufserfahrung meiner Pädagogenkollegen und mir. In solchen Heimgruppen sind folgende Kategorien für das sicherstellen lustvoller Erlebenszustände, bzw. das Vermeiden unlustvoller Erlebnisse zu konstatieren: Täter suchen Täter, um gemeinsam zu unterdrücken. Die Täterkollektive suchen Opfer und die Opfer streben ihrerseits nach Interaktionen mit Beschützern, welche wiederum die Interaktion mit Tätern und Opfern suchen, um zu beschützen.

Anhand dieser Kategoriereflexion entwickelte ich mit Experten für solche Gruppen, meinen Berufskollegen, eine Typisierung der Gruppenmitglieder, welche die Mitglieder in Täter, Opfer, Beschützer und Neutrale aufteilt. Die Neutralen Typen sind die einzigen, die im Kontext dieser kategorialen Rahmung, sich anhand von Sympathiewerten für Interaktionen entscheiden, alle anderen Typen treffen ihre Entscheidungen auf der Basis ihres eigenen Interessenmaßstabes.

Mittels der zuvor erwähnten Zuordnung der Interaktioninteressen, wie Täter suchen Opfer etc. .., wird determiniert, wie intensiv die einzelnen Typgruppen die Interaktion zu den jeweils anderen Typen suchen. Da jedem der 12 Bewohner ein Typ zugeordnet wird, ergibt sich letztlich erneut eine individualisierte MORENO-Matrix mit 132 Interaktionsintensitätswerten.

Das Programm ZA12 wurde entsprechend kategorial modifiziert, indem der Teil der Homans-Hypothese, der aussagt, dass *alle* Menschen Interaktionen zu Menschen suchen, die ihnen sympathisch sind, lediglich als Sonderfall für die neutralen Typen angenommen und allen anderen Typen ihre eigene *typbezogene* Interaktionsprämisse zu Grunde gelegt wurde. In Anlehnung an oben kurz geschildertem Problem „Gabis", wurde der ZA12 in ZAGABI „umgetauft".

Der ZAGABI errechnete folgende Ergebnisse:
Die nächsten 3 Abbildungen (Abb. 6-8) zeigen charakteristische Simulationsergebnisse:

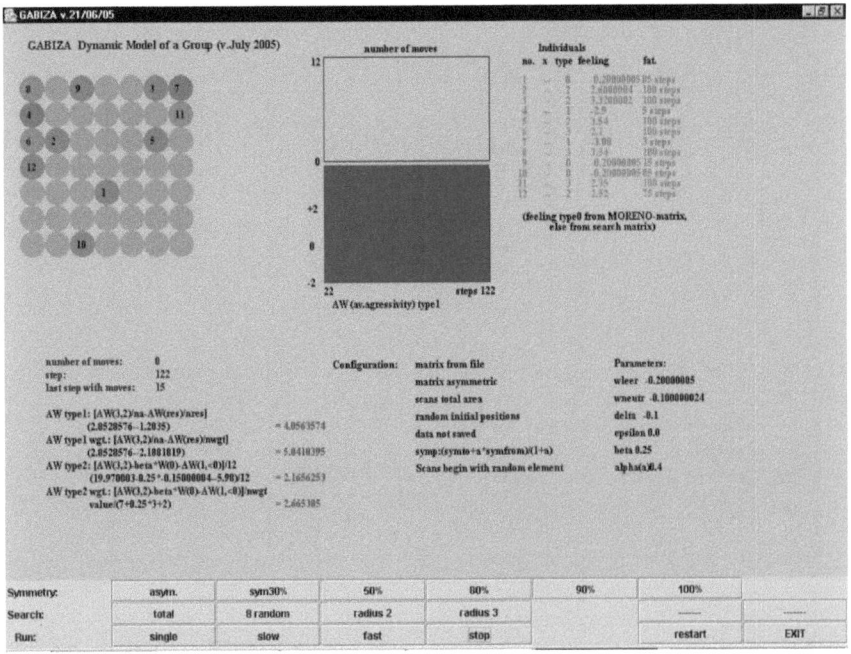

Abbildung 6: Simulationsergebnis des ZAGABI

In dieser Grafik ist linksseitig oben, wie beim ZA12, das 10*10 Feld (grünfarbig – hier mittelgrau) zu erkennen. Auf diesem befinden sich die dunkelgrau- und graufarbigen besetzten Zellen, welche die 12 Jugendlichen simulieren.

Die auffällig rote (hier dunkelgraue) Grafik in der Mitte zeigt den Gruppenaggressionswert an, der hier bereits in allen drei Darstellungen den Rahmen der Skala durchbricht.

Rechtsseitig oben sind die Wohlbefindenswerte der einzelnen simulierten Individuen zu finden. In rot (hier mittelgrau) und linksseitig unten ist der Gruppenaggressionswert in 4 Optionen mit einen jeweils exakten Zahlenwert angegeben.

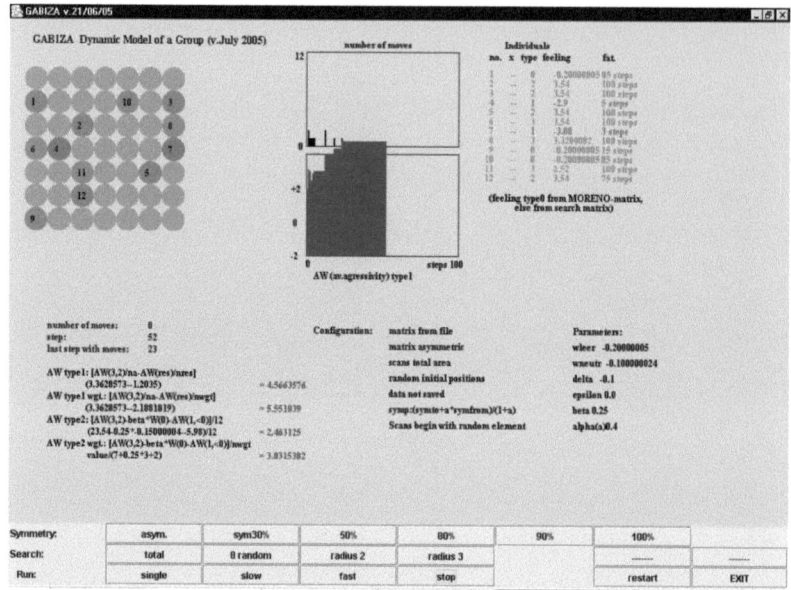

Abbildung 7:   Simulationsergebnis des ZAGABI

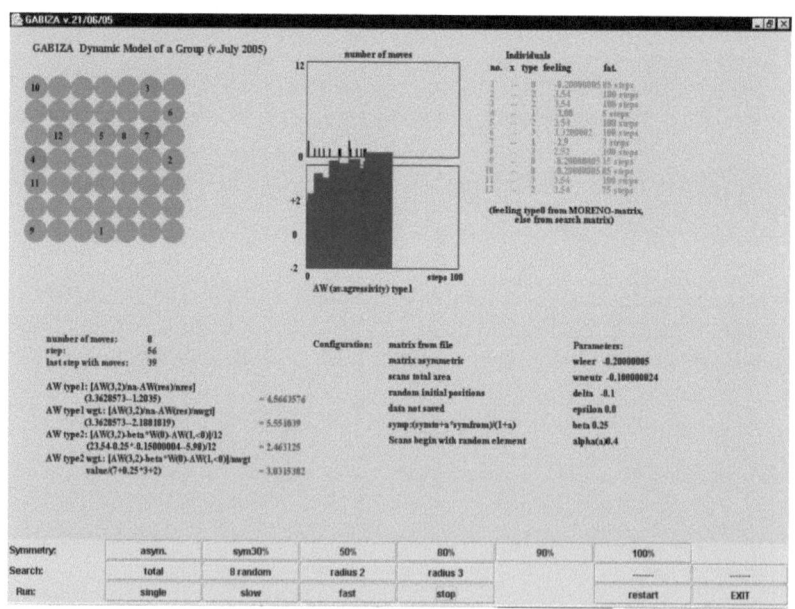

Abbildung 8:   Simulationsergebnis des ZAGABI

Der empirische Test der ZAGABI – Simulationen bestätigte die Validität der Simulationsprognosen, was die Ausdifferenzierung der Gruppe, das Wohlbefinden ihrer Mitglieder, aber auch was das Aggressionspotential angeht.

Das Programm war also durch die kategorialen Veränderungen in der Lage, die konkrete soziale Gruppe so zu simulieren, dass die simulierte Dynamik sich in der Realität wiederfinden ließ.

Die Problemhypothese, dass die Homans – Hypothese abgeändert werden muss, war somit richtig. Die Homans – Hypothese hat somit folgende strukturelle Schwäche: verallgemeinerbare Aussagen, wie „alle Menschen interagieren anhand von Motiven des Eigennutzes" (Homans 1972, S. 112), um so einen möglichst positiven Erlebenszustand zu sichern bzw. zu erreichen[110], werden mit konkreten normativen Aussagen dazu, anhand welcher Kategorien dieser Zustand erreicht werden soll, vermischt und zu einer theoretischen Aussage zusammengefasst. Das führt dazu, dass die konkreten Kategorieaussagen fälschlicher Weise den Status globaler Objektivitäten erhalten. Für normativ davon abweichende Kategoriezusammenhänge wird so eine invalide Sinnhaftigkeit angenommen. D. h., dass die Homans – Hypothese in ihrer ursprünglichen Form nur für einen speziellen normativen Realitätsausschnitt gültig ist. Sie ist folglich nur so allgemein wie ihr konkretester Teil, der von sympathiebasierten Entscheidungen ausgeht. Somit wurde im Rahmen der Kategoriemodifikation nichts weiter getan, als die Homans – Hypothese in eine allgemeine und eine spezielle Komponente aufzuteilen. Der allgemeine Teil der Hypothese behält folglich den Charakter eines Naturgesetzes, während der spezielle Teil der Aussage lediglich normative Zusammenhänge beschreibt. Dadurch, dass man die spezielle Komponente als solche benennt, öffnet man die Hypothese an dieser Stelle für von dieser speziellen Aussage abweichende normative Kontexte.

Diese Öffnung für die von der Sympathieaussage devinaten Zusammenhänge und die Prämisse, dass in all diesen Zusammenhängen gleichermaßen intentional nach positiven Erlebenszuständen gestrebt wird und dieser Zustand prinzipiell auch überall erreicht werden kann, führt zu einer strukturellen Verbesserung der Homans – Hypothese; sie erhält dadurch eine valide Allgemeingültigkeit, in der die Sympathieaussage als Spezialfall enthalten ist.

---

[110] Die Invarianz der Bewertungsgröße des positiven Erlebenszustandes in Form von Interaktionserfolg wird durch die Simulationsergebnisse bestätigt. Diese Größe beleibt in allen Bezugsystemen, die hier in Form von Typkollektiven umgesetzt wurden, gleichermaßen erhalten, ohne dass sie auf verschiedene normative Gegebenheiten bezogen werden muss.

6.2 Exemplarischer Wert des Forschungsverlaufs

Im Folgenden möchte ich den exemplarischen Wert des zuvor angeführten Beispiels im Kontext methodischer Überlegungen aufzeigen: auf welchen allgemeinen methodischen Problemkontext verweist der Projektverlauf? Was ist bei Forschungsvorhaben empirischer Natur prinzipiell zu beachten und wie kann man diesen Prinzipien mittels der naturanalogen Hypothese dieser Arbeit Struktur verleihen?

Zunächst möchte ich, um Missverständnisse zu vermeiden, den Begriff der Forschungsmethode in der Form definieren, als dass er ohne Theorie nicht denkbar ist, insbesondere dann, wenn es sich um Vorgehensweisen ohne explizite exante handelt (vgl. Bohnsack u. a. 1995). Empirische Erhebungen müssen somit immer theoretisch-kategorial eingebettet sein, um überhaupt zu validen methodischen Konstrukten gelangen (vgl. Klüver 1990), bzw. die Erhebungsergebnisse bewerten zu können. Kurzgefasst bedeutet das, dass methodische Probleme auch theoretische Probleme sein können.

Dies ist auch bei der experimentellen Methode der Simulationsprogramme nicht anders. Und in diesem speziellen Fall stellte es sich, wie zuvor erwähnt, tatsächlich heraus, dass die realitätsfernen Prognosen des ZA12 nicht in der Methode an sich, also weder in der Technik, noch an Störfaktoren im Rahmen der empirischen Untersuchungen, zu finden waren. Der Fehler war viel prinzipiellerer Natur. Konkret heißt das, dass im Vorfeld der Programmanwendung und vor den Erhebungen, bereits invalide Kategorien vorausgesetzt wurden; und zwar in Form der Homas – Hypothese, deren spezieller Geltungsbereich fraglos als ein allgemeiner angenommen wurde. Dies entspricht genau dem Prinzip der unreflektierten Leitdifferenz, da die Entscheidung für oder gegen eine Interaktion allgemein von den Kategorien „Mögen" bzw. „Nichtmögen" abhängig gemacht wird, ohne dies für vom eigenen Beobachterstandpunkt abweichende Sinnzusammenhänge kritisch zu hinterfragen und zu überprüfen, bzw. ohne diese Zusammenhänge überhaupt als stark deviant zu erkennen.

Die undifferenzierte Leitdifferenz geht folglich fraglos von einer überall gleichen Sinnhaftigkeit aus und setzt ihre Aussagen mit einem Naturgesetz gleich: alle Menschen versuchen Interaktionserfolg zu erzielen und suchen folglich nur Interaktionen mit anderen Menschen, die ihnen sympathisch sind.

Hierbei wird klar, dass der erste Teil der Aussage tatsächlich den Charakter eines kovarianten Quasinaturgesetzes hat, der zweite Teil jedoch nicht, da die Aussagen dazu, anhand welcher Kategorien Interaktionserfolg erzielt werden kann, normativer Natur sind und sich somit auf verschiedene Bezugssysteme bezieht.

Das vorliegende Problem ist also, dass keine klare Struktur gegeben ist, was den Verallgemeinerbarkeitsstatus von Aussagen angeht und welche Statusabstufungen es überhaupt gibt. Die Homans – Hypothese vermischt, wie bereits angedeutet, Allgemeines und Spezielles und lässt das Spezielle unhinterfragt allgemein werden.

Daraus folgt, was die Statusabstufungen angeht die Feststellung, dass es Aussagen mit Gesetzcharakter gibt, die kovariant gültig sind, wie das 1. Fragment der Homans – Hypothese und es gibt Aussagen, die sich auf bestimmte normative Bezugssysteme beziehen lassen.

Sinnbewertungen sind immer bezugsystemabhängig, dahingegen sind alle Aussagen, die beim Wechsel der Bezugssysteme gültig bleiben, allgemeine soziale Gesetzmäßigkeiten mit dem Charakter von Naturgesetzen. Insofern sind alle Gesetze des Sozialen in allen Bezugssysteme gleich – alles andere sind lediglich normative Konstrukte, deren Gültigkeit vom jeweiligen normativen Bezug abhängt. Für zwei voneinander abweichende Bezugssysteme kann man folglich nie exakt gleichzeitig die Gültigkeit ihrer Sinnhaftigkeit bestimmt werden. Die Gültigkeit von Gesetzmäßigkeiten hingegen kann aber für alle Bezugsysteme gleichermaßen zur gleichen Zeit ausgesprochen werden.

Eine Hypothese, die theoretische Aussagen zu sozialen Phänomenen, dahingehend strukturieren soll, als dass die angesprochenen Fehlkategorisierungen vermieden werden, muss, klar zwischen den Verallgemeinerbarkeitsabstufungen trennen und auch erklären, warum dies so ist. Sie muss ferner anmahnen, dass es keine überall gleiche Sinnhaftigkeit gibt und dennoch deutlich machen, dass trotz aller Sinnvarianzen die Gesetze des sozialen in allen Bezugssystemen gleich bleiben.

All diese Voraussetzungen erfüllt die hier vorgestellte naturanaloge Hypothese. Die Anpassung des Programms ZA12 anhand dieser analogen Postulate und Prinzipien führte letztlich dazu, dass das Simulationsprogramm ZAGABI realitätsnahe Ergebnisse lieferte. Konkret sah die Modifikation nämlich, ganz gemäß der Naturanalogie, wie folgt aus: Der 1. Teil der Homans – Hypothse blieb als Gesetz bestehen, während der 2. Teil auf verschiedene, gleichwertige Typkollektive jeweils spezialisiert wurde. Als typübergreifende als entscheidungsauslösende Bewertungsgröße blieb der Interaktionserfolg, bzw. das Wohlbefinden bestehen. Somit ist der geschilderte Projektverlauf nicht nur ein Problemexempel, sondern auch ein mathematisch untermauertes Indiz, wenn nicht zwingend für die Richtigkeit meines Analogieschlusses, so aber doch zumindest für die prinzipielle Notwendigkeit und Möglichkeit, Aussagen über das Soziale gegenstandsadäquat zu strukturieren.

Dass das Kategorieproblem im Kontext des geschilderten Forschungsverlauf kein Einzelfall ist, zeigte ich bereits in den vorhergehenden Kapiteln, in denen ich die unreflektierte und die reflektierte Leitdifferenz als Fehlkategorisierungstypen beschrieb und im Rahmen dessen Arbeiten von Heitmeyer und Bohnsack als Exempel für diese Erkenntnisprobleme anführte.

Der protesttheoretische Ansatz Heitmeyers, der schnell zu der Fehlkategorisierung führen kann, dass z. B. die Gewalttaten jugendlicher Hooligans politisch, „rechtsextremistisch" intendiert wären, ist folglich strukturell vergleichbar mit den dargestellten Simulationsversuchen auf der Basis der Homans – Hypothese. Auch bei Heitmeyer wird die hohe Relativdevianz zwischen manchen Bezugssystemen ignoriert und es wird von einem überall gleichen Sinn ausgegangen, nämlich, dass auch in Hooligangruppen politisch intendiert gehandelt würde – dass hier nach ganz eigenen normativen Regeln gehandelt werden könnte wird außer Acht gelassen.

Als Beispiel für die reflektierte Leitdifferenz, die bereits die normativen Unterschiede erkennt, habe ich die milieuanalytisch orientierten Arbeiten Bohnsacks genannt. Wie bereits mehrfach erwähnt, ist das Kategorisierungsproblem hier, dass den beobachterfernen Normzusammenhängen das Intentionale abgesprochen wird. Gewalttäter werden so zu defizitären, rein reaktiven Einheiten, aus deren Zusammenschluss ein „mangelhafter" Sinnzusammenhang abzuleiten ist. Der Beobachtersinn wird so zum Sinnäther, zum Trägermilieu und es bleibt unberücksichtigt, dass die beobachteten Bezugsysteme ebenso bewertend auf andere Bezugsysteme „blicken".

Dieses Kapitel abschließend möchte ich erwähnen, für wie wichtig und sinnvoll ich den Einsatz solch mathematisch-experimenteller Verfahren, wie die hier vorgestellten, in den Sozialwissenschaften halte; und zwar aus zwei ganz einfachen Gründen: sie „zwingen" bei der Festlegung der Kategorien zu exaktem Vorgehen und die Ergebnisse sind umgehend empirisch überprüfbar.

Für mich jedenfalls war die Arbeit mit diesen Programmen *der* Anlass, genauer über Interaktionssteuernde Mechanismen und deren Kategorisierung nachzudenken.

7 Fazit

Am Ende dieser Arbeit möchte ich die prägnantesten Aussagen zusammenfassen. Ferner möchte ich aus diesen Aussagen bereits weitergehende Schlüsse ableiten. Zu diesem Zweck möchte ich die Kernpostulate meiner Naturanalogie auf deren mögliche Einflussbereiche „Methodik", „Anwendungsbereiche der Sozialwissenschaften" und „Ethik" beziehen.

7.1 Einflussbereich phänomenologische Methodik

Da ich, wie zuvor dargelegt, der Ansicht bin, dass (phänomenologische) sozialwissenschaftliche Methodik nicht von Theorie abgekoppelt werden kann, ist im Zusammenhang dieses Kapitels als Einflussbereich meiner Hypothese die theoretisch-kategorial vorstrukturierende Komponente von Methodik gemeint. Die Qualität dieser Komponente entscheidet maßgeblich darüber, ob ein ausreichend valider Zugang zum Gegenstandsbereich eröffnet werden kann oder nicht. Alle weiterführenden Methodeninstrumente liefern ungültige Ergebnisse, mögen sie technisch noch so durchdacht sein, wenn es der theoretischen Einrahmung an Struktur fehlt.

Grundlegend wird der Zugang zu sozialen Phänomenen immer durch die Exploration des dort vorherrschenden Normaßstabes eröffnet. In Kapitel 3 und im weiteren Verlauf machte ich deutlich, dass es im Kontext dieser Exploration einen Widerspruch zwischen 2 verschiedenen Zugängen gibt, der unreflektierten und der reflektierten Leitdifferenz.

Folglich ist die vorgestellte Hypothese im Kern ein Versuch, diesen Widerspruch aufzulösen. Die Integration der Erkenntnis, dass es stark voneinander abweichende normative Kontexte gibt, in das Prinzip der Gleichwertigkeit dieser Kontexte, was die Gesetze der Interaktionsteuerung angeht, koordiniert die verschiedenen Bezugssysteme derart, dass die theoretischen Widersprüche verschwinden. Und die Normen des Beobachtersystems, welchen aus Beobachtersicht stets globaler, bzw. hierarchisch übergeordneter Sinn zugeordnet wird, werden auf diese Weise nichts weiter als Spezialfälle unter einer Vielzahl anderer, gleichwertiger Zusammenhänge.

Insofern besteht die Reflexionsleistung aller Beobachter darin, das normativ Fremde an abweichender Interaktion zu erkennen, diese Fremdartigkeit jedoch als gleichwertig zu klassifizieren. Das bedeutet, dass Übergänge zwischen Systemen mit Relativdevianz als rein methodische Operation zu definieren sind und nicht als ein sinnbewertendes Instrument mit Absolutheitsanspruch auf seine Bewertungsergebnisse. Es geht bei diesen Übergängen folglich ausschließlich um die Exploration der entsprechenden Alltagsnorm, vor dem Hintergrund des Postulates, dass die unweigerlich stattfindenden (defizitären) Sinnbewertungen in der Auswahl des Beobachtersystems begründet sind. Daraus folgt, dass die die gültigen Interaktionsnormen gegenstandsnah, sozusagen *im* phänomenologisch Fremden exploriert werden müssen, die Sinnhaftigkeit dieser Normen wird jedoch immer *aus* dem eigenen Normensystem bewertet. Das ist im Übrigen auch die Grundlage aller kritischen Wissenschaften. Allerdings darf hier nicht das Entscheidende vergessen werden: aus anderen Bezugsystemen beobachtet, wird der eigene wissenschaftlich-kritische Blick auf diese Systeme ebenso zum Gegenstand von (kritischen) Sinnbewertungen. Und es gibt aus rein analytischer Sicht nicht den geringsten Anhaltspunkt dafür, eine von beiden Beobachterperspektiven als höherrangig zu klassifizieren – wenn es um die Analyse von Alltagsnormen gehen soll. Zur Veranschaulichung möchte ich hier folgendes Gedankenexperiment anführen:

Würde ein teilnehmender Beobachter, ganz gleich, ob dies ein Pädagoge oder ein Forscher ist, ein normativ stark abweichendes Bezugssystem beobachten, würden sie die Sinnhaftigkeit der dortigen Interaktionen als defizitär bewerten. Käme es jedoch zu dem nicht seltenen Phänomen des „Going Native", was bedeutet, dass der Beobachter die Normen des zu beobachtenden Systems für sich habituiert, würden in der Folge keine Sinndefizite im zu beobachtenden System mehr wahrgenommen, sondern diese Varianzen würden dann im ursprünglichen Beobachtersystem „gemessen". Ein Phänomen, was auch bei sog. „verdeckten Ermittlungen" in kriminalistischen Zusammenhängen beobachtet werden kann. Die Normen des ursprünglich devianten, in dem Fall sogar delinquenten, Bezugsystems werden im Laufe der Ermittlungen derart attraktiv, dass sie vom Ermittler übernommen werden. Ein Prozess der soweit gehen kann, dass die ursprüngliche Identität als Polizeibeamter verloren geht und als sinndefizitär bewertet wird. Die Normen des delinquenten Systems werden dann auch nicht mehr als deviant wahrgenommen. Die Frage der absoluten Bewertung sozialer Phänomene als deviant oder konform stellt sich in meiner Hypothese nicht mehr. Der Standpunkt des Systems „Verbrecher" ist dem des Beobachtersystems „Polizei" gleichwertig, was die Wertigkeit der Alltagsnormen und der Interaktionsauslösenden Gesetze angeht. Die Bewertung als delinquent hingegen, bezieht sich auf eine rein funktional-formaljuristische Grundlage; warum diese funktionalen Vorgaben aber häufig nicht interaktionsauslösend sind, bzw. nur indirekten Interaktionseinfluss ausüben, werde ich an späterer Stelle erläutern.

Zunächst möchte ich jedoch ein Gedankenexperiment aus der Physik an-
bringen, das dem „Going-Native" Gedankenexperiment analog entspricht, um
damit abermals auf die prinzipielle Angemessenheit meiner Naturanalogie zu
verweisen:

> „Vom ruhenden System einer Experimentaleinrichtung her gesehen, vergrößern sich
> die Masse und die Energie des Elektrons bei Annäherung an die Lichtgeschwindig-
> keit. Zugleich verformt es sich zu einer Art Linse. In der Lorentschen Theorie sind
> diese physikalischen Veränderungen dynamische Wirkungen des Ätherwindes. Ein
> Beobachter, der das Elektron begleiten würde, könnte die Verformung physisch
> wahrnehmen (und vermutlich auch selbst spüren). Deshalb konnte es zum physikali-
> schen Problem werden, wie sich die Ladung im so verformten Elektron verteilt und
> ob es stabil bleibt. Diese Frage stellt sich in der speziellen Relativitätstheorie nicht
> mehr (vgl. Einstein 1979, S. 43f.). Der Standpunkt des Elektrons ist dem des Beob-
> achters gleichwertig (wir nehmen an, dass das Elektron keine Beschleunigung mehr
> erfährt). Der das Elektron begleitende Beobachter sieht es im Zustand der Ruhe,
> während sich die relativ zum Elektron bewegte Experimentaleinrichtung entspre-
> chend den Lorentz-Transformationen verformt" (Fischer 1995, S. 88).

Die hier beschriebene Verformung ist analog zum aus dem Beobachterstandpunkt wahrgenommenen Sinndefizit zu sehen. Aus einer Beobachterperspektive
werden stark abweichende Bezugsysteme immer defizitär bewertet, es sei denn
der Beobachter verfällt dem „Going-Native" Prinzip. In diesem Fall würde er das
eigene (ehemalige) Beobachtersystem als defizitbesetzt definieren. Und zwar
gemäß des operativen Charakters von Transformationen zwischen Systemen mit
hoher Relativdevianz, welche sich analog zu den Lorentz-Transformationen
verhalten – was die nun rein operative Aufgabe dieser Übergänge angeht. Absolute Aussagen sind weder aus diesen analytischen Sozialnormübergängen, noch
aus den Lorentz-Transformationen ableitbar. Die kategorialen Transformationen
in einem sozialwissenschaftlichen Kontext koordinieren die verschiedenen Lokalsinnhaftigkeiten lediglich. Insofern ereilt, zumindest in der Lesart meiner
Hypothese, die milieuanalytischen Ansätze Bohnsacks mit ihrem Bewertungsab-
solutismus das gleiche Schicksal, wie die Lorentz-Transformationen: sie werden
zu reinen Koordinierungs- und Strukturierungsinstrumenten ohne absolute Aussage. Das heißt, dass die reine Technik von Milieuanalysen, also die milieunahe
Herleitung der beobachteten Norm, die richtige Operation zur phänomenologischen Betrachtung fremder Sinnhaftigkeiten ist; allerdings muss man sich in
diesem Zusammenhang von der Idee der defizitären bzw. gesetzmäßig völlig
andersartigen Subgruppe verabschieden.

Nur am Rande sei erwähnt, dass in diesem Zusammenhang auch gesell-
schaftskritische, (be-) wertende Theorieansätze ähnlich zu bewerten sind. Gerade

Ansätze, die soziale Interaktion explizit nach ihrer Sinnhaftigkeit bewerten, wie z. B. die bereits zu Beginn thematisierte berühmte Theorie des Kommunikativen Handelns von Habermas, müssen berücksichtigen, dass diese Bewertungen nicht absoluter Natur sein können. Eine in einem bestimmten Bezugssystem festgestellte gestörte Interaktion, ein Kommunikationsdefizit geht, aus dem eigenen Bezugsystem bewertet, immer auch mit einem Sinndefizit einher.

Das dahinter stehende Erkenntnisinteresse nennt Habermas „emanzipatorisches Erkenntnisinteresse" (Habermas 1973, S. 244),

> „das Interesse an der Herstellung und Aufrechterhaltung unverzerrter (sic!) Kommunikation bzw. an der Überwindung von Kommunikationsstörungen. Damit ist nicht etwas die fehlende Bereitschaft zur Verständigung gemeint, sondern die mangelnde Fähigkeit (sic!) zur Verständigung, die Sprache, die deformiert ist und daher seine Mitteilungsfunktion nicht mehr erfüllen kann. (.....) Hier liegt Habermas zufolge nun das Aufgabegebiet der philosophisch-kritischen Wissenschaften, die darauf abzielen, diese Kommunikationsstörungen zu beheben und dadurch die Wiederaufnahme der Verständigung zu ermöglichen" (Morel 2001, S. 245).

Das Problem hierbei ist, dass solche „Verzerrungen", bzw. Defizite sicherlich zu konstatieren sind, aber dabei außer Acht gelassen wird, dass die konkreten Menschen in den konkreten „defizitären" Bezugsystemen diese Defizite 1. häufig nicht wahrnehmen und dann 2. genau diese Interaktionsstörungen und die damit einhergehenden Sinnhaftigkeitsdefizite wiederum im Beobachtersystem wahrnehmen, ganz genau so, wie ich es im Rahmen der Praxisbeispiele bereits verdeutlicht habe. Dem emanzipatorisch orientierten Wissenschaftler muss folglich klar sein, dass wenn er Defizite beseitigt sehen will, er – nicht immer – aber in den meisten Fällen davon ausgehen muss, dass die Sinndefizite nichts weiter als eine Folge des Bewertungsstandpunktes sind. Genau dieses Prinzip wird aber nie explizit berücksichtigt; normative Aussagen werden somit ganz bewusst, also reflektiert zu absoluten Gesetzmäßigkeiten erhoben. Dies ist so zu sehen, weil im Kontext emanzipatorischer Interessen bei der Feststellung von Interaktionsstörung bereits der der glühende Wille des „Gestörten" zur Verminderung des „Defizits" impliziert wird. Insofern sind solche Theorieansätze als eine Form der reflektierten Leitdifferenz zu klassifizieren, die eindeutig von einem Sinnäther ausgehen, den es, um es ein weiteres Mal zu wiederholen, meiner Ansicht nach nicht gibt.

Dies zeigt, dass die vorgestellte Invarianzhypothese nicht nur die theoretisch-kategoriale Komponente empirischer Forschung strukturierend beeinflussen kann, sondern auch bestimmte Strömungen soziologischer Theorie mit in ihren Einflussbereich einbeziehen kann.

Neben den beiden Kategoriefehlern, der unreflektierten und der reflektierten Leitdifferenz, die als invalide Verallgemeinerungen, bzw. invalide Hierarchisierungen zusammenzufassen sind, ist abschließend ein weiterer, in den Sozialwissenschaften nicht selten anzutreffender Koordinierungs- bzw. Strukturierungsfehler zu erwähnen – die unnötige Konkretisierung, oder wenn man so will, die „Degradierung" kovarianter Gesetze zu lokal gültigen Normaussagen:

> „Je höher die Integration der Person in eine mit einem gewalttätigen Wert- Normensystem ausgestattete Subkultur ist, desto wahrscheinlicher wird sie gewalttätig handeln. (.....) Gewalt wird so vielmehr als Mosaiksteinchen eines „normalen Lebensstils betrachtet" (Möller 2001, S. 72).

In diesem Beispiel wird ein kovariantes Gesetz unnötig auf das Bezugsystem „Gewalttäter" bezogen. Man kann jedoch ganz einfach und ganz allgemein, das kovariante Gesetz

Je höher die Interaktionserfolg sichernde Integration des Individuums in ein Bezugsystem ist, desto wahrscheinlicher wird es normkonform interagieren. Die im Bezugsystem leitende Interaktionsnorm wird so zur Alltagsnorm, anhand derer vornehmlich interagiert wird

aufstellen. Ansonsten könnte in der unnötig speziellen Lesart der verfälschende Eindruck entstehen, dass ausschließlich Gewalttäter in ihren normativen Bezügen „gefangen" wären und beispielsweise Wissenschaftler und Pädagogen davon auszunehmen wären.

7.1.1 Themenfeldbezogene Schlussbemerkung

All die angeführten Strukturierungsprobleme verdeutlichen, dass es zwingend erforderlich ist, *nicht* die normativen Inhalte hierarchisch zu bewerten und auf diese Art zu strukturieren, sondern vielmehr die theoretischen Aussagen, und zwar anhand der Statusarten „Kovariantes Gesetz" und „Lokalnormaussage". Meine vorgestellte Invarianzhypothese ist, um an dieser Stelle nochmals den Kern der Aussage zu verdeutlichen, ein Lösungsvorschlag, welcher es möglich macht, zu klassifizieren, was beim Wechsel der Bezugsysteme invariant bleibt. Diese Klassifizierung erlaubt es, Aussagen danach zu überprüfen, ob sie ein Quasinaturgesetz darstellen oder nicht. Ich für meinen Teil habe mich von vielen sicher geglaubten „Absolutheiten" im Rahmen meiner Berufstätigkeit verabschieden müssen, da sie in den teilweise sehr abweichenden Normbereichen sozialer Realität ihre Gütigkeit verloren, was aber auch dazu führte, dass einige kovariante Gesetze übrig blieben.

Betrüblicher Weise ist es in den beschriebenen Gegenstandsbereichen und vermutlich generell im Kontext der Beschreibung sozialer Realität lediglich auf empirische Art möglich, theoretisch-kategoriale Aussagen auf deren Verallgemeinerungsstatus hin zu überprüfen. Insofern sind die hier genannten Naturgesetze für unbekannte Bezugsysteme aufs Neue empirisch zu testen. Allerdings haben die in dieser Arbeit genannten Kovarianzen bereits in extrem von einander abweichenden Kontexten ihre Gültigkeit behalten, was ich hoffentlich durch die Praxisbeispiele verdeutlichen konnte.

Die jeweils normativen Kontexte des sozialen müssen hingegen wie bisher auch mit bekannten Methodeninstrumenten erhoben werden, also mittels Beobachtungen und Interviewtechniken, um die Motivlage des Interagierens zu klären. Die Invarianzhypothese sagt folglich nur etwas über die theoretische Methode der (Sinn-) Kategorisierung aus, die der Erhebung vorangeht bzw. vorangehen sollte.

Im Folgenden möchte ich zusammenfassen, welche Auswirkungen die beschriebenen Fehlkoordinierungen bezüglich sozialer Gesetze und normativer Aussagen auf sozialpädagogische Handlungsfelder haben.

7.2 Einflussbereich pädagogische Handlungsfelder

Mehrfach erwähnte ich bereits, dass das Bewerten fremder Sinnzusammenhänge kein Privileg wissenschaftlicher Bemühungen ist. Somit versuchen alle Menschen sich normativ andere Interaktion zu erklären. Folglich bewerten Pädagogen in ihren Arbeitsbereichen die Interaktion ihrer Klienten zum einen aus ihrem allgemein menschlichen Bedürfnis heraus, zum anderen aber auch, weil es ihre berufliche Funktion verlangt – nur der Pädagoge, der das Interagieren seiner Klienten erklären kann, ist in der Lage auf dieser Basis angemessene Hilfe umzusetzen.

Zu diesem Zweck haben Pädagogen Ausbildungen durchlaufen, die es ihnen ermöglichen sollten, professionell zu analysieren. Nun verhält es sich aber so, dass diese Analysemodelle selbstverständlich aus den relevanten Bereichen der Sozialwissenschaften, also der Soziologie und der Psychologie abgeleitet werden. In diesem Kontext haben gerade die zuvor genannten emanzipatorisch orientierten Strömungen in den letzten 3 Jahrzehnten Einzug in sozialpädagogische Handlungsfelder gehalten. Eine Tatsache, die prinzipiell nur als folgerichtig klassifiziert werden kann, geht es doch gerade in pädagogischen Kontexten darum, (junge) Menschen mündig zu machen. Allerdings ist es mehr als fraglich, ob

Mündigkeit in den entsprechenden Bezugssystemen immer in Zusammenhang mit unverzerrter Kommunikation gebracht werden kann, wie dies von Habermas postuliert wird.

Dies ist sowohl im Kontext einer mikroanalytischen „Kritischen Theorie des Subjektes", die Habermas modellhaft in der Psychoanalyse Freuds wiederfindet, als auch im Rahmen einer makroanalytischeren „Kritischen Gesellschaftstheorie" zumindest zu hinterfragen.

Da die mikroanalytischen Ansätze für pädagogisch-therapeutische Belange zumeist relevanter sind, möchte ich diese eingehender thematisieren. Es ist sicher grundsätzlich nichts daran auszusetzen, psychoanalytisch zu arbeiten, wenn zuvor die unverzichtbare kategoriale Koordination dessen erfolgte, was wirklich als „Störung" und Gefahr für die Mündigkeit des Subjektes bewertet werden kann und was in einem ganz allgemeinen Kontext als Interaktionsentscheidung anhand kovarianter Gesetze. Um diese Beispiel nochmals zu bemühen: ein Mensch, der sich permanent einnässt kann damit sicherlich ein Problem haben und das Einnässen ist direkt als Folge speziellen eines Krankheitskontextes zu erklären. Ein Zustand, der sicherlich dazu führen kann, dass Kommunikation aus einem Schamgefühl heraus vermieden wird. Ist dies zusätzlich eine Störungsform, die psychoanalytisch behandelbar ist, dann ist dieses Vorgehen unbezweifelbar angemessen. Allerdings darf man dabei die Bewertungsoption nicht vergessen, dass es sich möglicherweise gar nicht um den direkten Ausdruck einer Störung handelt nach, sondern vielmehr um eine Interaktionsart, die mehr oder weniger intentional, aber in jedem Fall erfolgsorientiert eingesetzt wird. Täglich einzunässen kann durchaus eine sehr mündige Entscheidung sein, wenn man sich dadurch jedweder sozialer Interaktion, wozu Kommunikation gehört, weitgehend entziehen kann, z. B. dann, wenn diese so stark irritierend wirkt, dass eine ernsthafte psychische Erkrankung droht (vgl. Kapitel 5.3). Hier geht es also vielmehr darum, dass das kovariante Gesetz berücksichtigt wird, dass alle Menschen versuchen, unlustvolle Erlebenszustände zu vermeiden.

Das Einnässen an sich und das Vermeiden von Kommunikation muss folglich nicht zwingend eine entmündigende Störung sein. Überspitzt ausgedrückt wäre in einem solchen Fall die Behandlung des Einnässens, um so vermeintlich gewünschte Kommunikation wieder zu ermöglichen, eine emanzipatorische Kolonialisierung, die ihre Intention ad absurdum führen würde.

Auch bei den häufig so titulierten „Sprachlosen Gewalttätern" wird davon ausgegangen, dass einfach nur die Kommunikationsfähigkeit wiederhergestellt werden muss und man hat aus dem ehemaligen Gewalttäter einen zivilisierten Menschen gemacht. Dies ist in keiner Weise realitätsadäquat.

Wie in Kapitel 5 ausgeführt, ist die Ursache von Gewalt häufig in der mangelhaften kommunikativen Verarbeitung von prägnanten biographischen Eckpunkten zu finden. Aus diesem Mangel hat sich aber gerade mit dem Mittel der Körperlichkeit ein Normmaßstab, eine Interaktionsart entwickelt, die bezugsystemimmanent nicht mehr als defizitär empfunden wird und, die nicht selten vehement gegen „kommunikative" Übergriffe verteidigt wird. Ich denke ich habe dies im Beispiel des Jugendlichen TOM eindrücklich verdeutlicht. Die Aussage von Habermas

> „Das Interesse an Mündigkeit schwebt nicht bloß vor, es kann apriori eingesehen werden. Das, was uns von Natur heraushebt, ist nämlich der einzige Sachverhalt, den wir seiner Natur nach kennen können: die Sprache. Mit ihrer Struktur ist Mündigkeit für uns gesetzt" (Habermas 1968, S. 68).

ist abermals ein Exempel für die nicht adäquate Erhebung rein normativer Aussagen zu kovarianten Gesetzen mit Absolutheitsanspruch. Wie beim 2. Teil der Homans – Hypothese, setzt Habermas apriori voraus, dass zum einen Mündigkeit ein absoluter Wert an sich ist[111], und zum anderen, dass allein der (verständigungsorientierte) Einsatz von Sprache die Struktur zur Erlangung von Mündigkeit[112] vorhält und alle anderen Interaktionsarten sich dazu defizitär verhalten. Die oben stehende Aussage von Habermas geht somit für den 1. Teil der Aussage von einem überall gleichen Sinn aus, und für den 2. Teil von einem Sinnäther – beides ist in der sozialen Realität nicht zu finden. Hier ist also lediglich von Lokalnormativitäten zu sprechen, die für einen „Habermas nahes" Bezugsystem gültig sein mögen, wechselt man jedoch in ein davon relativ stark abweichendes Bezugsystem, wie das TOMs, dann verliert in jedem Fall der 2. Aussageteil seine Gültigkeit. Wenn kommunikative Defizite immer zu einem absoluten Sinnhaftigkeitsdefizit führten, dann würden die Beobachteten alles daran setzen, ihre Situation immanent zu ändern, bzw. das System zu wechseln. Dies ist jedoch, zumindest für den meinerseits beschriebenen Gegenstandsbereich, nicht haltbar.

---

[111] Es ist allerdings in Frage zu stellen, ob das Interesse an Mündigkeit an sich apriori gesetzt werden kann. Dies ist deshalb fraglich, weil Mündigkeit unter bestimmten Voraussetzungen nicht per se als absolut „gewünscht" gesetzt werden kann. Das heißt, dass in bestimmten Kontexten, wie z. B. während der Zeit des Nationalsozialismus, eine zu große Mündigkeit des Einzelnen bis in die Ebene der alltäglichen Bezugsysteme nicht sinnhaft war, weil sie keinen Interaktionserfolg nach sich zog. Dieses Desinteresse an Mündigkeit ist nicht nur auf entsprechende Repressalien zurückzuführen, das völlige Zurücknehmen der eigenen Person und das „Aufgehen" in einem Kollektivhabitus brachte unbezweifelbar Interaktionserfolg ein. Makroanalytisch betrachtet konnte das Naziregime nur mit einem solchen Habitustyp funktionieren. Auf der rein prinzipiellen Ebene (nicht auf der normativ inhaltlichen!) funktionieren Hooligangruppen genau so.

[112] Unbezweifelbar werden Interaktionsentscheidungen auf der Basis von Sprache gefällt, da sie ein Zeichensystem bereithält, das uns die Welt erst erfahrbar machen lässt, allerdings ist sie nicht immer die Interaktionsart, die in Form von aktivem Kommunizieren Mündigkeit sicherstellt. Das Beheben von Kommunikationsstörungen kann folglich nicht das alleinige mittel der Wahl sein, um Mündigkeit wieder herzustellen.

Ein Umstand, der für mich ausreicht, um die Notwendigkeit einer aussagekoordinierenden Hypothese zum wiederholten Mal zu unterstreichen. Die Probleme, die sich in den pädagogischen Anwendungsbereichen sozialwissenschaftlicher Disziplinen ergeben, sprechen eindeutig dafür, dass es sich bei allen Bemühungen, theoretisch-kategoriale Aussagen besser zu koordinieren, bzw. zu strukturieren, keinesfalls um „Glasperlenspiele" handelt, so krude mein naturanaloger Ansatz auf den ersten Blick auch anmuten mag. Die Folgen fehlerhaft strukturierter Analysen sind auf der Handlungsebene nämlich weit weniger Anlass zur Belustigung, als möglicherweise meine Hypothese. Auf dieser Ebene äußern sich Fehlstrukturierungen immer in unangemessener Hilfe, in kontraproduktiver Behandlung – mit teilweise dramatischen Folgen für den Einzelnen.

Nun möchte ich zu einem Einwand bzw. einer kritischen Frage kommen, der bzw. die möglicherweise im Zusammenhang mit meiner Hypothese – berechtigter Weise - aufkommen mag: was ist mit dem Konflikt zwischen manchen Bezugssystemnormen und gesetzlich-institutionellen Normen? Auch diese Frage soll am Beispiel devianten Verhaltens Jugendlicher veranschaulicht werden. Konkretisiert lautet die Frage also, warum wenden Jugendliche sich nicht umgehend von einem Bezugssystem ab, dass ihnen nur vermeintliche Nachteile einbringt, wie z. B. strafrechtliche Konsequenzen und Reglementierungen innerhalb von Jugendhilfeeinrichtungen?

Das grundlegende Problem hierbei ist, dass hier zwischen Bezugssystemnorm und Funktionssystemnorm zu trennen ist. Das, was Jugendliche im Laufe ihres bisherigen Lebens an Normen habituiert haben, ist auf direkte Sozialisationseinflüsse im unmittelbaren Lebensumfeld zurückzuführen. Hier geht es folglich um das Alltägliche, ganz anderes bei den Funktionsnormen wie z. B. formaljuristischen Vorgaben. Diese üben, trotz der unbezweifelbar gegebenen Interdependenz zwischen der Ebene der Alltagsinteraktionen und der funktionalformalen Normen, einen weitaus weniger direkten Einfluss auf alltägliche Zusammenhänge aus. Dies ist insbesondere bei Jugendlichen so zu sehen, da Kinder und Jugendliche berechtigter Weise in einem besonderen Maße vor strafrechtlicher Verfolgung geschützt werden. Und gerade deviante Jugendliche partizipieren nicht selten an Bezugssystemen, deren Interdependenz mit funktionalen Normen deutlich geringer ist, als in klassisch „bürgerlich-zivilisierten" Zusammenhängen. In diesen Bezugssystemen gilt, insbesondere, wenn sich dort beispielsweise ein Normaßstab sozialdarwinistisch orientierter Männlichkeit etabliert hat, oft die Norm: wer sich an Gesetze hält und sich allzu „zivilisiert" verhält, ist kein „richtiger" Mann, ein „Weichei". Die in solchen Systemen im Sozialisationsprozess befindlichen Jugendlichen, sind somit von den Interdependenzen zwischen Bezugssystem und Funktionssystem weitgehend „abgeschnitten".

Auch die Regularien im Rahmen der Jugendhilfe sind funktionaler Natur und als Erziehung zu klassifizieren, nicht als Sozialisation. Hier erschließt sich, ganz im Sinne meiner Hypothese, den Betroffenen zumeist der Sinn der Regeln nicht. Schließlich haben jugendliche Gewalttäter über Jahre gelernt, dass Schlagen erfolgreicher, häufig sogar moralisch vertretbarer als „Labern" ist. Allein die Tatsache, dass „plötzlich" aus einem funktionalen Kontext andere Regeln relevant werden, die den Erfolg des langjährig habituierten Interagierens abschwächen, reicht hier nicht aus. Die Jugendlichen nehmen solche Vorgaben vielmehr als „Störgeräusche" wahr: warum soll ich mich wie ein „Schwuli" verhalten, der nur „labert", aber nichts tut, das ist doch falsch? Warum soll ich plötzlich nicht mehr „kiffen" und „saufen"?, nur so konnte ich doch das Erlebte ertragen; nur so konnte ich erfolgreich überleben.

Der Konflikt, der durch solche funktionalen Einflüsse ausgelöst wird, kann folglich lediglich Irritationen auslösen, ist aber für die Betroffenen kein Anlass, diese Einflüsse Widerstandslos in ihr Weltbild zu integrieren. Nicht selten wird dies zum Anlass genommen, „neue" Bezugsysteme aufzutun, die teilweise noch devianter sind, als die bereits etablierten. Dieses Problem ist letztlich nur mittels zweier Prinzipien zu verhindern. Zum einen müssen die pädagogisch gewünschten Normen sicherlich mit einer wohlwollenden aber klaren Autorität durchgesetzt werden, zum anderen müssen den Jugendlichen aber auch „Interaktionsplattformen" vorgehalten werden, die Interaktionserfolg nach sich ziehen. Das heißt, dass man Jugendliche einerseits in die Lage versetzen muss, erfolgreich am gewünschten Regelsystem zu partizipieren und es ihnen andererseits nicht offen lassen darf, um welche Anpassungsleistungen es gehen soll. Pädagogische Ansätze, die diese Prinzipien nicht beherzigen, sind unweigerlich zum Scheitern verurteilt. Ich halte es für fatal, insbesondere offen zu lassen, welche Interaktionsart angemessen ist und welche nicht. Dies setzt fraglos voraus, dass jeder Mensch „irgendwie" weiß, was aus pädagogischer Sicht angemessen und was unangemessen ist. Das setzt aber letzten Endes auch den hier bereits als nicht vorhanden klassifizierten Sinnäther voraus. So unsympathisch das für Viele auch klingen mag: zivilisatorische Normen sind nichts weiter, als bezugsystemabhängige Regeln der Interaktion, die nicht zu kovarianten Gesetzen erhoben werden können. Funktionale Gesetze, z. B. in Form von formaljuristischen Vorgaben sind somit nichts weiter, als künstlich kovariant „gemachte", künstlich globalisierte Bezugsystemnormen, die zwar rein formal kovariant gültig sind, die aber nicht in alle *Weltbilder* integriert werden, und das ist das Entscheidende im Zusammenhang mit der Bewertung der Sinnhaftigkeit von Alltagsinteraktion!.

Das zuvor Geschriebene zeigt somit auch ganz deutlich, dass meine Invarianzhypothese alles andere als eine Argumentationsgrundlage ist, sich als Pädagoge im normativ Beliebigen, nach dem Motto „anything goes", zu verhalten[113]. Gerade weil pädagogisch Wünschenswertes keinen urwüchsig-absoluten Gegebenheiten entspringt, muss man als zivilisierter Pädagoge für das eintreten, was aus einem zivilisatorischen Bezugsystem heraus gut und richtig erscheint.

Man darf darüber hinaus einfach nicht zulassen, dass sich unzivilisierte, ja barbarisch-gewaltaffine Bezugsysteme der Prinzipien der wohlwollenden Autorität und der Partizipation bemächtigen, wenn es um die Weitergabe von normativen Interaktionsregeln an die nächste Generation geht, während man selbst davon ausgeht, das diese kovarianten (!) Prinzipien unnötig sind, weil es ja einen Sinnäther gibt, der die Ablehnung von Gewalt vor allen anderen normativen Aussagen *auszeichnet*.

Um abermals ein extremes Beispiel anzuführen: die nationalsozialistischen Erziehungsprinzipien orientierten sich im Großen und Ganzen an den hier genannten. Es ist unbezweifelbar, dass diese Prinzipien damals extrem erfolgreich verarbeitet wurden. Der Fehler, der nach dem Zusammenbruch der Nazidiktatur gemacht wurde, war der, dass die Erziehungsprinzipien *an sich* als perfide „Gleichschaltung", deren Norm sich gegen das *urwüchsig* gegebene Zivilisatorische wendete, bewertet wurden. An zivilisatorischen, friedlichen Regeln orientierte Sozialisation bzw. Erziehung ist prinzipiell jedoch, meiner Ansicht nach, auch nichts weiter, als eine, wenn auch ungleich wohlwollendere, weniger perfide „Gleichschaltung", die sicherlich für die einzelnen Interagierenden auf der Ebene der Entfaltung einer mündigen Persönlichkeit[114] mehr Entscheidungsfreiheiten zulässt, als dies in extrem autoritären Erziehungsmodellen der Fall ist. Schließlich bezieht sich diese „Gleichschaltung" ausschließlich auf zivilisatorische Normmerkmale. Nichts desto trotz bleiben die Grundprinzipien erfolgreicher Adaption beim Wechsel der Bezugsysteme erhalten und das bedeutet folglich, dass das die prinzipiellen Gesetze der Sozialisation[115] kovariant und alles

---

[113] Solche Grundhaltungen sind auch in heutigen pädagogischen Handlungsbereichen nicht selten zu finden. Mündigkeit wird hier mit der Ansicht gleichgesetzt, dass wenn man den Einzelnen nur frei entscheiden lässt, sich zivilisatorische Normen quasi von selbst in ihm etablieren. Das ist aber leider nicht so.

[114] Ich möchte hier nochmals deutlich machen, dass die Bewertung von Mündigkeit als wünschenswertes Persönlichkeitsmerkmal eine rein normative ist, die sich *nicht* urwüchsig ergibt. Somit muss auch diese Norm mit einer, wenn auch wohlwollend reflektierten Autorität, vermittelt werden und ggf. gegenüber konträren Bezugsystemen „verteidigt" werden. *Das* dunkle Beispiel aus der Historie untermauert diese These.

[115] Im Zusammenhang mit der Frage „Wie vergesellschaftet sich ein Individuum vor dem Hintergrund eines Bezugsystems prinzipiell?", geht es somit immer um die erfolgreiche Partizipation an einem normativen Bezugsystem des Alltages durch normkonformes Interagieren und um die sich zwangsläufig aus einem solchen Kontext ergebende „Festlegung", was inhaltlich die Interaktionsnorm zu sein hat. Eine Norm hat somit immer auch eine autoritäre Komponente, da eine Normmissachtung Misserfolg nach sich zieht.

andere rein normative Aussagen sind. Insofern ist das Barbarische an der nationalsozialistischen Erziehung nicht so sehr in ihren Grundprinzipien zu suchen,
sondern vielmehr in ihren unsäglichen normativen Inhalten, auch wenn mir klar
ist, dass das Prinzip der Autorität hier düster überstrapaziert wurde; allerdings
auch nicht soweit, dass die damalige Erziehung unerfolgreich, im Sinne von
ungewünscht wurde.

Aus dem Trugschuss, statt normativen Inhalten kovariante Gesetzmäßigkeiten in Frage zu stellen, entstanden, zuvor bereits angedeutete, Strömungen, insbesondere als Ausfluss der „68er", die sich für eine völlig antipädagogische
Gesellschaftsreproduktion aussprachen. Ich möchte nun ein entsprechendes Beispiel hier anführen, um nicht den Verdacht zu erwecken, hier gegen selbstge-
schaffene Problemstellungen zu reden:

Die Autoren v. Braunmühl, Kupffer und Ostermeyer veröffentlichten 1976
ihre Arbeit „Die Gleichberechtigung des Kindes". Sie postulieren hier eine „antipädagogische" These:

> „Aber das „eigentlich Erzieherische", das Kinderführen, die Menschenformerei und
> -verbesserei hat ausgespielt. Allmählich beginnt sich sogar die Erkenntnis durchzu-
> setzen – freilich gegen den Widerstand missionarischer Führernaturen -, dass eben
> dieses pädagogische Denken, dass bis vor wenigen Jahren unter erwachsenen Men-
> schen unbestritten als gut, nötig und menschenfreundlich galt, *selbst* (sic!) eine der
> wichtigsten Quellen (in vielen konkreten Fällen *die* wichtigste) eben der Probleme
> und Missstände ist, die es zu lösen und zu beheben versucht" (v. Braunmühl,
> Kupffer, Ostermeyer 1976, S. 13).

Die besagten Autoren stellen ganz konkret bestimmte pädagogische Grundsätze
eines Rahmen-Curriculums in Frage:

> „Tatsache ist jedenfalls, dass in der von Hartmut von Hentig gegründeten Bielefel-
> der Schule für das Oberstufen-Kolleg ein Rahmen-Curriculum (Lehrplan) „Pädago-
> gik" erarbeitet und 1975 veröffentlicht wurde, indem ungeniert und Hentig Lügen
> strafend, alte pädagogische Ideologie verkündet wird" (v. Braunmühl, Kupffer,
> Ostermeyer 1976, S. 12).

Die Autoren beziehen sich grundsätzlich ablehnend auf folgende Grundsätze des
genannten Curriculums (Rathert 1975):

> „Grund-Satz 1: Der Mensch ist als biologisches und soziales Wesen auf Erziehung
> angewiesen!" (S. 67)
> „Grund-Satz 2: Der Mensch ist als Person oder als Individuum auf Erziehung ange-
> wiesen!" (S. 69)

„Grund-Satz 3: 1. Die Gesellschaft als Ganzes hat immer ein Bedürfnis, ihre Kontinuität durch Pädagogik zu sichern. „. Unsere Gesellschaft – ihr Fortbestehen und ihre Weiterentwicklung – ist undenkbar ohne spezialisierte pädagogische Anstrengungen.“ (S. 72)

Hierzu ist auszuführen, dass, wenn man hier unter Erziehung *nicht nur* funktional-institutionelle Erziehung, sondern auch die gezielte Erziehung durch signifikante Andere und weitere sozialisatorische Einflüsse versteht, der 1. Grundsatz nicht in Frage zu stellen ist, weil dieser Prozess naturgesetzmäßig abläuft. Somit kann allenfalls die Formulierung „angewiesen“ kritisiert werden, da dieser Prozess einfach abläuft, er kann keinem Menschen vorenthalten werden, der sich in irgendeiner Weise auf die soziale „Bühne“ begibt – lediglich die normativen Inhalte können (hoch) variant sein.

Der 2. Grundsatz ist der einzige der 3. Sätze, der sicherlich insoweit zu kritisieren ist, dass institutionelle Erziehung rein gar nichts mit der Formung von Persönlichkeitsmerkmalen zu tun haben darf – das ist reine Privatsache! Aber auf der Ebene der Bezugsysteme, ist die Ausformung der Person, wie beschrieben, immer auch, wenn auch mehr oder weniger, ein naturgemäßer Interdependenzprozess zwischen der Person und Kollektiveinflüssen.

Die Gültigkeit des 3. Satzes ist auch wieder gar nicht in Abrede zu stellen. Gesellschaft muss ihre Normen und Werte durch Erziehung im zuvor genannten Sinne sicherstellen, insbesondere auch ganz klar institutionell, wenn Sozialisationseinflüsse zu einer Habituierung sich zu diesen Normen deviant verhaltender Normaßstäbe geführt haben. Das ist klassischer Weise Aufgabe von Jugendhilfe.

Fazit: Satz 1 *kann* gar nicht kritisiert werden, weil er ein Gesetz ist und Satz 3 *sollte* nicht kritisiert werden, wenn man festlegen und beeinflussen möchte, was inhaltlich-normativ, gesellschaftsrelevant wünschens- und förderungswert ist.

Dieses Beispiel ist geradezu symptomatisch für viele ähnliche Ansätze, die ihren Einfluss auf pädagogische Handlungsfelder (nach wie vor!) haben. Die Folgen einer solchen Gleichberechtigungsforderung, die real bis auf die Ebene des Alltages Einzug in Erziehungsstiele gefunden hat[116] sind in keiner Weise zu unterschätzen. Ich möchte hier nur am Rande erwähnen, dass wir in den Erstgesprächen zur Aufnahme in ein Wohnheim für psychisch erkrankte Jugendliche immer häufiger junge Menschen mit ihren Eltern vorfinden, wo außer anhand des Altersunterschiedes nicht festzustellen ist, wer Elternteil, bzw. wer Kind bzw. Jugendlicher ist. In diesem Kontext ist eine Korrelation mit schwersten,

---

[116] Die Gleichberechtigung des Kindes bedeutet nämlich nicht die Abwesenheit von Sozialisation bzw. Erziehung, sondern verlagert sie nur normativ – in einem wie auch immer gearteten Nomensystem wird sie *unweigerlich* stattfinden.

psychiatrisch relevanten Krankheitsbildern zu konstatieren, eine Beobachtung, die auch viele Kinder- und Jugendpsychiater machen, die hier ganz deutlich von Folgen einer „Erziehungsinkompetenz" der Eltern sprechen. Es wäre sicherlich unredlich hier von einem monokausalen Wirkungszusammenhang zu sprechen, ich bin jedoch überzeugt, dass mangelhafte Orientierung durch signifikante Andere, potentiell problematischen Normkollektiven Tür und Tor öffnet – ganz davon zu schweigen, dass zu viel Entscheidungsfreiheit immer auch ein zuviel an Verantwortung bedeutet – eine Last, die man jungen Menschen einfach nicht aufbürden darf.

7.2.1 Themenfeldbezogene Schlussbemerkung

Letztlich verweist der Trugschluss der 3 genannten Autoren wieder auf das grundsätzliche Problem der mangelhaften Strukturierung von Aussagekategorien. Für die beschriebenen pädagogischen Handlungsbereiche bedeutet das, dass die vorgestellte Invarianzhypothese mit ihrem Relativitätsprinzip die Prüfung anmahnt, wann sinnhaftes, normativ gesteuertes Interagieren vorliegt und wann liegen wirkliche Störungen vor. Nur allzu oft hört man gerade in sozialpsychiatrischen Feldern in Bezug auf das Interagieren junger „hoch devianter" Menschen Bemerkungen wie diese: „Der hat ja Löcher in seiner Ich-Struktur, die so groß sind, dass ein LKW hindurch fahren könnte!". Bei eingehender Beschäftigung mit diesen Menschen, insbesondere, wenn man die Möglichkeit hat entsprechende Interviews zu führen, kommt man jedoch nicht selten zu dem Schluss, dass hier gar keine defizitären Kontrollfunktionen angelegt sind, sondern nur normativ völlig andere. So habe ich einen jungen, gewaltaffinen Mann kennen gelernt, dem gerade dieses Ich-Defizit diagnostiziert wurde. Letztlich stellte sich aber heraus, dass bei ihm diese Strukturen sehr wohl vorhanden waren. Es verhielt sich allerdings so, dass er im Laufe seiner Sozialisation sozusagen die Fremdzwangapparatur des „Rotlichtmilieus" in eine Selbstzwangapparatur überführte, um hier mit Elias (vgl. Elias 1989a, S. 128 f.) zu sprechen. Innerhalb dieser „Milieuregeln" konnte er sich sowohl konform, als auch strategisch verhalten – ganz so wie der Milieuanalytiker dies innerhalb seines Bezugsystems vermag.

Das soll selbstverständlich nicht heißen, dass alle interaktionellen Auffälligkeiten ursächlich normativ erklärt werden können; es gibt natürlich auch schwere Erkrankungen, die mit sinnhaftem Alltaginteragieren nichts gemein haben und sich somit auch meiner Hypothese entziehen; sich aber gleichwohl mittels ihrer von Alltagsinteragieren besser separieren lassen.

Das Problem der Aussagehierarchisierung und der Lösungsbeitrag der Invarianzhypothese lassen sich durchaus auch in einen allgemeineren, ethisch-moralischen Reflexionskontext übertragen, was ich im folgenden Unterkapitel versuche.

7.3 Einflussbereich normative Ethik

Die Praxisbeispiele untermauern die hypothetische Kernaussage dieser Arbeit, dass es weder realitätsadäquat ist, von einem überall gleichen normativen Sinn auszugehen, noch angemessen erscheint, zwischen einem normativen Sinnäther und davon abweichenden „Lokalsinnhaftigkeiten" zu unterscheiden. Zudem sind die hier angeführten Exempel ein Indiz dafür, lediglich von einer Vielzahl verschiedener Lokalzeiten auszugehen, eine Annahme, die das Prinzip eines überall gleichen Sinns auf der Basis lediglich schwach abweichender Normbezüge bzw. einer übergeordneten, absoluten Normativität hinfällig werden lässt.

Da das normativ Sinnhafte in das normativ Ethische, wie beschrieben, übergeht, lässt sich daraus schlicht folgern, dass auch die Suche nach einer, absolutobjektiven Moral, wie Ernst (2008) sie betreibt, überflüssig ist. Dass moralischethische Regeln nicht nur von diesbezüglich schwach abweichenden Systemen ausgehen dürfen, und somit kein überall gleicher moralischer Standard vorausgesetzt werden darf, ist offensichtlich.

So sind sich die westlichen Industriestaaten auf einer funktionalen Ebene beispielsweise uneins darüber, ob Kapitalverbrechen mit dem Tode bestraft werden sollten oder nicht. Hinter diesen formalen Regeln stehen voneinander stark abweichende ethische Grundhaltungen, die sich bis in die Alltagsbezugsysteme niederschlagen und von dort auf die übergeordneten Ebenen zurückwirken.

Um die Idee einer absolut-objektiven Moral aufrecht erhalten zu können, kann man nun, in der Form der reflektierten Leitdifferenz, von einem moralischen Trägermilieu, einem Moraläther ausgehen, einem absoluten Moralmedium, in dem alle davon abweichenden lokalen ethischen Bezüge defizitär zu diesem Milieu definierbar sind.

Für das Interagieren von Menschen auf der Basis der Maßstäbe ihrer Bezugsysteme ist diese Idee aber nicht haltbar, weil es die bereits mehrfach erwähne Untrennbarkeit von normativem Sinn und normativer Ethik anzunehmen gilt. Insofern würde ich sogar soweit gehen und von moralischen Sinnhaftigkeiten sprechen, weil, um mich zu wiederholen, moralisches Interagieren langfristig auch „Sinn" machen muss. Moralische Regeln und ihr häufiger funktionaler Niederschlag in Form von formaljuristischen Gesetzen, sind folglich nichts weiter als „künstlich" globalisierte Erfolgsmodelle, abgeleitet aus urwüchsigen, lokalen Alltagsbezügen.

Diese Globalisierung von lokalen Normativitäten ist aber kein alltäglicher, naturwüchsiger Prozess, sondern wird sozusagen anhand der historischen, makroanalytischen Rückschau durch menschliche Reflexionsleistungen vorgenommen: welche lokalen Interaktionsnormen waren für viele erfolgreich und warum? Sind diese Normen und die Zusammenhänge bekannt, dann werden reflektiert daraus allgemein wünschenswerte Regeln ableitbar, die man dann als global gültig setzen kann, was aber nicht heißt, dass sie sich ohne reflexives Bewertungszutun von Menschen als *Naturgesetz* entwickelt hätten. Daraus folgt, dass auf der Ebene des Alltages, der lebensweltlichen Zusammenhänge kein Moraläther anzunehmen ist.

Um nochmals auf Ernst zurückzukommen, bedeutet diese Folgerung, dass Wissenschaft kein Vergleichsobjekt zu Moral sein kann, wie Ernst (2008) postuliert. Moralische Aussagen als reflektiert globalisierte Lokalsinnhaftigkeit sind vielmehr ein Teil der normativen sozialen Realität und sind somit auch Gegenstand sozialwissenschaftlicher Betrachtung (vgl. Kapitel 2.3). Ethische Regeln sind also bezüglich ihres Verallgemeinerungsstatus als rein normative, bezugssystemabhängige Aussagen zu klassifizieren, deren Sinnhaftigkeit beim Übergang zwischen Systemen mit hoher Relativdevianz *nicht* invariant ist. Folglich kann keine ethische Regel den Charakter eines Naturgesetzes annehmen. Normativ ethische Vorgaben sind deshalb sicherlich nicht unobjektiv, allerdings müssen sie immer auf die mannigfaltig existierenden, gleichwertigen normativen Bezugsysteme bezogen werden. Durch ihre „künstliche" Verallgemeinerung sind diese Regeln zweifelsohne in vielen Bezugsystemen gleichermaßen (vorbehaltlich!) gültig, das Entscheidende jedoch ist, dass, wenn diese Regeln in zu vielen Bezugsystemen keinen „Sinn" mehr ergeben, also nicht mehr erfolgreich sind, sie sich insgesamt auflösen[117] und eben nicht bestehen bleiben, wie im Gegensatz dazu Naturgesetze.

Das heißt ferner, dass man das, was im ethischen Sinne „richtig" bzw. „falsch" ist nicht einfach nur nicht als globale Objektivität voraussetzten kann, sondern auch gar nicht darf, wenn man das bewahren möchte, was einem im normativ ethischen Sinn „gut und teuer" ist.

Und hier kommen wir abschließend an den Punkt, der deutlich macht, wie entscheidend die Sozialisation des Einzelnen und deren pädagogische Steuerung ist, da sich hier Gesellschaft reproduziert und hier alle normativen Aussagen immer wieder auf Neue, von Generation zu Generation, auf dem „Prüfstand" stehen. Normatives bleibt nicht bestehen, wenn es sich nicht „lohnt" sich dazu

---

[117] Es ist davon auszugehen, dass ethische Normen im Fall mangelhaften Interaktionserfolges noch etwas länger in Form von „festeren" Ich-Strukturen im Einzelnen erhalten bleiben, als normativ Sinnhaftes im gleichen Fall. Aber auch diese etwas festeren Ich-Strukturen lösen sich bei langfristigem Misserfolg auf und werden entsprechend ersetzt.

konform zu verhalten und wenn nicht klar gemacht wird, was die Norm zu sein hat, womit ich wieder auf die Gesetze der Sozialisation verweise, die sich mit x-beliebigen normativen Inhalten füllen lassen.

Um Missverständnisse zu vermeiden, möchte ich hier abermals darauf hinweisen, dass ich mit Steuerung nicht eine strikt autoritäre Fremdbestimmung der Persönlichkeit meine. Allerdings meine und befürworte ich Fremdbestimmung, wenn es um den Erhalt von zivilisatorischen Normen geht – hier geht eben nicht alles, das darf man dem Einzelnen nicht selbst überlassen, sonst läuft man Gefahr, sich deutlich mehr Menschen wie TOM gegenüber zu sehen. Und auch hier die Klarstellung: TOM ist mir persönlich sogar sympathisch und es ist nicht die Aufgabe von Pädagogen, an diesen persönlichen Merkmalen Veränderungen herbeiführen; an seinem Weltbild aber schon, weil es mit hoher Relativdevianz von dem abweicht, was eine zivilisierte und friedliche Gesellschaft zusammenhält. In diesem Zusammenhang muss jedoch klar sein, dass die Aussage „Friedlichkeit im Alltag ist eine hohes Gut" lediglich eine Norm meines eigenen Bezugssystems ist, die es zu erhalten gilt, wäre sie als Naturgesetz gegeben, müsste man sich nicht darum bemühen, dann würden die sich deviant Verhaltenden sich rasch entsprechend anpassen – dies ist aber nicht so, der Alltag in entsprechenden Jugendhilfeeinrichtungen unterstreicht dies empirisch und zwar eindrücklich. Echte, also kovariante, soziale Gesetzmäßigkeiten, wie die hier vorgestellten, sind in TOMs Bezugsystem gleichermaßen gültig, sie sagen aber nichts über normative Koinzidenzen aus. Insofern können diese Gesetze auch Sozialisation nicht inhaltlich formen, das ist die alltägliche Aufgabe von signifikanten Anderen und in funktionalen Kontexten von Pädagogen.

7.3.1 Themenfeldbezogene Schlussbemerkung

Für diesen Einflussbereich hält die Idee des Relativitätsprinzips sicherlich die „unsympathischte" Schlussfolgerung vor. Die Vorstellung einer überall gleichen Moral, bzw. zumindest einer, die vor allen anderen ausgezeichnet ist, ist ebenso fest wie unhinterfragt im menschlichen (Un-) Bewusstsein verankert.

Dass ethische Normen sozusagen naturwüchsiger Art sind und somit von allen gewusst und umgesetzt werden „müssen" ist schon eine ethische Aussage an sich. Dies macht sie aber (leider) nicht wahrer. Die Gültigkeit von erhaltenswerten Normen, aus welcher Bezugsystemperspektive auch immer, muss Tag für Tag neu erarbeitet und gesichert werden. Die düsteren Beispiele normativer Verrückungen aus der Vergangenheit, insbesondere der deutschen, mahnen dies gerade zu an. Es nützt nichts, über die damalige Barbarei den Kopf zu schütteln und sich zu Fragen, wie man nur vergessen konnte, was *absolut* richtig und was falsch ist – es gibt dieses *absolut* „Richtige" nicht. Eine Schlussfolgerung, die mir selbst höchst unsympathisch ist, von der ich aber nichts desto weniger überzeugt bin – mir sind im Rahmen meines Berufalltages einfach schon zu viele „Richtigkeiten" begegnet.

Diese Folgerung unterstreicht somit aber auch, dass die am Anfang dieser Arbeit geäußerte Relativismuskritik von Stagl, welcher befürchtet, dass ein soziologischer Relativismus dazu führe, dass sich die soziale Welt in Insassen und Wärter von Bezugsystemen aufteile, gänzlich unbegründet ist. Jeder noch so reflektierte Beobachter von Bezugsystemen „sitzt" immer auch selbst in einem und es bleibt ihm nichts weiter übrig, als gemäß den dortigen Normen zu interagieren, oder das System zu wechseln. Eine übergeordnete Sicht, frei über den Systemen „schwebend", ist nicht möglich. Insofern trifft auf meine Invarianzhypothese der (denkbare) „linke" Vorwurf gegen eine „wertfreie Wissenschaft" nur zum Teil zu. So mahnt mein Ansatz sicherlich eine Einordnung kritischer Wissenschaften an, als das was sie sind: rein normative Aussagen[118], ohne begründbaren Anspruch auf Kovarianz. Die soziale Welt, wie man sie gerne hätte, ist eben nicht die soziale Welt an sich, ein Missverständnis, das zu den bereits hinreichend dargelegten Analyse- und Umsetzungsproblemen in den Sozialwissenschaften und den entsprechenden sozialarbeiterischen Handlungsfeldern führt. Umgekehrt sind relativistische Modelle, die die Möglichkeit der Bewertung zur Bestimmung abweichenden Interagierens, auch aus wissenschaftlichen Zusammenhängen heraus, ausschließen, ja sogar ablehnen, zum einen unangemessen, weil sie sich gesellschaftlichen Problemstellungen entziehen und zum anderen, weil sie unrealistischer Weise suggerieren, man könne einen absolut neutralen Reflexionsstandpunkt einnehmen. Das Prinzip der Gleichwertigkeit der Bezugsysteme, in Analogie zur SRT, fordert folglich nicht den neutralen Beobachter, sondern den reflektiert *aus* seinem Bezugsystem bewertenden, der sich der Komplementarität der verschiedenen Bewertungsergebnisse bewusst ist.

Den einzigen wirklichen Reflexionsvorsprung, bezogen auf die Sicht auf die Bezugsysteme, die eine relativistische Betrachtungsweise einem Beobachter des Sozialen ermöglicht, ist dem zu Folge das Wissen darum, dass, wenn man aus seinem System andere Systeme *bewertend* beobachtet, immer auch aus diesen ein *gleichwertiger* und *bewertender* Beobachterstandpunkt auf das eigene Bezugsystem eingenommen werden kann – ein kleines Eingeständnis, eines welches jedoch entscheidend sein kann.

---

[118] Ebenso sind die ungewollt objektivistischen Kategorisierungsaussagen, der unreflektierten und der reflektierten Leitdifferenz normative Bewertungen. Die unreflektierte Leitdifferenz erkennt das wirklich Fremde der bewerteten Sinnhaftigkeit nicht und die reflektierte Leitdifferenz geht von einem Sinnäther aus, der den beobachteten Systemen das gleichwertigen Bewerten ihrerseits abspricht.

7.4 Schlussplädoyer für die analoge Darstellung

Sicherlich kann man sich abschließend in diesem Kontext fragen, ob die hier vorgestellte Analogie zwischen einem relativistischen, sinnkategorisierenden Modell und der SRT überhaupt nötig ist, da es ja durchaus bereits relativistische Modelle, wie z. B. bei Watzlawik u. a. (1969), in den Sozialwissenschaften gibt; um hier nur eines der bereits aufgeführten Beispiele zu nennen. Mit dieser Frage einher geht auch die weitere Frage danach, ob man das mir durchaus bewusste, hohe Potential, sich lächerlich zu machen, das einer solchen Analogie inne-wohnt, in einer annehmbaren Relation zum theoretischen (methodischen) Er-kenntnisgewinn bzw. Nutzen steht. Diese Fragen möchte ich insofern mit „ja" beantworten, als dass allen anderen relativierenden Darstellungen, wie in der Einleitung zu dieser Arbeit angedeutet, zumindest mehrere Punkte der folgenden Aufzählung fehlen:

1. Die genaue Definition der sozialen Kontexte als am Lebensweltbegriff orientierte normative Bezugsysteme, die es widerspruchsfrei zu koordinieren gilt (vgl. Kapitel 2).
2. Die Heraushebung der Unterscheidung zwischen den Aussagen, die „relati-vierbar" sind und denjenigen, die „absolut" sind, im Sinne von kovariant[119].
3. Die Beschreibung der Gleichwertigkeit der Systeme bezogen auf eine inva-riante Bewertungsgröße und kovariante Gesetze, die sich jenseits jedweder Konvention befinden.
4. Der komplementäre Charakter der Bewertungsergebnisse, der eben nicht bedeutet, dass fremde Sinnhaftigkeitszusammenhänge im Vergleich zum Beobachterstandpunkt asymmetrisch „egalisiert" werden sollen. Es geht al-so lediglich darum, dass *unweigerlich* wahrgenommene Varianzen als Folge der Wahl des Beobachterstandpunktes „enttart" werden. „Gönnerhafte" Gleichmachungen sprechen fremden Beobachterstandpunk ten somit das ei-genständige, *gleichwertige* Bewerten anderer Systeme ab und sie suggerie-ren, dass die Sinnhaftigkeit der Bezugsysteme, bei der Betrachtung zweier Bezugsysteme bei Beobachtung des einen aus dem anderen heraus, gleich-zeitig gültig sein kann. *Dies ist aber nicht so.* Nur mittels dieses Prinzips der Komplementarität wird erkennbar, dass auch wissenschaftlich professi-onalisierte Sinnbewertungen sozial-normativer Phänomene aus der Sicht anderer Bezugsysteme auch nichts weiter sind, als ebensolche normativen

---

[119] Deshalb habe ich mich auch für den Begriff „Invarianzhypothese" entschieden, da dieser Termi-nus den mit dem Begriff der Relativität missverständlich in Verbindung gebrachten Beliebigkeitscha-rakter von Aussagen abschwächt. Auch wird so klar, dass die soziale Realität und die Frage nach interaktionssteuernden Mechanismen nicht gänzlich von normativen Kontexten abhängig sind.

Phänomene. Die kovarianten Gesetzmäßigkeiten hingegen sind folglich keine Bewertungen, sondern *allgemeine* Feststellungen, die beim Wechsel der Bezugsysteme gültig bleiben. Die normativen Zusammenhänge werden im Gegensatz dazu jedoch unausweichlich bewertet; methodisch wichtig ist es allerdings, trotz der Sinnvarianzen, ein fremdes Bezugsystem als ein eigenes, gleichwertiges normatives Modell mit eigener Bewertungsperspektive zu akzeptieren, da nur so *lokale* Objektivitäten in Form der bezugsystemspezifischen, normativen Selbstverständlichkeiten, erkannt werden können. Die „fremde" Norm ist folglich als zwar abweichende, aber dennoch *speziell-lokale*, interaktionsleitende Gegebenheit festzustellen. Alles andere sind objektivistische Vorannahmen, die sich auch durch ausgefeilte (Erhebungs-) Methoden nicht mehr korrigieren lassen.

5.   Die „künstlich" dioramenhaft vereinfachende Darstellung der Bezugsysteme als Inertialsysteme zum Zweck der (vorläufigen[120]) Analysevereinfachung.

6.   Die Abänderung der unreflektierten Leitdifferenz, die ausschließlich von analytischen Systemübergängen mit kleiner (Relativ-) Devianz ausgeht. Durch diese Änderung, in Form der Berücksichtigung von analytischen Übergängen mit hoher (Relativ-) Devianz, bei gleichzeitiger Beibehaltung der Gleichwertigkeit der Bezugssysteme, können die unreflektierte und die reflektierte Leitdifferenz zu einer widerspruchsfreien Kategorisierungstheorie, der Invarianzhypothese, zusammengefasst werden.

Genau diese gegenstandsadäquaten Prinzipien werden aber in der SRT *analog* postuliert. Insofern macht diese Analogie, auch wenn sie auf den ersten Blick völlig abwegig anmutet, durchaus Sinn. Schließlich transferiere ich lediglich Strukturelles aus der SRT in meine Invariantenhypothese und nicht Inhaltliches.

Am Schluss dieser Arbeit angekommen, möchte ich mich auf den nomologischen Charakter meiner Hypothese beziehen, da diese im Kern, bei aller Hervorhebung der Relativität der Bezugsystemnormen, es auch ermöglicht, in Abgrenzung zu den Normaussagen, kovariante Gesetze zu formulieren. Somit sind Formulierungen wie

„Die Wissenschaften (…) bieten auch keine Chance zu voraussetzungsfreier, allein durch die Sache bestimmter Erkenntnis. An die Stelle solcher Erwartungen ist in-

---

[120] Das spezielle, auf den Sonderfall der Inertialität bezogene Relativitätspostulat auf einen dynamischen Kontext (also unter Einbeziehung der Einflüsse von Interdependenzkräften) zu beziehen, kann im Rahmen dieser Arbeit nicht abgehandelt werden, ist aber sicherlich eine denkbare künftige Aufgabe.

zwischen, gefördert durch die Wissenschaftstheorie selbst, die Vorstellung getreten, dass alle Erkenntnisgewinne unabdingbar relativ sind" (Luhmann/Schorr1988, S. 7).

insofern zu entschärfen, als dass es auch im Gegenstandbereich der Sozialwissenschaften, Gesetzmäßigkeiten zu geben scheint, die kovariant, also beim Wechsel der Bezugsysteme erhalten bleiben und somit Naturgesetzen gleichkommen.

Für die bezugsystemabhängigen Aussagen kann man zudem festhalten, dass auch diese gleichwertige Sinnhaftigkeit an sich beschreiben, wenn auch nur auf bestimmte „lokale" Normzusammenhänge bezogen.

Dies zeigt, dass zumindest zwei verallgemeinernde Aussageebenen zu konstatieren sind, die Gesetzmäßigkeiten bzw. Regularien der Interaktionssteuerung formulierbar machen – trotz der Individualität des Einzelnen und der daraus resultierenden Komplexität der Interaktionsentwürfe:

„Wenn ich also zu Ubertin sage, daß ein und dieselbe Natur des Menschen, bei aller Komplexität seiner Handlungen, sowohl die Liebe zum Guten als auch die Liebe zum Bösen bestimmt, so versuche ich ihn von der Identität des menschlichen Wesens zu überzeugen. Wenn ich dann zu dem Abt sage, dass ein Unterschied zwischen Katharern und Waldensern besteht so insistiere ich auf der Vielfalt ihrer Akzidentien. Und das muss ich tun, denn es kommt vor, dass ein Waldenser verbrannt wird, weil man ihm die Akzidentien der Katharer zuschreibt, oder umgekehrt" (aus dem Roman „Der Name der Rose" von U. Eco).

Literaturverzeichnis

Adelson, J. (1980): Handbook of adolescent psychology. New York: Wiley

Aichelberg, P. C./Sexl, R. U. (Hrsg.) (1979): Albert Einstein. Sein Einfluss auf Physik, Philosophie und Politik. Braunschweig u. Wiesbaden

Axelrod, Robert M. (1987): Die Evolution der Kooperation. München: Oldenbourg Verlag

Bandura, Albert (1979): Aggression – eine sozial-lerntheoretische Analyse. Stuttgart: Klett-Cotta

Beck, Ullrich (1986): Die Risikogesellschaft. Frankfurt a. M.: Suhrkamp

Becker, Howard - S. (1971): Außenseiter. Frankfurt a. M.: Fischer

Bohnsack, Ralf (1993): Rekonstruktive Sozialforschung. Einführung in Methodologie und Praxis. Opladen: Leske + Budrich

Bohnsack, Ralf u. a. (1995): Die Suche nach Gemeinsamkeit und die Gewalt der Gruppe. Hooligans, Musikgruppen und andere Jugendcliquen. Opladen: Leske + Budrich

Ciompi, Luc (1982): Affektlogik. Über die Struktur der Psyche und ihre Entwicklung. Ein Beitrag zur Schizophrenieforschung. Stuttgart: Klett – Cotta

Ciompi, Luc/Hubschmid, D. (1984): Psychopathologie aus der Sicht der Affektlogik. Ein neues Konzept und seine praktischen Konsequenzen. Vortrag am Symposium „Psychopathologie und Praxis". Heidelberg

Ciompi, Luc (1997): Die emotionalen Grundlagen des Denkens. Entwurf einer fraktalen Affektlogik. Göttingen: Vandenhoek & Ruprecht

Comte, August (1974): Die Soziologie. Die positive Philosophie im Auszug. Stuttgart: Körner

Dollard, John/Dammschneider, Wolfgang (1973): Frustration und Aggression (5. Auflage). Weinheim: Beltz

Ehrenfest, Paul (1913): Zur Krise der Lichtäther-Hypothese. Berlin. In: Aichelberg & Sexl (1979)

Einstein, Albert (1979): A. Einstein. Über die spezielle und die allgemeine Relativitätstheorie. Braunschweig

Elias, Norbert (1988). Die Gesellschaft der Individuen. Frankfurt: Suhrkamp

Elias, Norbert (1989): Über den Prozess der Zivilisation. Soziogenetische und psychogenetische Untersuchungen. (14. Auflage, Erstausgabe 1939); Frankfurt a. M.: Suhrkamp

Elias, Norbert (1989a): Über die Zeit. Frankfurt: Suhrkamp

Elias, Norbert (1989b): Studien über die Deutschen. Frankfurt: Suhrkamp

Ernst, Gerhard (2008): Die Objektivität der Moral. Paderborn: Mentis

Feyerabend, Paul (1976): Wider den Methodenzwang. Frankfurt: Suhrkamp

Feyerabend, Paul (1981): Probleme des Empirismus. Braunschweig: Vieweg

Feyerabend, Paul (Hrsg.) (1985): Grenzprobleme der Wissenschaften. Zürich: Verlag der Fachvereine

Fischer, Klaus (1995): Einstein. Freiburg: Herder

Galtung, Johann (1977): Strukturelle Gewalt. Beiträge zur Friedens- und Konfliktforschung. Reinbeck: Rowohlt

Gerhardt, Martin/Schuster, Heike (1995): Das digitale Universum. Zelluläre Automaten als Modelle der Natur. Braunschweig, Wiesbaden: Vieweg

Geulen, Dieter/Hurrelmann, Klaus (1980): Zur Programmatik einer umfassenden Sozialisationstheorie. In: Hurrelmann (1980)

Goonatilake, Susantha/Khebbal, Sukhdev (Hrsg.) (1995): Intelligent Hybrid Systems. Canada: John Wiley & Sons

Habermas, Jürgen (1968): Erkenntnis und Interesse. In: Habermas (1968)

Habermas, Jürgen (1968): Technik und Wissenschaft als „Ideologie". Frankfurt: Suhrkamp

Habermas, Jürgen (1973): Erkenntnis und Interesse. Frankfurt: Suhrkamp

Habermas, Jürgen (1981a): Theorie kommunikativen Handelns. Band 1: Handlungsrationalität und gesellschaftliche Rationalisierung. Franktfurt: Suhrkamp

Habermas, Jürgen (1981b): Theorie kommunikativen handelns. Band 2: Zur kritik der funktionalistischen Vernunft. Frankfurt: Suhrkamp

Harrower, Molly (1976): Were Hitler's Henchmen Mad? Psychology today (july)

Hegselmann, Rainer (1994): Solidarität in einer egoistischen Welt: Eine Simulation. In: Nieda-Rümelin (1994)

Heitmeyer, Wilhelm, Möller, Kurt, Sünker, Heinz (Hrsg.) (1992): Jugend, Staat, Gewalt. Politische Sozialisation von Jugendlichen, Jugendpolitik und politische Bildung. Weinheim/München: Juventa

Herrmann, Matthias (2001): Der Hooligan TOM. Unveröffentlichtes Manuskript

Herrmann, Matthias (2003): Empirische Beobachtung und Computersimulation einer Gruppe verhaltensauffälliger Jugendlicher. Unveröffentlichtes Manuskript. Diplomarbeit: Universität Duisburg-Essen, Standort Essen

Herrmann, Matthias (2008): Computersimulationen und sozialpädagogische Praxis. Falldarstellungen, Modellierungen und methodologische Reflexionen. Wiesbaden: VS Verlag für Sozialwissenschaften

Homans, George C. (1972): Theorie der sozialen Gruppe. (6. Auflage). Opladen: Westdeutscher Verlag

Honneth, Axel (1985): Kritik der Macht. Frankfurt

Hurrelmann, Klaus (1980): Handbuch der Sozialisationsforschung. Weinheim/Basel: Beltz

Iben, Gerd (1975): „Abweichende" und „defizitäre" Sozialisation. In: Neidhardt (Hrsg.) (1975)

Kersten, Joachim (1993): Männlichkeitsdarstellungen in Jugendgangs. Kulturvergleichende Betrachtungen zum Thema „Jugend und Gewalt". In: Otto u. a. (1993)

Klüver, Jürgen (1990): Die Generalisierung von Fallstudien. Studienbrief für die FernUniversität Hagen

Klüver, Jürgen (1995): Soziologie als Computerexperiment: Modellierung soziologischer Theorien durch KI- und KL- Programmierung. Braunschweig/Wiesbaden: Vieweg u. Sohn

Klüver, Jürgen/Stoica, Christina /Schmidt, Jörn (2006): Soziale Einzelfallstudien, Computersimulationen und Hermeneutik. Eine Einführung in die Modellierung des Sozialen. Bochum/Herdecke: w31 Verlag

Kühnel, Wolfgang/Matuschek, Ingo (1995): Gruppenprozesse und Devianz: Risiken jugendlicher Lebensbewältigung in großstädtischen Monostrukturen. Weinheim/München: Juventa

Lamnek, Siegfried (1982): Sozialisation und kriminelle Karriere – Befunde aus zwei Erhebungen. In: Schüler–Springorum, H. (1982)

Langton, Christopher G. (1988): Preface. In: Langton (Ed.): Artificial Life. Reading, MA: Cambridge University Press

Langton, Christopher G. (1992): Life at the Edge of Chaos. In: Langton 2002

Langton, Christopher G., (Ed.) (1994): Artificial Life III. Reading MA: Addison Wesley

Langton, Christopher G. et al. (eds.), (2002): Artificial Life II. Reading MA: Addison Wesley

Luhmann, Niklas (1984): Soziale Systeme. Grundriss einer allgemeinen Theorie. Frankfurt: Suhrkamp

Luhmann, Niklas/Schorr, Karl Eberhard (1988): Reflexionsprobleme im Erziehungssystem. Frankfurt: Suhrkamp

Marcia, J. E. (1980): Identity in adolescence. In: Adelson (Ed.) (1980)

Matthes, Joachim (1992): The Operation Called „Vergleichen". In: Matthes u. a. (1992)

Matthes, Joachim (Hrsg.) (1992): Zwischen den Kulturen? – Die Sozialwissenschaften vor dem Problem des Kulturvergleichs (Sonderband 8 der Sozialen Welt). Göttingen: Schwartz

Mead, George H. (1980): Gesammelte Aufsätze. Band 1. Frankfurt: Suhrkamp

Mead, George H. (1983): Gesammelte Aufsätze. Band 2. Frankfurt: Suhrkamp

Möller, Kurt (Hrsg.) (1997): Nur Macher und Macho? Weinheim/München: Juventa

Möller, Kurt (2001): Coole Hauer und brave Engelein. Gewaltakzeptanz und Gewaltdistanzierung im Verlauf des frühen Jugendalters. Opladen: Leske + Buderich

Morel, Julius (2001): Soziologische Theorie. Abriss der Ansätze ihrer Hauptvertreter. (7., bearbeitete und erweiterte Auflage) München/Wien: Oldenbourg Verlag

Moreno, Jacob L. (1996): Die Grundlagen der Soziometrie (unveränderter Nachdruck der 3. Auflage von 1974). Opladen: Leske + Budrich

Neidhardt, Friedhelm (Hrsg.) (1975): Frühkindliche Sozialisation. Theorien und Analysen. Stuttgart: Ferdinand Enke Verlag

Neidhardt, Friedhelm (1981): Über Zufall, Eigendynamik und Institutionalisierbarkeit absurder Prozesse. In: von Akmann und Thurn (1981)

Nieda-Rümelin, Julian (Hrsg.) (1994): Praktische Rationalität. Berlin: De Gryter

Nouvertné, Klaus (1984): Kriseninterventionen. Sozialpsychiatrische Informationen 2

Novak, Martin A./May, Robert M. (1993): The social dilemmas of evolution. International Journal of Bifurcation and Chaos, Bd. 3 Nr. 1

Oelemann, Burkhard/Lempert, Joachim (1997): Gewaltberatung/Gewaltpädagogik mit Jungen, heranwachsenden Männern und Männern. Der Arbeitsansatz Deutschlands erster Gewaltberatungsstelle MÄNNER GEGEN MÄNNER-GEWALT[R], Hamburg. In: Möller (1997), S. 280 ff.

Oerter, Rolf/Montada, Leo (Hrsg.) (2002): Entwicklungspsychologie. 5. vollständig überarbeitete Ausgabe. Weinheim/Basel/Berlin: Beltz

Otto, H.U./Mertens, R. (Hrsg.) (1993): Rechtsradikale in Deutschland – Jugend im gesellschaftlichen Umbruch. Bonn

Parsons, Talcott (1972): Das System moderner Gesellschaften. München: Juventa

Piaget, Jean (1954). Das moralische Urteil beim Kinde. Zürich

Rathert, Cord (1975): Rahmenentwurf für eine Curriculum Pädagogik am Oberstufen-Kolleg (Schulprojekte der Universität Bielefeld, Heft 11). Stuttgart

Rebhan, Eckard (2001): Theoretische Physik 1. Mechanik, Elektrodynamik, Relativitätstheorie, Kosmologie. Heidelberg/Berlin: Spektrum

Rumianek, Dorothea/Samson, R. (1992): Theorie und Experiment – Simulationsspiele zur Selbstorganisation. In: Andreß (1992)

Schmidt-Denter, Ulrich (1996): Soziale Entwicklung. Weinheim: Beltz/Psychologie VerlagsUnion

Schütz, Alfred (1971a): Gesammelte Aufsätze, Band 1. das Problem der sozialen Wirklichkeit. Den Haag: Martinus Nijhoff

Schütz, Alfred (1971b): Gesammelte Aufsätze 3. Studien zur phänomenologischen Philosophie. Den Haag: Martinus Nijhoff

Schütz, Alfred (1972): Gesammelte Aufsätze 2. Studien zur soziologischen Theorie. Den Haag: Martinus Nijhoff

Schütz, Alfred (1974): Der sinnhafte Aufbau der sozialen Welt. Eine Einleitung in die verstehende Soziologie. Frankfurt: Suhrkamp

Smith, Dorothy (1976): K. ist geisteskrank. Die Anatomie eines Tatsachenbereiches. In: Weingarten u. a. (Hrsg.) (1976)

Stagl, Justin (1992): Eine Widerlegung des kulturellen Relativismus. In: Matthes (Hrsg.) (1992)

Stoica, Christina/Klüver, Jürgen (2003): Soft Computing. Modul 1: Zellularautomaten und Boolesche Netze. Internetkurs

Stoica-Klüver, Christina u. a. (2009): Modellierung komplexer Prozesse durch naturanaloge Verfahren

v. Akmann und Thurn (Hrsg.) (1981): Soziologie in Weltbürgerlicher Absicht. Opladen: Festschrift für René König

v. Braunmühl, Ekkehard u. a. (1976): Die Gleichberechtigung des Kindes. Frankfurt: Fischer

Watzlawik, , P. u. a. (1969): Menschliche Kommunikation. Bern

Weber, Max (1980): Wirtschaft und Gesellschaft. Grundriss der verstehenden Soziologie. Tübingen: Mohr

Weidner, Jens/Kilb, Rainer/Kreft, Dieter (Hrsg.) (2000): Band 1, (2. erweiterte und neu ausgestattete Auflage der gleichnamigen Arbeit von 1997): Neue Formen des Antiaggressivitätstrainings. Weinheim/Basel: Beltz

Weidner, Jens/Mahlzahn, Uta (2000): Zum Persönlichkeitsprofil aggressiver Jungen und Männer. In: Weidner u. a. (2000), S. 43

Weingarten, Elmar (Hrsg.) (1976): Ethnomethodologie. Beiträge zu einer Soziologie des Alltagshandelns. Frankfurt: Suhrkamp

Welzer, Harald (2005): Täter. Wie aus ganz normalen Menschen Massenmörder werden. Frankfurt: Fischer

Wernicke, Carlos G. (2004): Interkulturalität und Bewertung. Universität Bremen: Reader – Internationale Woche 2004

Wild, Bodo (1995): Auf der Suche nach Zugehörigkeit und Zusammengehörigkeit – Konflikterfahrungen jugendlicher Fußballfans und Hooligans in Ost- und Westberlin. Berlin: Unveröffentlichte Dissertation

Wolfgang, Marvin E./Ferracuti, Franco (1967): The Subculture of Violence. Toward a Integrated Theory in Criminology. London. In: Möller (2001)

Zimmermann, Don H.; Pollner, Melvin (1976): Die Alltagswelt als Phänomen. In: Weingarten u. a. (Hrsg.) (1976)

Sachindex

A

absolut 19, 57, 67, 68, 71, 83, 86, 93, 95, 105, 108, 109, 118, 122, 147, 176, 183, 185, 186, 187
Affektzustand 38, 41
Alltagsinteragieren 7, 14, 15, 21, 34, 35, 36, 37, 38, 42, 49, 51, 52, 53, 59, 65, 70, 73, 87, 125, 144, 146, 182
Alltagsnorm 30, 31, 35, 40, 42, 50, 67, 122, 170, 173
Alltagswelt 32, 195
analoge Darstellung 8, 187
analytische Invariante 21
Äther 78, 86, 87, 88, 89, 95, 98
Äthermodell 79, 84
Ätherproblem 108
Attraktoren 27, 102

B

Basissymptomatik 134, 135
Beobachtersystemnormen 147
Bewertungsgröße 7, 19, 20, 21, 30, 38, 40, 65, 67, 69, 70, 71, 75, 100, 165, 167, 187
Bewertungsperspektive 75, 103, 146, 188
Bezugsrahmen 13, 15, 23, 25, 26, 36, 93
Bezugssystemstrukturierung 104

C

Computersimulationsprogramme 16, 150

D

Devianz 5, 13, 15, 17, 19, 21, 22, 68, 81, 82, 83, 84, 86, 87, 88, 89, 91, 92, 93, 94, 95, 96, 97, 98, 102, 103, 106, 107, 108, 109, 111, 112, 122, 126, 137, 142, 143, 144, 145, 193
Diabolo-Modell 8, 9, 134, 135, 136

E

Erlebenszustand 38, 131, 133, 165
Expertendiskussion 8

F

Frustration 6, 38, 67, 70, 83, 89, 91, 109, 133, 191
Frustrations-Aggressions-Theorien 6
Frustrationstoleranz 133
Funktionssysteme 34

G

Gabis Problem 154, 155
Galilei-Transformation 78, 94, 97

MIX
Papier aus verantwortungsvollen Quellen
Paper from responsible sources
FSC® C105338

If you have any concerns about our products,
you can contact us on
ProductSafety@springernature.com

In case Publisher is established outside the EU,
the EU authorized representative is:
**Springer Nature Customer Service Center GmbH
Europaplatz 3, 69115 Heidelberg, Germany**

Printed by Libri Plureos GmbH
in Hamburg, Germany